本书系湖北高校人文社会科学重点研究基地"湖北教师教育研究中心

教师职业能力训练系列丛书

丛书主　编：张红梅

　副主编：刘永存、张和平

劳动教育课程开发

主　编：余　娟　张丽华

编　委：马　琳　于　慧　王　睿　王宏艳　田海英

　　　　关梦竹　刘德远　孙丽杰　杨嘉妮　李　娜

　　　　陈海军　陈晓婷　陈　曦　周　园　高天宇

　　　　崔　萍　董宏超　焦　花　彭　勃

吉林大学出版社

·长春·

图书在版编目（CIP）数据

劳动教育课程开发 / 余娟，张丽华主编 .— 长春：吉林大学出版社，2023.1
 ISBN 978-7-5768-0357-0

Ⅰ . ①劳… Ⅱ . ①余… ②张… Ⅲ . ①劳动教育—课程—教学研究 Ⅳ . ① G40-015

中国版本图书馆 CIP 数据核字（2022）第 164265 号

书　　名：劳动教育课程开发
　　　　　LAODONG JIAOYU KECHENG KAIFA

作　　者：余　娟　张丽华　主编
策划编辑：邵宇彤
责任编辑：杨　平
责任校对：柳　燕
装帧设计：优盛文化
出版发行：吉林大学出版社
社　　址：长春市人民大街4059号
邮政编码：130021
发行电话：0431-89580028/29/21
网　　址：http://www.jlup.com.cn
电子邮箱：jldxcbs@sina.com
印　　刷：三河市华晨印务有限公司
成品尺寸：210mm×285mm　　16开
印　　张：14
字　　数：345千字
版　　次：2023年1月第1版
印　　次：2023年1月第1次
书　　号：ISBN 978-7-5768-0357-0
定　　价：68.00元

版权所有　　翻印必究

Preface 前言

2018年9月，习近平在全国教育大会上阐释教育目标时首次完整提出"培养德智体美劳全面发展的社会主义建设者和接班人"。2020年3月《中共中央 国务院关于全面加强新时代大中小学劳动教育的意见》明确指出，劳动教育是国民教育体系的重要内容，是学生成长的必要途径，具有树德、增智、强体、育美的综合育人价值，要求"根据教育目标，针对不同学段、类型学生特点，以日常生活劳动、生产劳动和服务性劳动为主要内容开展劳动教育。结合产业新业态、劳动新形态，注重选择新型服务性劳动的内容"。可见，劳动教育贯穿并作用于其他"四育"，在教育体系中具有基础性、先导性、全局性的地位，是学生成长成才的"必修课""基础课"，是学生全面发展的必要途径。

2020年7月，教育部组织研究制定了《大中小学劳动教育指导纲要（试行）》，指出"当前实施劳动教育的重点是在系统的文化知识学习之外，有目的、有计划地组织学生参加日常生活劳动、生产劳动和服务性劳动，让学生动手实践、出力流汗，接受锻炼、磨炼意志，培养学生正确劳动价值观和良好劳动品质。"

课程是落实教育思想、教育目标和教育内容的主要载体，是学校教育教学活动的基本依据。要实现劳动教育的育人价值，必须要有课程做支撑。有了课程特有的规定性和规范性的制约才能使劳动教育的育人目标得到系统有效的落实。如何将劳动教育课程内容进行连续设计，构建整体化、系列化主题活动是目前学校面临的主要问题。

根据劳动教育的要求，本书以小学为例，选取精要内容以主题的形式推荐给学校实施。课程内容体系包括3个方面、9个板块、36个主题，并细化了每个主题中劳动实践的具体内容，依据学生的年龄特点分散到各年级实施。3个方面劳动内容为生活劳动、生产劳动和服务劳动。生活劳动对应的板块为生活起居、家居整理、简单烹饪；生产劳动对应的板块为纸艺陶艺、布艺绳结、种植养殖；服务劳动对应的板块为班级管理、校园服务、岗位体验。每个板块各包括4个主题，在主题里融入了常见劳动项目和劳动工具（清洁工具、整理工具、烹饪工具、种植工具、修理工具、手工制作工具等）的使用，并适当融入新知识、新方法、新技术，运用综合实践活动倡导的研究性学习、项目式学习、合作式探究的方式架构主题内容，使劳动教育内容从繁杂多样变为脉络清晰，实现对学生劳动素养的系统培育。

对于每个主题活动如何落实劳动教育课程的目标，本书在实践的基础上提炼了主题活动实施的四个基本流程，即明需要、学本领、巧实践、乐反思，围绕四个流程构建了每个主题的内容。

明需要：根据学生的生活实际问题和需要创设活动情境，以问题、项目为核心贯通整个主题活动，让学生在活动之初明确为什么活动。

学本领：梳理在解决问题和完成项目过程中学生需要掌握的方法和技能，并进行学习和掌握。

· 1 ·

巧实践：学生运用已掌握的知识和技能解决问题或完成本项目。

乐反思：组织学生交流展示和评价活动成果，反思得与失，达成活动目标，促进学生成长。

四个基本流程的提炼，结合课程属性，以教学理论为指导，将研究与实践、学习与应用结合起来，调动学生的高阶思维，引导学生在真实的、有挑战性的情境中进行深度学习，突出了主题活动的思想性、参与性与实践性，多举措激发学生在活动中的积极性，使教育教学目标在学生身上充分体现，实现知行合一。

同时，劳动教育目标的落实依托的是若干个真实的劳动实践。为了提高教师传授劳动技能的专业性和规范性，本书对所有推荐主题涉及的劳动技能的任务规程进行了梳理，加强劳动知识技能的讲解，让学生认清事理，掌握实践操作的基本原理、程序、规则和正确使用工具的方法和技巧。

原理：带有普遍性的、最基本的、可以作为其他规律基础的规律；具有普遍意义的道理。

程序：事情进行的步骤、次序。

规则：供大家共同遵守的制度或章程，是运行、运作规律所遵循的法则。

方法：关于解决思想、行动等问题的门路、程序等。

技巧：表现在艺术、工艺、体育等方面的巧妙的技能。

本书共梳理任务规程百余项，如卫生清洁小帮手这一主题，我们梳理的任务规程有洗碗、择菜、洗蔬菜水果、搓衣板洗衣物、洗衣机的使用。

教学实践样态的总结与提炼、相关课程资源的开发，都很好地保证了学生学习的深刻性、创造性和综合性，使学生的学习方式由被动接受转变为主动合作探究；使课堂教学和课下多样化的实践有效衔接，使家庭、学校、社会联动起来，形成全方位的教育互助，从而促进学生成长为"全面发展的人"，最终促进学生实践能力和劳动素养的形成与提升，实现了课程的育人目标。下表是沈阳市沈河区小学劳动教育的推荐内容。

沈阳市沈河区小学劳动教育推荐内容

年级	生活劳动 板块	生活劳动 推荐内容	生产劳动 板块	生产劳动 推荐内容	服务劳动 板块	服务劳动 推荐内容
一年级	生活起居	上：小超人变身魔法 下：开心整理叠叠乐	纸艺陶艺	上：纸艺装饰迎新年 下：彩泥校园之花园	班级管理	上：教室清洁换新颜 下：班级环境我布置
二年级	生活起居	上：简单物品自己洗 下：我的文具换新颜	纸艺陶艺	上：纸艺作品表真情 下：彩泥校园之建筑	班级管理	上：班级文化巧设计 下：班级事务小管家
三年级	家居整理	上：卫生清洁小帮手 下：居室物品巧收纳	布艺绳结	上：穿针引线钉纽扣 下：实用绳结巧编织	校园服务	上：图书阅读我服务 下：校园文明志愿者
四年级	家居整理	上：巧手清洁洗刷刷 下：厨卫收纳我能行	布艺绳结	上：废旧衣物巧改造 下：装饰绳结美生活	校园服务	上：我的校园我做主 下：我为校园添光彩
五年级	简单烹饪	上：蔬菜水果大变身 下：简式西餐触味蕾	种植养殖	上：植物奇妙超能力 下：萌宠关爱养成记	岗位体验	上：家用电器维护员 下：小小健康护理员
六年级	简单烹饪	上：我家小厨初长成 下：中式面点家乡味	种植养殖	上：校园绿植培育师 下：种植培育小花匠	岗位体验	上：理财记账我当家 下：社区清洁环卫员

Contents 目 录

生活劳动

活动主题：小超人变身魔法（一年级上学期） …… 004

活动主题：开心整理叠叠乐（一年级下学期） …… 009

活动主题：简单物品自己洗（二年级上学期） …… 014

活动主题：我的文具换新颜（二年级下学期） …… 019

活动主题：卫生清洁小帮手（三年级上学期） …… 023

活动主题：居室物品巧收纳（三年级下学期） …… 030

活动主题：巧手清洁洗刷刷（四年级上学期） …… 035

活动主题：厨卫收纳我能行（四年级下学期） …… 040

活动主题：蔬菜水果大变身（五年级上学期） …… 047

活动主题：简式西餐触味蕾（五年级下学期） …… 053

活动主题：我家小厨初长成（六年级上学期） …… 059

活动主题：中式面点家乡味（六年级下学期） …… 065

生产劳动

活动主题：纸艺装饰迎新年（一年级上学期） …… 074

活动主题：彩泥校园之花园（一年级下学期） …… 080

活动主题：纸艺作品表真情（二年级上学期） …… 087

活动主题：彩泥校园之建筑（二年级下学期） …… 093

活动主题：穿针引线钉纽扣（三年级上学期）……099

活动主题：实用绳结巧编织（三年级下学期）……105

活动主题：废旧衣物巧改造（四年级上学期）……111

活动主题：装饰绳结美生活（四年级下学期）……116

活动主题：植物奇妙超能力（五年级上学期）……122

活动主题：萌宠关爱养成记（五年级下学期）……128

活动主题：校园绿植培育师（六年级上学期）……135

活动主题：种植培育小花匠（六年级下学期）……141

服务劳动

活动主题：教室清洁换新颜（一年级上学期）……154

活动主题：班级环境我布置（一年级下学期）……159

活动主题：班级文化巧设计（二年级上学期）……164

活动主题：班级事务小管家（二年级下学期）……168

活动主题：图书阅读我服务（三年级上学期）……174

活动主题：校园文明志愿者（三年级下学期）……181

活动主题：我的校园我做主（四年级上学期）……187

活动主题：我为校园添光彩（四年级下学期）……192

活动主题：家用电器维护员（五年级上学期）……197

活动主题：小小健康护理员（五年级下学期）……202

活动主题：理财记账我当家（六年级上学期）……208

活动主题：社区清洁环卫员（六年级下学期）……212

生活劳动

日常生活劳动教育立足个人生活事务处理，结合开展新时代校园爱国卫生运动，注重培养生活能力和良好的卫生习惯，树立自立自强意识。

低年级：以个人生活起居为主要内容，开展劳动教育，注重培养劳动意识和劳动安全意识，使学生懂得人人都要劳动，感知劳动乐趣，爱惜劳动成果。指导学生：完成个人物品整理、清洗，进行简单的家庭清扫和垃圾分类等，树立自己的事情自己做的意识，提高生活自理能力。

中高年级：以家庭劳动为主要内容开展劳动教育，体会劳动光荣，尊重普通劳动者，初步养成热爱劳动、热爱生活的态度。指导学生：参与家居清洁、整理收纳，制作简单的家常餐等，每年学会1～2项生活技能，增强生活自理能力和勤俭节约意识，培养家庭责任感。

生活劳动对应的板块：低年级为生活起居，中年级为家居整理，高年级为简单烹饪。

- **一年级生活起居**

上：小超人变身魔法——洗漱、洗澡、剪趾（指）甲、穿衣服（开衫）、穿裤子、穿鞋子、整理书包

下：开心整理叠叠乐——叠衣服、卷衣服、叠被子、整理床铺、整理书桌

- **二年级生活起居**

上：简单物品自己洗——手洗简单衣物、晾晒衣物、清洗个人餐具、清洗水瓶

下：我的文具换新颜——包书皮、削铅笔、做书签、清洗文具盒、制作铅笔加长器

- **三年级家居整理**

上：卫生清洁小帮手——洗碗、择菜、洗蔬菜水果、利用搓衣板洗衣物、洗衣机的使用

下：居室物品巧收纳——整理衣柜、整理床头柜、整理书柜、整理鞋柜

- **四年级家居整理**

上：巧手清洁洗刷刷——刷鞋、不同材质物品的擦拭、复杂衣物的清洗、物品去污

下：厨卫收纳我能行——蔬菜保鲜巧收纳、收纳厨房杂物、收纳卫生间物品

- **五年级简单烹饪**

上：蔬菜水果大变身——使用普通榨汁机、制作轻养果蔬沙拉、制作果蔬汁、制作冷泡果蔬茶

下：简式西餐触味蕾——烤箱的使用、简单烘焙、热牛奶、水煮鸡蛋、炸薯条、三明治制作、意大利面制作、准备早餐

- **六年级简单烹饪**

上：我家小厨初长成——刀具的使用、炉灶的使用、电饭煲的使用、制作紫菜包饭、西红柿炒鸡蛋

下：中式面点家乡味——点点面食机、巧和面、擀面杖的使用、制作手擀面、巧发面、做馒头

活动主题：小超人变身魔法（一年级上学期）

主题说明

本主题是一年级上学期的活动内容，属于生活劳动范畴，通过主题实践活动，引导学生对洗漱、剪趾（指）甲、穿衣服、穿鞋子、整理书包等技能的观察学习，引导学生在实践中了解这些劳动项目的操作步骤和技巧；通过讲解说明、锤炼操作、项目实践、反思交流、榜样激励等方式，引导学生在学习过程中掌握技能，树立正确的劳动观念；通过项目实践亲身体验懂得珍惜别人的劳动成果，体谅父母劳动的辛劳；通过榜样激励树立正确的劳动精神，养成良好的劳动习惯。

活动目标

认知目标

1. 探究并熟练掌握生活起居劳动项目的方法，了解其操作步骤及评价标准。
2. 能通过跟范例学、观察等方式方法完成生活起居劳动项目。

行为目标

1. 能正确并独立完成生活起居劳动项目。
2. 把学习到的劳动技能应用到实际生活中，做到服务自我。

情意目标

1. 养成自己的事情自己做的好习惯。
2. 在主题实践活动中，体验劳动后的幸福感。
3. 通过交流反思，掌握劳动方法，培养自己的事情自己做的意识和能力。

活动规划

表1是小超人变身魔法的活动规划。

表1　小超人变身魔法活动规划

活动流程	活动内容	活动方式	课时及场地	活动目标
明需要	1.创设情境：展示一个小邋遢。提问：你们喜欢他吗？为什么？然后展示变身后的整洁小超人，再次提问。 2.揭示主题：怎样才能成为一名整洁小超人？ 3.梳理任务：小超人变身法。 4.交流方法：多请教	考察探究	1课时 劳动教室	认知目标1 行为目标1

续 表

活动流程	活动内容	活动方式	课时及场地	活动目标
学本领	讲解说明，教师引导学生在探究中总结方法、锤炼操作，内容如下。 任务一：洗漱 1.调查：是否不洗漱就睡觉。 2.学习：洗漱的程序和技巧。 3.制作："爱牙护牙"手抄报。 任务二：剪趾（指）甲 1.评比：最干净趾（指）甲。 2.用什么：趾（指）甲钳。 3.怎么用：学习剪趾（指）甲的方法和技巧。 任务三：穿衣服 1.预热：分组比赛穿衣。 2.思考：为什么穿衣有快慢。 3.实践：学习穿衣服的程序和技巧，总结方法。 任务四：穿鞋子 1.引兴趣：制作玩具。 2.比不同：观察同学鞋带，形成分类表格。 3.划重点：学习穿鞋和系鞋带的程序及技巧。 4.小锦囊：观察仔细、操作有序、相互协同。 任务五：整理书包 1.讨论：小超人的书包什么样？ 2.学习并掌握整理书包的程序及技巧。 3.随堂比赛：谁的书包最整洁	评价 汇报 交流 观察 模拟 体验 交流 讨论 汇报 讨论 体验	3课时 劳动教室	认知目标 1、2 行为目标 1、2 情意目标1
巧实践	主题项目实践——小超人变身魔法。 1.梳理自己的改进内容。 2.在家逐一进行实践。 3.完成小超人变身魔法。	实践 体验	2课时 家庭	行为目标2 情意目标 1、2
乐反思	多方面、多角度评价，交流分享。 1.学习形式。 2.劳动效果。 3.评价标准	交流 评价	1课时 教室	情意目标3

任务规程

● 任务一：洗漱

【洗漱的程序】

一、刷牙

1.准备好牙刷、牙膏、牙杯。

2.将牙刷在已接水的牙杯里快速涮洗一遍。

3.再接一杯清水。

4.将牙膏挤在牙刷上，轻蘸一下牙杯里的清水。

5.开始刷牙，竖着刷至少三分钟。

6.用牙杯里的清水把口腔漱洗干净，水吐掉。

二、洗脸

1. 先将双手清洗干净。
2. 用水把脸部洗一遍。
3. 用洗面奶清洁脸部。
4. 用水将洗面奶洗净。
5. 用软毛巾把脸擦干。

【洗漱的评价标准】
1. 刷牙方法正确,牙齿缝隙无残渣。
2. 洗脸方法正确,脸部没有脏污。

【洗漱的技巧】
1. 刷毛和牙龈呈45℃角。
2. 选择35℃左右的温水洗脸。
3. 洗脸时要轻柔。

● **任务二:剪趾(指)甲**

【剪趾(指)甲的程序】
1. 洗干净手和脚,擦干水。
2. 准备好已消毒的趾(指)甲钳。
3. 修剪时尽量平着将趾(指)甲顶端剪断,把两端修圆。
4. 修剪后将趾(指)甲锉一锉,使趾(指)甲更圆滑。

【剪趾(指)甲的评价标准】
1. 长度适宜。
2. 甲缝无污。
3. 边缘圆润。

【剪趾(指)甲的技巧】
1. 趾(指)甲长度与指尖长度保持一致。
2. 慢慢剪。

● **任务三:穿衣服(开衫)**

【穿衣服的程序】
1. 铺:把衣服平铺好。
2. 伸:将胳膊按照左右方向伸进袖口。
3. 系:有纽扣的按顺序系好。
4. 拉:有拉锁的将拉锁拉好。

【穿衣服的评价标准】
1. 穿着得体。
2. 美观整齐。

3. 扣子系好。

【穿衣服的技巧】

1. 穿衣服前要摆好，分清方向。
2. 如果里边有衣服，穿衣服前要用手抓住里边衣服的袖口，避免里衣袖子上窜。
3. 脱完衣服要整理好，方便下次穿。

● 任务四：穿裤子

【穿裤子的程序】

1. 铺：把裤子平铺好。
2. 伸：将双腿按照左右方向伸进裤腿。
3. 系：有纽扣或裤钩的系好。
4. 拉：有拉锁的将拉锁拉好。

【穿裤子的评价标准】

1. 穿着得体。
2. 美观整齐。
3. 裤门系好。

【穿裤子的技巧】

1. 穿裤子前要将裤子摆好，分清方向。
2. 穿外裤前，先穿好袜子并把里边的裤腿口扎紧，外裤更容易穿好。
3. 脱完裤子后要整理好，方便下次穿。

● 任务五：穿鞋子

【穿鞋子的程序】

1. 把鞋子按照左右脚摆好。
2. 脚趾头朝前顶，鞋后跟拉起来。
3. 整只脚完好地放在鞋子里。
4. 粘扣粘好，鞋带系好。

【穿鞋子的评价标准】

1. 左右脚穿整齐。
2. 清洁干净，大小合适。
3. 鞋带系好，蝴蝶结没有松弛。

【穿鞋子的技巧】

1. 新鞋不易上脚时，用鞋拔子相助。
2. 穿着舒适的、适合自己的鞋子。
3. 鞋带系法：
（1）两根鞋带交叉形成"山洞"。
（2）将其中的一根鞋带伸进"山洞"里，两根鞋带同时拉紧。

（3）在两根鞋带中间处窝上"兔耳朵"再次形成"山洞"。

（4）将其中的一根鞋带窝好的"兔耳朵"伸进"山洞"里，两个鞋带同时拉紧。

● **任务六：整理书包**

【整理书包的程序】

1. 清空书包里的所有物品。
2. 对书包内物品进行分类。
3. 根据书包结构有序放置。

【整理书包的评价标准】

1. 摆放有条理。
2. 整洁无杂物。
3. 快速拿物品。

【整理书包的技巧】

1. 分类、分层按序整理。
2. 多余物品用小袋子收纳。
3. 养成随时整理的习惯。

评价指标

本主题评价主体为学生本人、伙伴、教师和家长，可依据下面的评价指标进行评价（达到标准的为"优秀"，基本达到的为"良好"，不能达到的为"加油"）(表2)。

表2 小超人变身魔法评价指标

一级指标	二级指标	主要描述	表现标准	评价等级		
				优秀	良好	加油
劳动观念	认识劳动	对劳动社会价值的认识	认识到生活起居劳动是我们日常生活中必不可少的内容			
		对劳动个人价值的认识	认识劳动创造美好生活			
	尊重劳动	对劳动者的尊重	尊重自己和父母的劳动，珍惜家人的劳动成果			
		对劳动成果的尊重	自觉保持好个人清洁			
	崇尚劳动	劳动情感和态度	体验劳动变身成功后的幸福感，养成自己的事情自己做的好习惯			

续 表

一级指标	二级指标	主要描述	表现标准	评价等级 优秀	评价等级 良好	评价等级 加油
劳动能力	劳动知识	基础知识	1.探究并熟练掌握生活起居劳动项目的方法、操作步骤及评价标准。 2.能通过跟范例学、观察等方式方法独立完成生活起居劳动项目			
		操作方法	掌握常见生活起居项目劳动的程序：洗漱、剪趾（指）甲、穿衣服、整理书包			
	劳动技能	技能要领	掌握常见生活起居劳动项目的基本技能要领： 1.掌握洗漱的要领。 2.掌握洗头膏、浴液的使用方法。 3.掌握趾（指）甲刀的使用技巧。 4.选择合适的系拉方法。 5.掌握鞋拔子的使用技巧。 6.掌握学习用品分类和摆放技巧			
		任务完成	能正确并独立完成相关劳动项目： 1.刷牙后，牙齿缝隙无残留。 2.洗脸方法正确，脸部无脏污。 3.剪完的趾（指）甲长度适宜、整洁、边缘圆润。 4.衣服穿得得体、整齐，扣子系好。 5.裤子穿着得体、整齐，裤门系好。 6.鞋子左右脚穿整齐，大小合适，系好鞋带，蝴蝶结没有松弛。 7.书包物品摆放有条理，整洁无杂物，能够快速拿到所要的物品			
	劳动创造	问题解决	能够根据劳动项目选择合适的劳动工具和用品进行技能操作			
		不断优化	在劳动中反复实践，发现要领，找到优化方法和使用小窍门			
劳动习惯和品质	劳动习惯	自觉主动坚持不懈	能通过小打卡记录完成劳动项目			
		安全规范注重效率	按照正确的操作流程劳动，清洁时选择合适的清洁用品，使用工具时有安全意识			
	劳动品质	吃苦耐劳艰苦奋斗	在简单劳动中不怕吃苦、不怕失败			
		诚实守信勤俭节约	节约资源，做到合理使用清洁用品，不浪费			

活动主题：开心整理叠叠乐（一年级下学期）

主题说明

本主题是一年级下学期的活动内容，属于生活劳动范畴，一年级的学生刚刚步入小学，整理能力较差，通过学会整理自己的衣物、被褥，使学生掌握整理收纳的知识，学习叠衣服、叠被子、整理床铺、整理书桌的技能，在学习叠衣服、叠被子和整理收纳的过程中，体会叠的乐趣；通过学习整理收纳的知识技能知道自己的事情自己做；通过自己动手整理收纳树立劳动观念，养成自己的事情自己做的劳动精神。

活动目标

认知目标

1.通过主题活动，主动探究并熟练掌握叠衣服、叠被子、整理床铺、整理书桌的方法，了解把衣服、被子叠整齐，把床铺、书桌整理整齐等的评价标准。

2.能通过观察自己起居的情况，主动提出相关问题，并通过向父母等长辈询问方法解决叠衣服、叠被子、整理床铺和整理书桌方面的问题，体验探究学习的完整过程。

行为目标

1.通过本主题的开展，能正确并独立完成叠衣服、叠被子、整理床铺、整理书桌等劳动项目。

2.通过劳动实践和反思交流，能够自己总结和从身边的榜样身上学会更多整理起居的技巧，会举一反三、实践应用。

情意目标

1.做事能够讲求方法，认真做好叠衣服、叠被子、整理床铺、整理书桌等项目，从小养成自己的事情自己做的好习惯。

2.能够主动参加家庭中整理起居方面的劳动，愿意为自己和他人服务。

3.能够尊重自己和父母的劳动及劳动成果，养成力所能及的事情主动做、为父母分担整理家务的好习惯。

活动规划

表3是开心整理叠叠乐的活动规划。

表3 开心整理叠叠乐活动规划

活动流程	活动内容	活动方式	课时及场地	活动目标
明需要	1.创设情境：这学期我们班级要开展"开心整理叠叠乐"竞赛活动，比赛的项目分别有叠衣服、叠被子、整理床铺和整理书桌，这些技能你都会吗？ 2.揭示主题：开展"开心整理叠叠乐"活动，学会叠衣物和整理床铺、书桌的技能。 3.梳理任务：梳理生活中叠衣服、叠被子和整理床铺、整理书桌的常见方法，确立核心任务。 4.交流解决方法：问有经验的父母、上网找资料、反复实践；制定活动方案	策划	1课时 教室	认识目标1 情意目标1
学本领	1.了解叠衣服的基本方法和技巧；可引导学生将方法编成儿歌口诀，如叠上衣： 两扇大门关一关， 两个小手抱一抱， 小小帽子点点头， 再把肚皮往上盖。 2.了解叠被子的方法和技巧；总结方法；练习并完成叠被子的任务。 3.了解整理床铺的方法和技巧；总结方法；练习并完成整理床铺的任务。 4.了解整理书桌的方法和技巧；总结方法；练习并完成整理书桌的任务	探究制作	2课时 教室	认识目标1、2 行为目标1、2
巧实践	1.我是小小整理师：回家实践，观察自己的衣柜，看看哪里需要整理；自己能够按照学习叠衣服、被子的方法在家对自己的衣物进行整理；完成劳动记录单；提炼整理经验。 2.我是整理小能手：在班级举行叠衣服大赛；选出优胜选手	制作体验	2课时 家庭	行为目标1、2 情意目标1、2

续 表

活动流程	活动内容	活动方式	课时及场地	活动目标
乐反思	1. 交流劳动记录单。 2. 展示劳动成果。 3. 交流活动感受。 4. 活动总结与评价	交流汇报评价	2课时课堂	情意目标1、2

任务规程

● **任务一：叠衣服（普通T恤）**

【叠衣服程序】

方法一：左右两侧向内折，袖子找直角，变成长方形，再对折，领子朝上。

方法二：将两边肩部翻出里衬，再将右边肩膀塞入左边肩部处，逐渐将衣服右边卡入衣服左边，变成长方形，再对折。

方法三：将两边肩部翻出里衬，再将左边肩膀塞入右边肩部处，逐渐将衣服左边卡入衣服右边，变成长方形，再将其他叠好的小物件放在上面，卷起外套。

方法四：衣服背面朝上，将右侧向后身折叠，再将袖子折回，左侧同样变成长方形，再朝上对折。

方法五：衣服背面朝上，沿着衣服中线，拿着右边袖口对折到左边，再把袖子折到中线边沿，将衣服卷成卷儿。

【叠衣服标准】

1. 操作有条不紊。
2. 左右对称，四角平整。
3. 衣服的肩膀、袖口、下摆在一条直线。

【叠衣服技巧】

1. 快速叠衣服：适用于短袖T恤，窍门是找到两条线三个点。
2. 鸡肉卷法：把衣服卷起来保证衣服不散，同时占的空间较小。
3. V字收纳法：适用于毛衣，悬挂起来不用担心衣架会把衣服撑变形。
4. 近藤式叠衣法：让每一件衣服都站立起来，便于寻找，取用时不会凌乱。

● **任务二：叠被子**

【叠被子程序】

1. 铺平，用双手捏住同一边的两个被角，往两边拉被子，再拉另外两边，直到被子平铺在床上。
2. 拿起被子长的一边叠到被子中间三分之一处，再拿起对面的一边叠到这边对齐，让被子变成三层的长条形。
3. 分别拿短的两头对准中间叠，两头中间留出被子厚度的距离。
4. 再拿起短头其中的一头对准另一边折叠。
5. 将被子四个角以及表面拉平整。

【叠被子标准】

1. 被子平整。

2. 折叠棱角分明。

3. 折叠大小合适。

【叠被子技巧】

1. 被子从开始叠就要拉平整，每叠一层都要拉平整。

2. 叠的每一层都要对齐。

3. 最后整理外形也很重要。

- 任务三：整理床铺

【整理床铺程序】

1. 将床单的上部塞进床垫褥子下面，直到床单十分平整。

2. 将毛毯铺在床单上面。

3. 毛毯的底部边缘也要叠成圆角；将底角塞进床垫褥子的下面，和刚刚塞进床单的步骤一样。注意不要把边缘弄皱。

4. 将毯子的两边都完整地塞进床垫褥子下面；将床单覆盖住毯子的上部，长度大概 30 厘米左右。

5. 铺上床罩，确保两边都自然地垂下。不需要把床单塞进褥子里。

6. 放两个枕头在床头；把枕套套上，然后把枕头拍得松软些放在床上。枕头应该和床的尺寸相配，如果是特大号的床，可以考虑放三个枕头，这样空间就充分利用了。

【整理床铺标准】

1. 将毛毯铺在床单上面时，将长边和床垫褥子的长边对齐。毛毯的顶端应该与床的前沿相距 20～25 厘米；两边同样也是自然垂下。

2. 整理的时候都是要求表面平整。

3. 将毯子的两边都完整地塞进床垫褥子下面时，一定要把它抚平然后塞进床垫褥子下面，将顶部的或者底部的两个角也塞进去。

【整理床铺技巧】

1. 床罩要确保两边都自然地垂下，不需要把床单塞进褥子里。

2. 无论铺床单还是铺毛毯都要铺得十分平整，可以尝试使用小笤帚一边扫一边铺平。

- 任务四：整理书桌

【整理书桌程序】

1. 书桌桌面的分类整理：书籍、本子、文具等。

2. 桌面书籍的整理：按同类、大小、先后整理。

3. 书桌抽屉的整理：

（1）将不常用的本子归类收入资料夹。

（2）整理常用书本。

（3）将常用的工具类书籍放在右手边。

（4）利用收纳盒整理琐碎物品。

【整理书桌标准】

1. 物品摆放整齐，不杂乱。
2. 物品摆放有序，容易找。
3. 保持整齐有序，好习惯。

【整理书桌技巧】

1. 笔和橡皮等易散落物品最好放入收纳盒。
2. 借助书架、书立整理书籍。
3. 物品摆放按使用频率归类。
4. 废物利用，如利用巧克力盒子可以装一些细小的物品。

评价指标

本主题评价主体为学生本人、伙伴、教师和家长，可依据下面的评价指标进行评价（达到标准的为"优秀"，基本达到的为"良好"，不能达到的为"加油"）（表4）。

表4　开心整理叠叠乐评价指标

一级指标	二级指标	主要描述	表现标准	评价等级 优秀	良好	加油
劳动观念	认识劳动	对劳动社会价值的认识	认识到我们的生活需要生活起居劳动，我们应该参加一些力所能及的劳动			
		对劳动个人价值的认识	感受劳动最光荣、最美丽			
	尊重劳动	对劳动者的尊重	尊重自己和父母的劳动			
		对劳动成果的尊重	1. 能保持和维护整理后的衣物和床铺的整洁。 2. 积极记录和展示自己的劳动成果			
	崇尚劳动	劳动情感和态度	感受整理劳动所带来的快乐，树立以辛勤劳动为荣的思想观念			
劳动能力	劳动知识	基础知识	1. 了解各种衣服和薄厚被子的不同叠法。 2. 掌握铺床的步骤和技巧以及学习用品分类和摆放的方法			
		操作方法	掌握常见衣物和床铺整理的基本程序			
	劳动技能	技能要领	掌握常见生活起居项目劳动的基本技能要领： 1. 掌握各种衣服不同叠法的要领。 2. 掌握薄厚被子不同叠法的要领。 3. 掌握铺床的步骤和技巧。 4. 掌握学习用品分类和摆放			
		任务完成	能够根据需要完成任务，并且熟练掌握整理的各项技能： 1. 叠衣服要平整，分类摆放，摆放整齐。 2. 叠被子注意每一层都要拉平整，对齐叠，最后整理。 3. 整理床铺步骤有条理，被子放得整齐，床单平整。 4. 在整理书桌把学习用品进行分类时要先确定自己的分类标准			
	劳动创造	问题解决	1. 根据衣服的种类，可以按需要叠成适合的大小。 2. 根据被子的薄厚，掌握不同的叠法。 3. 整理床铺时要注意季节不同对床上用品采用不同的处理方法。 4. 整理书桌时根据不同学习用品进行有效分类			
		不断优化	能通过练习和实践发现要领和难点，找到比较优化的实践方法，并展示劳动成果			

续 表

一级指标	二级指标	主要描述	表现标准	评价等级		
				优秀	良好	加油
劳动习惯和品质	劳动习惯	自觉主动坚持不懈	平时养成整理物品的好习惯，自己的事情自己做，在家人的监督指导下完成，愿意为自己和他人服务			
		安全规范注重效率	在整理过程中，叠放衣物要注意安全，避免磕碰，能够安全、规范、有效地完成整理工作			
	劳动品质	吃苦耐劳艰苦奋斗	能在叠和整理过程中不怕苦、不怕累，有爱劳动的精神和向身边长辈学习的精神			
		诚实守信勤俭节约	不随意破坏整理好的房间、衣物，亲自参与劳动，不由他人代劳			

活动主题：简单物品自己洗（二年级上学期）

主题说明

本主题是二年级上学期的活动内容，属于生活劳动范畴。适合低年级学生的劳动项目包括清洗、晾晒简单的物品，如红领巾、袜子、手帕等，清洗个人餐具等。通过对这些劳动任务的实践，学生可以掌握清洗简单物品的劳动技能，在生活中根据自己的实际需要，独立完成简单物品的清洗，养成良好的劳动习惯，主动参与到家庭劳动中，树立家庭责任感，培养生活自理能力，自己的事情自己做，体验劳动的成就感。

活动目标

● 认知目标

1. 探究并熟练掌握小件物品的清洗、晾晒，清洗个人餐具的方法，了解这些劳动项目操作步骤及评价标准。
2. 能通过观察并实践的方法完成生活起居劳动项目。

● 行为目标

1. 能独立完成生活起居劳动项目，提高自理能力。
2. 通过简单物品自己洗的劳动项目化实践，培养学生自我服务及为家庭服务的劳动习惯。

● 情意目标

1. 通过实践活动，共同体验劳动带给自己及家人的幸福感。
2. 通过服务于自己和家人，体验劳动的艰辛，懂得珍惜劳动成果，培养热爱劳动的情感。

活动规划

表5 是简单物品自己洗的活动规划。

表5　简单物品自己洗活动规划

活动流程	活动内容	活动方式	课时及场地	活动目标
明需要	1. 创设情境：同学们洗过红领巾吗？ 2. 揭示主题：做生活能自理的好孩子！ 3. 梳理任务：确立劳动任务。 4. 交流方法：多请教，勤实践	交流探究	1课时 教室 劳动	认知目标1
学本领	1. 学习并掌握洗红领巾的程序、技巧和评价标准。 2. 了解洗衣物的注意事项，分组模拟。 3. 学习并掌握清洗餐具的方法及技巧	探究考察	3课时 教室 劳动	认知目标1、2 行为目标1
巧实践	1. 分类：寻找适合自己洗的物品。 2. 探究：科学合理的方法。 3. 实践：简单物品的洗涤和晾晒	体验服务交流汇报	1课时 家庭	行为目标1、2 情意目标1、2
乐反思	多方面、多角度评价，交流分享。 1. 学习形式。 2. 劳动效果。 3. 评价标准	交流评价	1课时 教室	认知目标1 行为目标2

任务规程

● **任务一：手洗简单衣物（以红领巾为例）**

【手洗红领巾的程序】

1. 准备：洗衣皂、水、水盆。
2. 初洗：将红领巾浸湿，用洗衣皂涂抹。
3. 细洗：整体揉洗，有污渍的地方重点揉搓。
4. 清洗：把红领巾放进水盆里洗净泡沫。
5. 冲水：打开水龙头反复冲洗，直至没有泡沫和残留物为止。
6. 拧干：把洗干净的红领巾拧干。
7. 晾晒：抖一抖红领巾，展平褶皱，晾晒在通风处。

【手洗红领巾的评价标准】

1. 能及时清洗。
2. 无污渍残留。
3. 洗涤剂泡沫要冲净。
4. 水要沥干净。
5. 拧干后展平褶皱。
6. 晾晒到合适地方。

【手洗衣物的技巧】

1. 将衣物在水里加洗衣液泡一小会儿再洗，更节省劳力。
2. 双手轻搓衣物至出现绵密的泡沫，持续 1～3 分钟，也可以借助搓衣板搓洗。
3. 去除水笔印的小方法。
（1）用洗洁精清洗。
（2）先用牙膏（最好无色）在笔印处揉搓，之后再正常洗涤。
（3）用小苏打、牙膏、白醋再加 50℃的水。
4. 选择恰当的洗涤用品。
（1）洗衣粉：适用于清洗接触灰尘较多的衣物，不适合清洗内衣裤。
（2）洗衣液：适用于清洗各种材质和种类的物品，对皮肤更温和。
（3）洗衣皂：通常用于清洗比较脏、不容易清洗、容易产生静电的物品。
（4）柔顺剂：适合各种面料的衣物，要按照说明书中的配比量正确使用。

● 任务二：晾晒衣物

【晾晒衣物的程序】

1. 准备要晾晒的衣物。
2. 将其完全抖开，抻平，无褶皱。
3. 针对衣物的特点选择合适的晾晒用具和方式。
4. 晾干后及时收好物品，整齐叠好放在相应的位置。

【晾晒衣物的评价标准】

1. 晾晒的衣物平整无皱。
2. 晾晒工具和方式恰当。
3. 晾干后及时整理收纳。

【晾晒衣物的技巧】

1. 方式选择。
（1）深色物品反着晾晒，避免物品褪色。
（2）内衣正着晾晒，避免内侧粘上灰尘和细菌。
（3）容易掉色的衣物要隔开，避免衣服染色。
（4）绸缎毛呢材质的衣物避免暴晒，放在通风处阴干。
2. 用具选择。
（1）晾衣架：化纤材质的衣物。
（2）网帘：毛衣。
（3）晾衣夹：小件的物品。

● 任务三：清洗个人餐具

【清洗个人餐具的程序】

1. 准备个人餐具、洗洁精、海绵或洗碗巾。
2. 在海绵或洗碗巾上倒少量洗洁精，依次清洗餐具。

3. 两只手配合，按一定顺序清洗，注意轻拿轻放。
4. 将清洗过的餐具控水后自然晾干。
5. 将水槽及周边清理干净。

【清洗个人餐具的评价标准】
1. 餐具内外无残留物。
2. 表面光洁，无异味。
3. 餐具上残留的洗洁精冲干净。
4. 餐具内残留的水要沥干净。
5. 餐具放到相应位置。
6. 整理水槽及周边。

【清洗个人餐具的技巧】
1. 最好用流动的清水直接冲洗餐具，避免残留洗洁精。
2. 清洗后的餐具不必用抹布擦干，自然晾干。
3. 水槽清理干净，避免堵塞。

● 任务四：清洗水瓶（以玻璃水瓶为例）

【清洗水瓶的程序】
1. 浸泡：时间为 5 分钟。
2. 摇晃：向水瓶中倒入两滴醋并加入瓶子容积 80% 左右的热水（50℃～70℃为宜），使劲摇晃十几下，把水倒出。
3. 清洗瓶嘴：用洗碗巾擦洗瓶嘴，特别小的瓶嘴可以借助棉签沾上清洗剂擦洗。
4. 处理：特殊污渍可借助清洁刷，按照一定的顺序进行刷洗。
5. 冲洗：杯子用清水冲洗干净，直至去除杯中的醋味和残留物。
6. 整理：水槽及周边整理干净。

【清洗水瓶的标准】
1. 细致全面，确保清洁无异味。
2. 轻拿轻放，保证水瓶的完好。
3. 定期清洗，保持水瓶的清洁。
4. 清洗结束，将物品放回原处。
5. 整理周边，水槽清洁无堵塞。

【清洗水瓶的技巧】
1. 不锈钢杯的清洗：用海绵、布刷子进行擦拭。
2. 陶瓷杯的清洗：用温水清洗。如有特殊污渍可先用牙膏擦拭，再清洗。
3. 塑料杯的清洗：用海绵刷滴上几滴清洗剂进行清洗，不要用尖锐的用具清洗。
4. 茶渍的清洗：茶渍处涂上食盐、小苏打或者白醋，待两三分钟茶渍即可消失。
5. 奶渍的清洗：用牙膏擦拭。

评价指标

本主题评价主体为学生本人、伙伴、教师和家长,可依据下面的评价指标进行评价(达到标准的为"优秀",基本达到的为"良好",不能达到的为"加油")(表6)。

表6 简单物品自己洗评价指标

一级指标	二级指标	主要描述	表现标准	评价等级 优秀	良好	加油
劳动观念	认识劳动	对劳动社会价值的认识	认识到我们的生活需要劳动			
		对劳动个人价值的认识	感受劳动最光荣、最美丽			
	尊重劳动	对劳动者的尊重	尊重自己和父母的劳动			
		对劳动成果的尊重	维护好清洁后的物品			
	崇尚劳动	劳动情感和态度	体验劳动成果所带给自己及家人的快乐和幸福			
劳动能力	劳动知识	基础知识	1. 能熟练掌握洗涤、晾晒小件物品的方法。 2. 能学习和探究清洁小妙招。 3. 能了解这些劳动项目操作步骤及评价标准			
		操作方法	掌握常见生活起居项目劳动的程序:手洗简单衣物、晾晒衣物、清洗个人餐具、清洗水瓶			
	劳动技能	技能要领	掌握常见生活起居项目劳动的基本技能要领: 1. 掌握搓洗技能。 2. 熟悉晾晒方法。 3. 选择合适的清洗材料和用具,并按照一定的顺序清洗餐具			
		任务完成	1. 红领巾脏了能及时清洗干净。 2. 晾晒方法科学合理,晾干的衣物能及时整理收纳到指定位置。 3. 餐具能做到洗、沥、放、整理。 4. 能定期清洗干净水杯,清洗后将所用物品归位并整理水槽及周边			
	劳动创造	问题解决	1. 能够根据劳动项目选择合适的劳动工具和用品,并正确进行技能操作。 2. 根据项目选择合适的方式方法观察完成生活起居劳动项目。 3. 理解观察的概念,知道观察与"看"的区别。 4. 了解观察在生活中的重要意义			
		不断优化	能通过练习和实践发现要领,找到优化的实践方法			
劳动习惯和品质	劳动习惯	自觉主动坚持不懈	能用小打卡记录完成劳动项目,主动参加生活起居方面的劳动			
		安全规范注重效率	晾晒衣物时要注意安全。能选择正规的清洁用品,规范进行清洁劳动			
	劳动品质	吃苦耐劳艰苦奋斗	在完成生活起居的劳动项目中,要勇于吃苦,敢于挑战			
		诚实守信勤俭节约	1. 亲自参与劳动,不由他人代劳。 2. 能合理使用所需资源,不浪费			

活动主题：我的文具换新颜（二年级下学期）

主题说明

本主题是二年级下学期的活动内容，属于生活劳动范畴，通过对"我的文具换新颜"的设计，引导学生在使用文具过程中爱护文具、保护文具、珍惜自己的文具，在给文具换新颜的过程中，掌握包书皮、清洗文具盒以及做铅笔加长器等方法。通过为文具换新颜懂得爱护学习用具；通过自己动手操作树立劳动观念，养成良好的劳动习惯。

活动目标

● 认知目标

1. 通过主题活动，探究并熟练掌握包书皮、制作铅笔加长器及清洗文具盒的步骤和方法，了解把书皮包得整齐美观、制作铅笔加长器等这些劳动项目的操作步骤及评价标准。
2. 在主题活动开展过程中，能从生活实际、事实案例、观察比较中发现并提出问题。

● 行为目标

1. 能正确并独立完成包书皮、制作铅笔加长器及清洗文具盒等劳动项目。
2. 通过劳动实践和交流反思，能自己主动收集信息或从身边的榜样身上学会更多爱护文具的方法，能举一反三、实践应用。
3. 在包书皮和制作铅笔加长器时能注意相关用品的安全使用，能规范、安全、有效地进行保护文具方面的劳动。

● 情意目标

1. 能够做事讲求方法，认真做好包书皮、清洗文具盒、制作铅笔加长器等项目，从小养成自己的事情自己做及勤俭节约的好习惯。
2. 在制作铅笔加长器和书签的过程中，体验亲自动手保护文具的快乐和成就感，感受给文具换新颜过程中包含的智慧和带给人们的便利。
3. 能主动参加保护文具的相关劳动，愿意为自己和家人服务，尊重自己和父母的劳动成果。

活动规划

表7是我的文具换新颜的活动规划。

表7 我的文具换新颜活动规划

活动流程	活动内容	活动方式	课时及场地	活动目标
明需要	1. 创设情景：出示一本受损的书本和一支短短的铅笔，讨论一下，在生活中是否见过这样的场景。 2. 揭示主题：我们要开展"我的文具换新颜"活动，利用我们的巧手将我们的文具保护起来。 3. 梳理任务：学习包书皮；自己动手制作铅笔加长器；亲自动手清洗文具盒。 4. 交流解决方法：跟着榜样学习，上网查资料学习，反复实践，制定活动方案	策划	1课时 教室	认知目标1 情意目标1
学本领	任务一：包书皮 1. 讨论为什么要包书皮。 2. 了解现在书皮的种类（塑料材质、纸质……有粘贴的，有直接套装的，有动手操作的……）。 3. 了解并学会包书皮的方法和技巧。 4. 总结方法。 5. 练习并完成包书皮的任务。 任务二：爱护图书文具小方法 1. 可引导学生将方法编成儿歌口诀： 小文具，要爱惜。小书包，装整齐。不撕书，不咬笔。好孩子，能自理。 2. 学习爱惜图书文具的方法，掌握摆放文具的技巧。 3. 总结方法	探究 制作	3课时 教室	认知目标 1、2 行为目标 1、2
巧实践	我的文具我爱护 1. 观察自己的书籍，发现有破损的地方，想办法解决，可以利用学过的方法给书"穿上"新衣服。 2. 清洗文具盒。针对文具盒上的不同污渍用不同的洗涤剂清洗，可以借助刷子等工具帮助去污。 3. 做铅笔加长器。给铅笔做一节加长器可以帮助铅笔继续使用	制作 体验	2课时 教室	行为目标 1、2 情意目标 1、2
乐反思	1. 展示劳动成果。 2. 交流劳动感受。 3. 劳动实践多元评价。 4. 劳动拓展延伸	交流 汇报 评价	1课时 课堂	情意目标 1、2

任务规程

● 任务一：包书皮

【包书皮程序】

1. 用品准备：包书皮专用纸（牛皮纸、厚纸）、剪刀、书、铅笔。

2. 备纸：将纸正面向内对折，把书放到对折好的纸上；书脊与折痕处相对，留出书厚度一半的距离，另三边留出5厘米左右。

3. 画线：

（1）用铅笔沿着书四边画好线，另一面也画好。

（2）在距离书脊两边2厘米左右画两条八字形斜线，上下都画好。

4. 剪：沿着画好的八字剪开。

5. 包皮：

（1）将纸打开，背面向上，中间剪开的梯形沿着横线向内折，上下都折好。

（2）将书脊对准中间的折痕平放在画好的线内。

（3）折起书下的三个边将书的底页包好，压好折痕，让书保持平整。

（4）把书翻过来封面在下，采用同样的方法包好。

（5）包好的书可以用重物压几天，会更平整。

6. 写名：在书的封面上写好书名、班级、姓名。

【包书皮标准】

1. 纸的边缘整齐。

2. 剪口整齐，角度对称，上下对齐，大小一样。

3. 书皮折痕整齐，包好后与书大小一致。

4. 封面书写字迹工整，书皮整洁。

【包书皮技巧】

1. 纸的大小要合适，可以先画好线再剪。

2. 将书的形状先画在纸上再包，大小会更合适。

3. 先包书脊对着的边会更好包。

4. 每包一条边要对压几次折痕，效果会更好。

● **任务二：清洗文具盒（以帆布文具盒为例）**

【清洗文具盒程序】

1. 准备：准备好清洗文具盒用的清洁喷雾、牙膏、肥皂、一盆清水、刷子和小板凳等。

2. 浸泡：把文具盒浸泡在放有适量洗衣粉的水中10分钟左右。

3. 初洗：用刷子刷掉文具盒整体的污渍，重新换清水。

4. 细刷：往帆布文具盒污渍部位喷上清洁喷雾或挤上牙膏，再用刷子刷。

5. 清洗：换清水反复清洗直至无泡沫、无洗衣粉残留。

6. 晾晒：将文具盒放在通风干燥处晾干即可。

7. 整理：将清洗文具盒使用的相关物品整理好；等文具盒干了以后，将文具整理好装入文具盒内就可以了。

【清洗文具盒标准】

1. 文具盒脏了能主动去刷。

2. 清洗文具盒的时候注意里外都要刷，尤其注意有黑色笔印记的地方。

3. 清洗文具盒时的洗涤用品使用要适当，洗涤用品要冲洗干净，直至水清澈。

4. 将文具盒放到阴凉通风处阴干。

5. 待文具盒晾干之后把文具整理好装进文具盒内方便使用。

【清洗文具盒技巧】

1. 对于难刷掉的污渍，可以在污渍部位喷上清洁喷雾（清洁喷雾具有去污的作用），也可以在污渍部位挤上牙膏（牙膏中含有有机成分，能够分解笔迹），然后再刷。

2. 文具盒晾晒最好放在阴凉通风的地方阴干，不要放在太阳底下晒；白色或浅色的文具盒最好用白色卫生纸包裹严实后晾晒，不然容易有黄色的印记。

● 任务三：制作铅笔加长器

【制作铅笔加长器程序】

1. 准备：铅笔头、塑料吸管、剪刀、胶布及一套铅笔加长器成品。
2. 选材：用剪刀把塑料吸管从中间剪开，留取适量长度。
3. 加长：用剪开的吸管一端套在铅笔头的末端。
4. 固定：用胶布缠绕在套吸管的铅笔头部分，固定好。
5. 试写：根据试写结果进行不断改进，使自己设计的铅笔加长器（图1）更加好用。
6. 对比：把自制的铅笔加长器与铅笔加长器成品对比一下，看有什么不同。
7. 整理：收拾与整理桌面。

图1 铅笔加长器

【制作铅笔加长器标准】

1. 结实：轻轻拽加长器后不会掉下来。
2. 好用：手捏处没有凹凸起伏较大影响手感的物体。
3. 好做：不要太复杂，自己可以独立完成。
4. 好看：可以用彩色吸管来制作加长器，或是贴上贴纸。

【制作铅笔加长器技巧】

1. 使用剪刀时要注意安全，不要伤到自己和同伴。
2. 缠绕胶布时要尽可能紧一些，防止脱落。
3. 除了使用吸管做加长器之外，还可以用彩纸或者其他材料来制作。

评价指标

本主题评价主体为学生本人、伙伴、教师和家长，可依据下面的评价指标进行评价（达到标准的为"优秀"，基本达到的为"良好"，不能达到的为"加油"）（表8）。

表8 我的文具换新颜评价指标

一级指标	二级指标	主要描述	表现标准	评价等级 优秀	良好	加油
劳动观念	认识劳动	对劳动社会价值的认识	认识到我们需要爱护我们的文具			
		对劳动个人价值的认识	感受劳动最光荣、最美丽			
	尊重劳动	对劳动者的尊重	尊重自己和父母的劳动			
		对劳动成果的尊重	能爱护文具换新颜后的成果；积极展示自己的作品，爱护作品			
	崇尚劳动	劳动情感和态度	感受爱护文具、保护文具所带来的快乐，树立"自己的事情自己做"的思想观念			

续表

一级指标	二级指标	主要描述	表现标准	评价等级 优秀	评价等级 良好	评价等级 加油
劳动能力	劳动知识	基础知识	1. 了解保护文具的基本知识。 2. 掌握包书皮、制作铅笔加长器和清洗文具盒的基本方法			
		操作方法	掌握常见保护书本和文具的基本程序：包书皮、制作铅笔加长器、清洗文具盒			
	劳动技能	技能要领	掌握常见生活起居项目劳动的基本技能要领： 1. 掌握包书皮折印、包边的要领。 2. 掌握制作铅笔加长器的基本技法和要领。 3. 掌握清洗文具盒的基本要领			
		任务完成	能够根据实际给自己的文具换新颜： 1. 包书皮时剪口整齐，角度对称，上下对齐，大小一样；书皮折痕整齐，包好后与书大小一致。 2. 制作铅笔加长器时，加长器要与铅笔固定好，不脱落，结实好用。 3. 清洗文具盒时整体要清洗干净、洗涤用品要冲洗干净，晾干后收好备用			
	劳动创造	问题解决	遇到问题能够灵活解决			
		不断优化	能通过练习和实践发现要领和难点，找到比较优化的实践方法，并展示劳动成果			
劳动习惯和品质	劳动习惯	自觉主动坚持不懈	能够主动承担保护自己文具的义务，在家人的监督指导下完成劳动；平时养成爱护文具的好习惯，自己的事情自己做			
		安全规范注重效率	能够规范地使用文具换新颜劳动中所需要的工具，安全有效地完成制作			
	劳动品质	吃苦耐劳艰苦奋斗	懂得遵守劳动纪律、珍惜自己的劳动成果			
		诚实守信勤俭节约	不乱涂、乱画文具，自觉爱护、保护文具；认真探索每一步操作；亲自参与劳动，不由他人代劳			

活动主题：卫生清洁小帮手（三年级上学期）

✎ 主题说明

本主题是三年级上学期的活动内容，属于生活劳动范畴，通过一系列贴近生活的劳动项目，引导学生在解决问题的过程中采用主动交流劳动经验、上网查资料等方法，掌握洗碗、择菜、洗果蔬、利用搓衣板和洗衣机洗衣物的方法和技巧；学生通过亲身实践，感受到卫生清洁的价值与幸福，体会家长的不易，从而更加尊重自己和父母的劳动。

活动目标

● 认知目标

1. 主动探究并熟练掌握洗碗、择洗果蔬、利用搓衣板和洗衣机洗衣物的步骤和方法，了解清洗干净的评价标准。
2. 主动提出相关问题，并通过问有经验的人和上网查找资料等方法解决卫生清洁方面的问题，体验探究学习的完整过程。
3. 知道收集信息应遵循准确性、全面性、时效性的基本原则，会甄别信息。

● 行为目标

1. 正确熟练地完成洗碗、择洗果蔬、利用搓衣板和洗衣机洗衣物等劳动项目。
2. 能够自己总结和从身边的榜样身上学会更多卫生清洁的技巧，会举一反三、实践应用。
3. 在进行卫生清洁的过程中注意安全并合理使用所需要的洗涤剂、水、电等，不浪费资源。

● 情意目标

1. 感受卫生清洁的价值与幸福，知道劳动要有始有终，学会尊重、保持和维护卫生清洁后的劳动成果。
2. 能主动参加学校和家庭中卫生清洁方面的劳动，愿意为自己和他人服务。
3. 养成主动帮父母分担卫生清洁家务的好习惯。

活动规划

表9是卫生清洁小帮手的活动规划。

表9　卫生清洁小帮手活动规划

活动流程	活动内容	活动方式	课时及场地	活动目标
明需要	1. 创设情境：从儿歌《洗碗》入手，想一想，你会洗碗吗？关于卫生清洁你还会哪些？ 2. 揭示主题，提出驱动问题：开展"卫生清洁小帮手"活动，看看你会哪些卫生清洁方面的劳动？ 3. 梳理任务：梳理生活中卫生清洁方面的劳动内容，确立核心任务。 4. 交流解决方法：问有经验的父母、上网找资料	讨论 交流 收集资料	1课时 教室	认知目标2、3 情意目标2
学本领	1. 了解并学会洗碗、择洗果蔬的方法和技巧。 2. 总结交流洗碗、择洗果蔬的评价标准。 3. 练习并完成洗碗、择洗果蔬的任务。 4. 了解并学会利用搓衣板和洗衣机洗衣物。 5. 总结交流利用搓衣板和洗衣机洗衣物的方法、技巧和评价标准。 6. 练习并完成利用搓衣板和洗衣机洗衣物的劳动任务	讨论 交流 讨论 交流	1课时 教室 1课时 教室	认知目标1、2 行为目标1、2、3

续 表

活动流程	活动内容	活动方式	课时及场地	活动目标
巧实践	1. 小小帮厨： （1）回家实践，找找家里有哪些可以帮厨的劳动项目。 （2）定位自己力所能及的帮厨内容，将帮厨工作进行排序。 （3）用学到的择菜、洗菜、洗碗和洗水果的方法和步骤进行劳动。 （4）与同学交流自己帮厨的劳动过程和感受。 2. 清洗衣物： （1）回家实践，找找家里有哪些衣物需要清洗。 （2）根据自身及家里的实际情况，选择合适的方法清洗衣物。 （3）用学到的清洗衣物的方法和步骤进行劳动。 （4）与同学交流清洗衣物的过程和感受	策划 体验 交流 策划 体验 交流	1课时 家庭 1课时 家庭	行为目标 1、2、3 情意目标 1、2、3
乐反思	1. 完成劳动记录单。 2. 展示劳动成果，交流劳动感受，讲讲自己卫生清洁时的小故事。 3. 交流卫生清洁小窍门。 4. 活动总结和评价："优秀清洁小帮手"	交流 汇报 评价	1课时 学校	行为目标2 情意目标 1、2、3

任务规程

● 任务一：洗碗

【洗碗的程序】

1. 准备：洗洁精、海绵或洗碗巾、水、使用过的碗筷等。
2. 初洗：将碗内的食物残渣简单冲洗一下。
3. 细洗：挤适量洗洁精到海绵上，用海绵把碗筷全都抹一遍。
4. 清洗：直接打开水龙头，把碗筷冲洗干净，避免有洗涤剂残留。
5. 沥水：将碗里残存的水沥干净。
6. 收碗：把洗干净的碗收到碗架里。
7. 整理：将洗碗的水槽及周边清理干净。

【洗碗的评价标准】

1. 吃完饭能主动捡碗。
2. 会用洗涤剂和洗碗巾清洗碗筷。
3. 能把碗清洗干净，无食物和洗涤剂残留。
4. 能将洗完的碗先沥干再放到碗架上。
5. 能将水槽及周边清理干净。

【洗碗的技巧】

1. 捡碗筷时手要干爽，拿住碗边，防止碗掉在地上。
2. 选择合适的洗碗用具，难去除的污渍用热水多泡泡，还可以用钢丝球去除。
3. 洗涤剂用黄豆大小即可，也可以用食用碱代替。

4. 为了更干净，我们还可以将碗筷定期消毒。

方法一：把碗放到水中煮沸，保持 20～30 分钟就可以达到消毒的目的。

方法二：把洗好的碗晾干后，放入消毒柜消毒。

- **任务二：择菜**

【择菜的程序】

1. 准备：蔬菜、相关材料及工具等。
2. 择菜：根据蔬菜的特点，剔除蔬菜中不能吃的部分（皮、籽、黄叶、菜梗、虫子、异物及腐烂部分等），拣取可以吃的部分。
3. 整理：收拾垃圾，将地面及下水道口清理干净。

【择菜的评价标准】

1. 掌握 2～3 种蔬菜的择法，不浪费蔬菜。
2. 择完的菜非常干净，没有残土、烂叶和虫害部位，方便清洗。
3. 能安全使用去皮刀等刀具。
4. 择菜后能将择菜用的工具及周边清理干净。

【择菜的方法】

1. 去根、去黄烂叶（如芹菜、菠菜等）：先去黄烂叶→分枝→去根→去虫害部位→冲洗。
2. 去边缘（如芸豆、荷兰豆等）：去除边缘丝状物→去虫害部位→冲洗。
3. 削皮（如土豆、莲藕等）：先洗去表面泥土→刮去外皮→冲洗。
4. 去籽（如苦瓜、辣椒等）：先去蒂→剖开→去籽→冲洗。
5. 剥壳（如豌豆等）：先挤压剥壳→筛选→冲洗。

【择菜的技巧】

1. 使用去皮刀给土豆等根茎类蔬菜去皮，可以更贴合表皮，省时省力，同时刨皮薄，不浪费食材。
2. 将新采摘的蔬菜在空气中放置 24 小时，一些残留农药能够分解成对人体无害的物质，所以像冬瓜等不易腐烂的蔬菜可以适当放置一段时间。
3. 通过紫外线光照也可以使蔬菜中部分残留农药分解、失活。

- **任务三：洗蔬菜水果**

【洗蔬菜水果的程序】

1. 准备：准备好水、需要清洗的果蔬和洗涤剂。
2. 浸泡：把要洗的蔬菜水果放入水盆里浸湿。
3. 清洗：根据需要放入洗涤剂，然后两手来回用力转动清洗。
4. 冲净：用清水再将蔬菜水果冲洗一至两遍，直至冲洗干净。
5. 沥水：把洗干净的蔬菜水果沥干净水。
6. 整理：把水盆里的水倒掉，清理水槽及周围水渍。

【洗蔬菜水果的评价标准】

1. 能根据水果、蔬菜的特点，选择合适的清洗方法进行清洗。

2. 能自己把水果、蔬菜清洗干净，做到无污渍、无残留。

3. 洗完后能把水沥干净。

4. 清洗后能将水槽周围清理干净，各种用具物归原位。

【洗蔬菜水果的技巧】

1. 在清洗水果时，尽量不用洗洁精，可以选择可食用、无害健康的物品，如小苏打、盐、淘米水、面粉等进行清洗。

2. 我们应根据水果表皮的坚固程度、污渍的顽固程度、环保等级等因素，选择适当的洗涤剂。清洗草莓时，将草莓浸在淘米水及淡盐水中3分钟，会使附着在草莓表面的昆虫及虫卵浮起，便于被水冲掉，有一定的消毒作用。洗蔬菜时用小苏打水浸泡10分钟，能更好地利用酸碱中和反应去除蔬菜中的农药残留。

3. 洗蔬菜水果前最好不把蔬菜水果上的蒂摘掉，免得在浸泡过程中让农药及污染物通过"伤口"渗入果实内，反而造成污染。

● **任务四：利用搓衣板洗衣物**

【利用搓衣板洗衣物的程序】

1. 准备：选取适合用搓衣板洗的衣物进行清洗，并准备好相关物品。

2. 初洗：将要搓洗的衣物浸湿，在洗衣盆中进行简单的揉搓。

3. 浸泡：将衣物在加入洗衣液的水盆中浸泡10分钟。

4. 搓洗：将浸湿的衣服放到搓衣板上，用力使劲揉搓。将衣物打上肥皂或者撒上洗衣粉，分成几部分在搓衣板上逐步搓洗。

5. 投洗：洗好的衣服要用清水多冲洗几遍，每次冲洗后将衣物上的水拧干净。

6. 晾晒：将洗干净的衣物拧干水，晾晒。

【利用搓衣板洗衣物的评价标准】

1. 所洗的衣物适合用搓衣板洗；

2. 合理使用相关资源，如洗衣粉或肥皂用量适当，不浪费水；

3. 衣物脏的部分反复搓洗，直至搓洗干净；

4. 投洗衣物每次能拧干水；

5. 衣物洗干净后，能将洗衣盆的周围收拾干净。

【利用搓衣板洗衣物的技巧】

1. 搓衣板一般适合洗贴身衣物和小件衣物。太轻柔的材质，如丝绸等材质的衣物不适合用搓衣板洗。

2. 用搓衣板洗衣物时要有一定的倾斜度。把搓衣板放在盆里，有齿的一面向上，搓衣板的一边放在盆的边缘，另一边自然地抵住盆底，这样搓衣板就会有一个倾斜度，方便之后的搓洗。

3. 用搓衣板洗衣物的姿势。可以用腰抵住搓衣板，两只手一起搓衣物；也可以一只手将衣物固定在搓衣板上，另一只手按住衣物脏的部分反复搓洗。

● 任务五：洗衣机的使用

【洗衣机的使用程序】

1. 接通电源：在接通电源时要保证插头与手的干燥，防止触电。
2. 放入衣服：将要洗涤的衣服放入洗衣机。
3. 放洗涤剂：根据洗涤衣物的多少，放入适量的洗衣粉或洗衣液。
4. 选好程序：根据衣物具体情况选择合适的洗涤程序。
5. 打开水源：使用洗衣机时要检查与之连接的自来水龙头和排水管是否都已连接好，并打开水源注入适量的水。
6. 启动机器：按开始键启动洗衣机。
7. 洗后晾晒：衣服洗完后及时晾晒；洗衣后要将洗衣机盖门打开通风。
8. 归位整理：关掉水源、拔掉电源，关好洗衣机的盖门。

【洗衣机的使用评价标准】

1. 注意安全，能正确接通电源。
2. 能正确判断衣服是否适合洗衣机洗涤。
3. 能根据衣服颜色进行分类洗涤。
4. 能根据衣服多少放入适量的洗衣液。
5. 能根据衣服的不同面料选择合适的洗涤程序。
6. 衣服洗完后及时晾晒。
7. 衣服洗好后能及时关掉水源、拔掉电源，关上洗衣机的盖门。

【洗衣机的使用技巧】

1. 暂时不洗的衣服不要放入洗衣机。
2. 把衣服放入洗衣机前要考虑洗衣机的容量；检查口袋里或衣服上是否有异物；带有长带和拉链的衣服要将长带打结或拉链拉上。
3. 洗衣粉或洗衣液要适量放入。一般洗衣粉或洗衣液的包装袋外面都已注明，请同学们详细阅读。
4. 衣服洗完后及时晾晒，一般别超过半小时，否则衣服就得重新洗涤了。
5. 内衣最好手洗。
6. 定期对洗衣机进行消毒，及时清洗滤网。

评价指标

本主题评价主体为学生本人、伙伴、教师和家长，可依据下面的评价指标进行评价（表10）。

表10 卫生清洁小帮手评价指标

核心素养	一级指标	二级指标	表现标准	评价等级
劳动观念	价值认识	对劳动社会价值的认识	认识到我们的生活需要卫生清洁	★★★★★
		对劳动个人价值的认识	感受到卫生清洁的价值与幸福	★★★★★
	尊重劳动	对劳动者的尊重	尊重自己和父母的劳动	★★★★★
		对劳动成果的尊重	能保持和维护卫生清洁	★★★★★

续 表

核心素养	一级指标	二级指标	表现标准	评价等级
劳动能力	淬炼操作	操作思路	掌握常见物品的清洁程序：洗碗、择菜、洗蔬菜水果、手洗衣物、机洗衣物	★★★★★
		技能要领	掌握常见物品清洁的基本技能要领： 1. 掌握洗碗、放洗洁精的要领。 2. 掌握去皮刀的使用要领。 3. 掌握搓衣板的使用技巧。 4. 会根据衣物选择合适的洗衣程序	★★★★★
		练习时长	能够在家庭中反复练习这些劳动技能并熟练掌握	★★★★★
	技能运用	问题解决	1. 能够根据家庭实际需要，掌握使用卫生清洁中所需要的相关工具（去皮刀、搓衣板等）的正确使用方法并进行技能操作，在劳动中体验探究性学习的完整过程。 2. 遵循准确性、全面性、时效性的原则收集资料，具备信息甄别的能力，能根据衣料情况判断是否可以用搓衣板洗或洗衣机洗。 3. 根据衣服的颜色、面料等选择合适的洗衣液剂量和洗涤程序，最后晾晒衣物和晾干洗衣机，具有发现问题、提出问题、解决问题的意识	★★★★★
	操作精度	任务完成	能够根据需要完成任务，并且熟练掌握技能。 1. 将碗洗干净，无残渣，无洗涤剂残留，清理干净水槽及周边。 2. 根据蔬果的不同品种，选择合适的方法进行择洗；保证择好的蔬菜无黄叶、无烂叶、无泥沙。 3. 衣物易脏部位重点清洗，投洗干净	★★★★★
		不断优化	能通过练习和实践发现要领和难点，找到比较优化的实践方法并展示劳动成果	★★★★★
劳动精神	劳动者至上	劳模精神	能在卫生清洁时不怕苦、不怕累，具有奉献精神	★★★★★
		工匠精神	能够细致、认真地进行卫生清洁劳动	★★★★★
	劳动过程伟大	勤俭奉献	能合理使用卫生清洁中所需要的洗涤剂、水、电等，不浪费资源	★★★★★
		开拓创新	在劳动中能举一反三，从而解决更多问题	★★★★★
劳动习惯和品质	劳动习惯	自觉自愿	能够主动参加卫生清洁方面的劳动，愿意为自己和他人服务	★★★★★
		坚持不懈	能安全地、较为长期地帮助父母做一两项卫生清洁方面的劳动	★★★★★
	劳动品质	安全规范	卫生清洁时能注意相关刀具、电器等的安全使用，能规范、安全、有效地进行相关卫生清洁方面的劳动	★★★★★
		认真负责	卫生清洁劳动能够有始有终，劳动结束后能清理干净水槽、地面等，养成自觉维护劳动成果的好习惯	★★★★★

活动主题：居室物品巧收纳（三年级下学期）

主题说明

本主题是三年级下学期的活动内容，属于生活劳动范畴，通过一系列贴近生活的问题，引导学生在解决问题的过程中，通过收集信息、整理信息、向家长及有经验的人请教等方式，掌握收纳的方法，使学生们在动手实践的活动中学会整理收纳，多角度展示劳动成果；在为父母分担家务的过程中，提高学生的探究能力和实践能力，养成定期整理物品、物归原位的好习惯。

活动目标

- 认知目标

1. 主动探究并熟练掌握整理书柜、衣柜、床头柜和鞋柜的步骤和方法，了解把居室物品整理收纳整齐、干净、便于拿取的评价标准。
2. 主动提出相关问题，并通过上网查找资料和问有经验的人等方法解决书房、卧室、客厅等居室物品巧收纳的问题。
3. 掌握围绕探究主题，简练、清楚地整理信息的方法，整理信息时做到去粗取精、去伪存真、由表及里。

- 行为目标

1. 正确熟练地整理书柜、衣柜、床头柜和鞋柜，使居家物品摆放整齐、干净、便于拿取。
2. 制定居室物品整理的行动方案，方案可行性强。
3. 通过实践和反思交流，举一反三，了解更多借助工具进行有效分类、整理收纳的方法。
4. 学会通过图片、视频、现场展示等方式，多角度展示劳动成果。

- 情意目标

1. 主动进行整理收纳，为父母分担家务。
2. 养成定期整理物品、物归原位的好习惯。
3. 旧物改造，自己动手制作收纳盒，提高环保意识和节俭意识。
4. 在多角度展示劳动成果的过程中，提高探究能力和实践能力。

活动规划

表11是居室物品巧收纳的活动规划。

表 11　居室物品巧收纳活动规划

活动流程	活动内容	活动方式	课时及场地	活动目标
明需要	1. 创设情境：出示鹏鹏和丽丽两位小朋友家的衣柜（乱和整齐），看到后你有什么感受？你想提出哪些问题？ 2. 揭示主题，提出驱动问题：怎样能让衣柜像丽丽家一样整洁干净？有没有什么好办法？除了衣柜，居室物品的收纳有没有什么巧方法呢？ 3. 梳理任务：梳理劳动内容，确立核心任务。 4. 交流解决方法：问有经验的父母、上网找资料	讨论交流收集资料	1课时 教室	认知目标 2、3
学本领	1. 根据观看视频和父母的经验，了解并学会整理卧室衣柜和床头柜的方法和技巧。 2. 总结交流整理衣柜、床头柜的评价标准。 3. 练习并完成整理衣柜和床头柜的任务。 4. 运用学生已有的经验，交流并学会整理书房书柜的方法和技巧。 5. 总结交流整理书柜的方法、技巧和评价标准。 6. 练习并完成整理书柜的劳动任务。 7. 从网上的资料中了解并学会客厅鞋柜的整理方法和技巧。 8. 总结交流整理鞋柜的评价标准。 9. 练习并完成整理鞋柜的劳动任务	讨论交流	1课时 教室 1课时 教室 1课时 教室	认知目标 1、2 行为目标 1
巧实践	1. 巧手制作收纳盒： （1）了解收纳盒在居室物品收纳中的重要作用。 （2）学习怎样制作收纳盒，带好相关材料，进行旧物改造。 （3）学生动手制作，师生一起装饰。 （4）交流：自己制作的收纳盒根据材质和大小都放在哪里，用来收纳什么更合适。 （5）互相点评，交流改进。 2. 居室收纳小达人： （1）回家实践，找找家中居室有哪些可以整理收纳的劳动项目。 （2）定位自己力所能及的居室收纳内容，并制订行动计划。 （3）参考学到的整理方法和步骤进行劳动。 （4）与同学交流居室整理收纳的劳动过程和感受	探究制作 策划体验交流	1课时 教室 1课时 家庭	行为目标 1、2、3 情意目标 1、2、3
乐反思	1. 以小组为单位，通过视频或图片展示劳动成果，比较全面地总结一次活动，交流劳动感受。 2. 讲讲自己居室物品整理收纳的小故事。 3. 交流居室整理收纳的小窍门。 4. 活动总结和评价：评选"优秀收纳小达人"	交流汇报评价	1课时 学校	行为目标 4 情意目标 1、2、3、4

任务规程

● 任务一：整理衣柜

【整理衣柜的程序】

1. 准备：清空衣柜内的物品，并将衣柜打扫干净。
2. 整理：整理出常用、不常用和不需要的物品，进行区分。
3. 分类：按季节、类型、颜色等方法，将衣柜内的物品进行分类。
4. 规划：规划衣柜内部空间，设计好衣物的摆放位置。
5. 叠衣：把分好类的衣物叠整齐。
6. 归置：将叠好的衣物按照自己的分类习惯进行摆放。

【整理衣柜的评价标准】

1. 整理衣柜前能将衣柜清空并打扫干净。
2. 按照需求对衣物进行合理分类。
3. 衣物的叠放整齐，拿取方便。
4. 有效利用空间，打开衣柜就能找到自己所需要的衣物。

【整理衣柜的技巧】

1. 归类。按季节（春、夏、秋、冬）、按类型（上衣、裤子、裙子、内衣裤、袜子）、按颜色（深色、浅色）等方法将衣柜内的物品进行归类，方便拿取。
2. 精简。及时将没有用的衣物进行舍弃。
3. 搭配。大件物品、不常用的衣物，如被子等可放入整理箱；小件物品，如袜子、内衣裤等放入收纳盒；帽子、腰带等小物品挂在衣柜门后。
4. 存放。衣物存放分为两种：叠起来、挂起来。衣柜空间规划分成常用区域——中部，低频区——顶部和底部。
5. 习惯。洗过的衣物及时物归原位，定期整理衣柜。

● **任务二：整理书柜**

【整理书柜的程序】

1. 清空：书架上的书和物品全都取下来。
2. 清洁：把书柜和书用抹布擦干净，自然晾干。
3. 清点：弄清楚都有哪些书，定期清理无用的书。
4. 分类：把书按照书的使用者、种类、大小等一定标准进行分类。
5. 上架：把分类后的书放到书架上。
6. 整理：将书柜里的小物品进行整理、分类，借助收纳用具摆放整齐。

【整理书柜的评价标准】

1. 能将书柜及图书擦干净。
2. 了解家里的书，并将书分类摆放，便于查找。
3. 书柜上的图书及物品摆放整齐，整洁美观。

【整理书柜的技巧】

1. 书架上的物品摆放有规律。通常，我们把正在看或经常看的书放在眼睛正前方的搁板上；把那些大小规整，尺寸小一些的书放在高于眼睛的搁板上；把尺寸不规则的书放在低于眼睛的搁板上。
2. 为了美观，我们可以按照书的尺寸大小或者颜色不同将书放入书柜。
3. 利用不同的收纳工具来收纳书或零碎的物品，可以使书柜更整洁。
4. 定期清理无用的书可以保持书柜的整洁。

● **任务三：整理鞋柜**

【整理鞋柜的程序】

1. 准备：抹布、刷子、清洗液、消毒喷雾、水、水盆。
2. 清理：将鞋柜清空，清洁干净，晾干。

3. 消毒：用消毒喷雾对鞋柜内部进行消毒。
4. 刷洗：按照布料材质将鞋子进行分类、刷洗、晾晒。
5. 分类：将鞋子按照季节分类后，再单独分出一类：室内家居鞋。
6. 清洁：鞋子每次收纳前都进行简单清洁。
7. 摆放：按照自己的使用习惯将鞋子进行合理摆放。
8. 整理：整理好每层鞋子，做到均衡摆放，方便选取，整洁美观。

【整理鞋柜的评价标准】
1. 鞋柜内外干净整洁，定期清理、消毒，养成卫生好习惯。
2. 柜内鞋子保持干净整洁。
3. 能根据鞋子的材质进行分类、刷洗、晾晒。
4. 鞋子摆放符合季节性、便利性、生活性。
5. 鞋柜摆放合理，每层鞋子数量保持均衡。
6. 根据季节需要将鞋柜定期重新摆放。

【整理鞋柜的技巧】
1. 整理鞋柜前评估鞋柜的存储空间。想一想有没有哪双鞋是很长一段时间都没穿的，如果有，可以将它们捐赠出去空出位置。将剩下的鞋根据体积、重量、种类和颜色等进行排列。将经常穿的鞋子放在方便拿取的地方。居家常用的拖鞋可以储存在一个单独的空间。
2. 整理鞋柜时尽量不要鞋盒。一个好的放鞋的办法是：将鞋一脚朝外，一脚朝内，可以节省空间，还能看到鞋的两侧，好让自己决定穿哪双。
3. 借用工具扩大鞋柜储存空间。为鞋柜搭架子，间隔最好是20厘米，可以保证鞋子有足够的空间。如果要在衣柜里安鞋柜，木材或金属材质的鞋架是最好的，塑料的容易折断。
4. 每次穿鞋后要及时将鞋清理干净，把鞋放回原位。
5. 养成定期整理鞋柜的好习惯，会使鞋柜更整洁，用起来更方便。

评价指标

本主题评价主体为学生本人、伙伴、教师和家长，可依据下面的评价指标进行评价（表12）。

表12 居室物品巧收纳评价指标

核心素养	一级指标	二级指标	表现标准	评价等级
劳动观念	价值认识	对劳动社会价值的认识	认识到居室物品整理收纳会使我们的生活更加整洁、干净、便捷	★★★★★
		对劳动个人价值的认识	感受到居室物品收纳后带来的成就感和幸福感	★★★★★
	尊重劳动	对劳动者的尊重	尊重自己和父母的劳动	★★★★★
		对劳动成果的尊重	能保持和维护整理收纳后的劳动成果，养成定期整理收纳的习惯	★★★★★

续 表

核心素养	一级指标	二级指标	表现标准	评价等级
劳动能力	淬炼操作	操作思路	掌握居室物品的收纳程序：整理衣柜、床头柜、书柜、鞋柜	★★★★★
		技能要领	掌握居室物品巧收纳的基本技能要领： 1. 掌握整理卧室衣物的分类要领。 2. 掌握整理工具，如整理箱、整理袋、收纳盒的使用要领。 3. 掌握书柜整理收纳的技巧。 4. 会根据家中鞋子的种类和大小，选择合适的整理收纳的方法	★★★★★
	技能运用	练习时长	能够在家庭中反复练习整理收纳的劳动技能并熟练掌握	★★★★★
		问题解决	1. 能够结合自己家庭实际需要，采用合适的方法制订可行性强的行动计划，掌握整理收纳前清洁、消毒，收纳时物品分类的正确方法并进行技能操作。 2. 围绕探究主题，简练、清楚地整理信息资料，知道物品摆放的规律：常用的物品放在眼睛的正前方，不常用的物品可以根据需要放在上方或下方。 3. 知道要保持住收纳成果需要根据实际需求学会取舍，及时物归原位，定期整理收纳。 4. 能够贴近主题，有逻辑地从过程、结果、方法等方面全面总结一次活动	★★★★★
	操作精度	任务完成	能够根据需要完成任务，并且熟练掌握技能。 1. 将书房中的书柜合理分类、整理，有效辅助学习。 2. 根据实际需要将衣柜整理得干净、整洁、方便拿取。 3. 学会利用小收纳盒整理床头柜中的抽屉，不在床头柜的桌面上摆放太多物品。 4. 整理鞋柜时能够考虑季节因素和使用频率	★★★★★
		不断优化	能通过练习和实践发现要领和难点，找到比较优化的整理方法，并展示劳动成果	★★★★★
劳动精神	劳动者至上	劳模精神	能在居室物品整理收纳的过程中主动动脑筋、想办法，做到劳动有始有终	★★★★★
		工匠精神	能细致、认真地进行居室物品整理收纳劳动	★★★★★
	劳动过程伟大	勤俭奉献	能在整理收纳的过程中利用旧物改造制作收纳盒，不浪费资源	★★★★★
		开拓创新	在劳动中能举一反三，学会更多居室物品整理收纳的巧方法和相关用具的使用方法，从而解决更多相关问题	★★★★★
劳动习惯和品质	劳动习惯	自觉自愿	能主动参加居室物品整理收纳的劳动，愿意为自己和他人服务	★★★★★
		坚持不懈	养成定期整理收纳居室物品的好习惯，保持居室整洁、干净	★★★★★
	劳动品质	安全规范	能规范、安全、有效地进行相关劳动	★★★★★
		认真负责	整理有始有终，有随时物归原位和定期整理的好习惯	★★★★★

活动主题：巧手清洁洗刷刷（四年级上学期）

主题说明

本主题是四年级上学期的活动内容，属于生活劳动范畴，通过贴近生活的问题，引导学生在解决问题的过程中，主动交流劳动经验，上网查资料，掌握复杂衣物的清洗、刷鞋、物品去污和不同材质物品擦拭的步骤和方法，使学生通过亲身实践感受清洁劳动的智慧和带给人们生活的便利，养成保持和维护劳动成果的好习惯，培养学生的奉献精神，学会尊重自己和父母的劳动成果。

活动目标

- 认知目标

1. 通过生活中真实的劳动任务，主动探究并熟练掌握复杂衣物的清洗、刷鞋、物品去污和不同材质物品擦拭的步骤和方法，了解清洗干净的评价标准。
2. 从生活实际、事实案例、观察比较、文献资料中发现并提出问题。

- 行为目标

1. 正确完成复杂衣物清洗、刷鞋、物品去污和不同材质物品擦拭等劳动项目。
2. 自己主动收集信息或从身边的榜样身上学会更多巧手清洁的技巧，举一反三、实践应用。
3. 巧手清洁时注意相关用品的安全使用，能规范、安全、有效地进行相关劳动。

- 情意目标

1. 养成有始有终参与劳动，保持和维护巧手清洁劳动成果的好习惯。
2. 体验巧手清洁的快乐和成就感，感受巧手清洁中的智慧和带给人们的便利。
3. 主动参加巧手清洁劳动，愿意为自己和家人服务，尊重劳动成果。

活动规划

表 13 是巧手清洁洗刷刷的活动规划。

表 13　巧手清洁洗刷刷活动规划

活动流程	活动内容	活动方式	课时及场地	活动目标
明需要	1.创设情境：老师这里有一件衣服染上了墨汁，怎样才能将墨汁清洁干净呢？你有什么好方法吗？生活中，你还遇到过类似问题吗？ 2.揭示主题，提出驱动问题：开展"巧手清洁洗刷刷"活动，看看如何解决生活中遇到的清洁难题。 3.梳理任务：梳理生活中遇到的清洁难题，确立核心任务。 4.交流解决方法：问有经验的父母、上网找资料、反复实践；制定活动方案	讨论 交流 收集资料	1课时 教室	认知目标2 行为目标2

续 表

活动流程	活动内容	活动方式	课时及场地	活动目标
学本领	1. 交流学习复杂衣物清洗的方法、技巧和评价标准。 2. 交流学习刷鞋的方法、技巧和评价标准。 3. 交流学习物品去污的方法、技巧和评价标准。 4. 交流学习不同材质物品擦拭的方法、技巧和评价标准	讨论 交流	2课时 教室	认知目标 1、2 行为目标 1、2、3
巧实践	1. 回家实践，找找家中哪些物品需要清洗，列出清单。 2. 确定自己能够完成的清洁任务，做好排序。 3. 用学到的本领清洁物品。 4. 记录劳动过程和感受	策划 体验 交流	1课时 家庭	行为目标 1、2、3 情意目标 1、2、3
乐反思	1. 完成劳动记录单。 2. 展示劳动成果，交流劳动感受：讲讲巧手清洁中的小故事。 3. 活动总结和评价：评选"巧手清洁小能手"	交流 汇报评价	2课时 学校	行为目标2 情意目标 1、2、3

任务规程

● 任务一：刷鞋

【刷鞋的程序】

1. 准备：准备好刷鞋用的洗衣粉或洗衣液、刷子、水盆和小板凳等。
2. 浸泡：解下鞋带，和鞋子一同浸泡在放有适量洗衣粉的水中10分钟左右。
3. 初洗：用刷子刷掉鞋面、鞋边、鞋底的灰尘和泥土。重新换清水。
4. 细刷：用刷子蘸适量洗衣粉，仔细刷鞋子的鞋面、鞋里、鞋边和鞋带，反复刷洗直至干净。
5. 清洗：换清水反复清洗直至无泡沫、无洗衣粉残留。
6. 沥水：将鞋子立在可以排水的卫生间墙角等地方沥干水分。
7. 晾晒：将鞋子放在通风干燥处晾干即可。
8. 整理：将刷鞋使用的相关物品整理好；等鞋子干了以后将刷好的鞋子穿好鞋带收好就可以了。

【刷鞋的评价标准】

1. 鞋子脏了能主动去刷。
2. 刷鞋的时候，鞋的里外、鞋帮、鞋底、鞋带都要刷。
3. 刷鞋时洗涤用品使用适当，洗净后将鞋冲洗干净，直至水清澈。
4. 鞋内的水分沥干净。
5. 鞋子放到阴凉通风处阴干。
6. 鞋子阴干后将鞋带穿好，方便以后穿鞋。

【刷鞋的技巧】

1. 刷鞋时用白醋加小苏打或者牙膏，去污能力更强。
2. 难去除的污渍用温水多泡泡，难刷到的地方用旧牙刷代替刷子刷。
3. 浅色的布鞋可以用白色卫生纸包裹严实后晾晒，不容易有黄色的印记。

● **任务二：不同材质物品的擦拭**

【不同材质物品（金属、木质、陶瓷）擦拭的程序】

1. 分类：将需要清洁的物品按照材质不同进行分类，并选取合适的清洁剂和清洁工具。
2. 去灰：将物品上的浮灰去除，方便后面的清洁。
3. 擦拭：用合适的清洁剂和清洁用品将物品有污渍的地方进行重点擦拭。
4. 擦干：用清水反复擦拭干净，之后擦干物品上残留的水。
5. 整理：将使用的相关物品整理好。

【不同材质物品擦拭的评价标准】

1. 发现物品上有污渍，及时主动地处理。
2. 选择合适的清洁剂和清洁工具将物品上的污渍去除干净。
3. 物品去污后能够擦拭干净并晾干。
4. 能将清洁用品整理收纳好，并摆放整齐。
5. 物品去污时能注意使用安全，可以在家长的陪伴下完成。对于特殊的去渍物品（如酒精、汽油等），要做好防护措施（如戴好口罩和橡胶手套等）。

【不同材质物品擦拭的技巧】

1. 金属类物品不可以用强酸或强碱性物质进行清理，如需要清洁，可以用专用清洁剂进行清洁。
2. 清除不锈钢物品表面污迹时（如手印），可采用哈气打湿，用软布擦拭，用硬布很容易划伤表面，污迹太重时可使用中性清洁剂、牙膏或家具专用清洁剂，去污后，立即擦拭干净。
3. 木制家具上的油墨，可以在一份水中加两份白醋，用海绵蘸混合液抹拭木制家具上的油墨污迹，然后清洗并使其干燥。
4. 陶瓷类物品（如洗手盆和座便）可以用洗衣粉清洗，如有顽固污渍，还可以用84消毒液或专用洁厕净进行清洗。
5. 为了保持物品表面光泽，延长使用寿命，家里物品平时应定期进行清洁、除尘和养护。

● **任务三：复杂衣物的清洗**

【复杂衣物（真丝、羊毛衫、风衣）清洗的程序】

1. 准备：将衣服衣兜都掏干净，抖掉衣服上的灰尘。
2. 初洗：将衣服放入一盆清水中，用力揉洗，冲去衣服上的灰尘。将衣服捞起，挤去衣服中的水。
3. 浸泡：在盆内放入温水，倒入一勺洗衣粉，使其充分溶解。将衣服放入温水中，用手轻轻揉搓几下，泡一会儿，使污渍充分溶解在水中。
4. 清洗：五分钟后，揉洗衣服的每个部分，重点是衣领、袖口、胸前、裤脚、膝盖等易脏处。捞出衣服，挤掉衣服中的水。
5. 投洗：换清水冲洗两到三次，每次冲洗后尽量将水挤净。
6. 晾晒：衣服晾晒前要抖开衣服，使其没有褶皱，最好把衣服反过来晾晒。

【复杂衣物清洗的评价标准】

1. 洗衣服前能检查兜里是否有异物。
2. 根据衣服的材质选择合适的方法进行清洗。

3. 衣服易脏部分能清洗干净，如衣领、袖口等。

4. 投洗衣服干净，每次尽量将水挤净。

5. 衣服晾晒规范、标准。

6. 洗干净衣服后，将周围收拾干净。

【复杂衣物清洗的技巧】

1. 真丝材料的衣物要在加入一定比例专用真丝洗涤剂的冷水中浸泡30分钟进行清洗。

2. 皮衣因为其面料的特殊性，不可水洗，只能干洗并定期上皮衣护理液。

3. 风衣清洗时最好用冷水将风衣浸泡15分钟左右，再放入30℃左右的温水中，加入少许洗涤剂化开并轻轻搓洗，清洗完后用清水漂洗干净即可。

4. 羊毛衫清洗时要将羊毛衫浸入混有羊毛清洗液的水中10分钟并轻轻挤压揉搓，漂洗时可加入护理液，最后不要烘干，直接平摊阴干。

5. 毛呢大衣最好干洗。

6. 羽绒服清洗时要先将羽绒服用温水浸泡20分钟，然后倒掉清水再放适量的低泡中性洗涤剂，用软刷在羽绒服上轻轻刷一遍，顺着衣服纹路压干水分，阴干。

● **任务四：物品去污**

【物品去污的程序】

1. 分类：将需要清洁的物品进行分类，并选取合适的清洁剂和清洁工具。

2. 浸泡：用选好的清洁剂将物品浸泡一会儿。

3. 清洗：将物品有污渍的地方进行重点清洗，清洗时可以带上胶皮手套。如果用到特殊的去渍物品，最好在家长陪伴下完成。

4. 漂洗：手工清洗完毕后可用自来水将物品漂洗干净。

5. 干燥：尽快将湿的物品擦干或烘干。

【物品去污的评价标准】

1. 发现物品上有污渍，能及时主动处理。

2. 选择合适的清洁剂和清洁工具将物品上的污渍去除干净。

3. 物品去污后能够漂洗干净并晾干。

4. 将清洁用品整理收纳好，并摆放整齐。

5. 在物品去污时能够注意使用安全。对于特殊的去渍物品（如酒精、汽油等），要做好防护措施（如戴好口罩和橡胶手套等）。

【物品快速去污的技巧】

1. 红墨水渍：新渍先用冷水洗，再用温肥皂液浸泡一会儿，再用清水漂洗；陈渍可先用洗涤剂洗，再用10%的酒精溶液搓擦即可去除。

2. 墨渍：把饭粒和洗涤剂调匀，涂在污渍部分搓擦，再用清水漂洗干净；也可用一份酒精、二份肥皂液混合的溶液反复涂擦，亦有良好效果。

3. 汗渍：把衣服放在5%浓度的食盐水中浸泡1小时，慢慢搓干净即可清除汗渍。

4. 血渍：刚染上的血渍可先用冷清水浸泡几分钟，然后用肥皂或酒精洗涤；如是陈迹可用柠檬汁加盐水除掉，也可用白萝卜揩擦，但切忌用热水洗。

5.口香糖污迹：粘在衣物、墙壁或其他物品上的口香糖污迹，用棉花或毛巾浸上白醋擦洗污迹处，即可擦洗干净。

评价指标

本主题评价主体为学生本人、伙伴、教师和家长，可依据下面的评价指标进行评价（表14）。

表14 巧手清洁洗刷刷评价指标

核心素养	一级指标	二级指标	表现标准	评价等级
劳动观念	价值认识	对劳动社会价值的认识	感受巧手清洁中的智慧和带给人们生活的便利	★★★★★
		对劳动个人价值的认识	体验巧手清洁的快乐和成就感	★★★★★
	尊重劳动	对劳动者的尊重	尊重做清洁工作的自己和父母	★★★★★
		对劳动成果的尊重	能保持和维护巧手清洁的劳动成果	★★★★★
劳动能力	淬炼操作	操作思路	掌握复杂物品巧手清洁的程序：复杂衣物的清洗、刷鞋、物品去污、不同材质物品擦拭等	★★★★★
		技能要领	掌握复杂物品巧手清洁的基本技能要领：复杂衣物的清洗、刷鞋、物品去污、不同材质物品擦拭等	★★★★★
	技能运用	练习时长	能够在家庭中反复练习这些巧手清洁的劳动技能并熟练掌握	★★★★★
		问题解决	1.能够根据家庭实际需要发现并提出问题，掌握使用相关工具的正确方法，并进行技能操作。 2.根据物品或衣物的材质和脏的程度，正确判断并选择合适的清洁剂和清洁工具进行清洁。 3.物品去污时注意使用安全	★★★★★
	操作精度	任务完成	能够根据需要完成任务，并熟练掌握技能： 1.将复杂的衣物清洗干净，衣服晾晒规范、标准，洗干净衣服后，将周围收拾干净。 2.刷鞋时巧用鞋刷和洗涤用品，能把鞋的里外都刷干净，冲净沥水后阴干，不留黄印。 3.根据物品污渍的不同，选择合适的方法把污渍去除掉。 4.根据物品的不同材质选择合适的方法进行清理、除尘和养护	★★★★★
		不断优化	通过练习和实践发现巧手清洁的要领和难点，通过对比，找到比较优化的实践方法，并展示劳动成果	★★★★★
劳动精神	劳动者至上	劳模精神	能在巧手清洁时不怕苦、不怕累，具有奉献精神	★★★★★
		工匠精神	能细致、认真地进行巧手清洁劳动	★★★★★
	劳动过程伟大	勤俭奉献	能合理使用卫生清洁中所需要的洗涤剂、水、电等，不浪费资源	★★★★★
		开拓创新	在劳动中能综合运用多种方法解决更多的问题	★★★★★
劳动习惯和品质	劳动习惯	自觉自愿	能主动参加劳动，愿意为自己和他人服务	★★★★★
		坚持不懈	能安全并较为长期地完成多项劳动	★★★★★
	劳动品质	安全规范	巧手清洁时能注意相关用品的安全使用，能规范、安全、有效地进行相关巧手清洁方面的劳动	★★★★★
		认真负责	清洁劳动能够有始有终，劳动结束后能将清洁用品摆放整齐，养成自觉维护劳动成果的好习惯	★★★★★

活动主题：厨卫收纳我能行（四年级下学期）

主题说明

本主题是四年级下学期的活动内容，属于生活劳动范畴，通过收纳厨房、卫生间物品的项目设计，引导学生在掌握收纳方法过程中完成物品合理分类、规划精妙布局等核心任务；在初步掌握收纳原则后，完成厨卫收纳初体验。在持续一段时间的收纳训练中，引导学生运用知识技能，灵活解决不同收纳过程中出现的不同问题，树立正确的劳动价值观，增强独立意识；养成独立自主、奉献他人的劳动习惯，知道做好收纳需要具备善于思考、勤于动脑、敢于尝试、不怕失败、反复练习、持之以恒、不断钻研的劳动精神。

活动目标

- 认知目标

1. 探究并熟练掌握蔬菜保鲜、厨房杂物、卫浴物品分类的方法。
2. 明确厨卫收纳的评价标准。
3. 能够根据实际需要发现并提出问题。

- 行为目标

1. 熟练、准确地完成厨卫收纳劳动项目。
2. 能带着问题有目的地查找图书、杂志、报纸等文献，能按查找书籍的基本步骤完成资料的查找，主动收集信息或从身边的榜样身上学会更多收纳的技巧。
3. 能够不断尝试、不断改进、不怕失败。
4. 能够触类旁通，将收纳技巧运用到其他场景，养成归类整理的好习惯。

- 情意目标

1. 能有始有终地参与厨卫收纳的过程，养成帮助家长维持家庭环境整洁的好习惯。
2. 感受收纳劳动带来的成就与辛苦，尊重及感恩父母为自己生活带来的便利与幸福。

活动规划

表15是厨卫收纳我能行的活动规划。

表 15　厨卫收纳我能行活动规划

活动流程	活动内容	活动方式	课时及场地	活动目标
明需要	1. 创设情境：厨卫杂物到处扔，吃饭洗脸手忙脚乱？如此情况怎么办，合理收纳试试看！ 2. 揭示主题，提出厨卫收纳的重要性，开展"厨卫收纳我能行"活动，看看如何解决厨卫工作中遇到的收纳问题。 3. 梳理任务：梳理日常生活中常见的厨卫物品种类以及收纳方法，明确不同场景收纳原则有所不同，确立核心任务。 4. 交流解决方法：问有经验的身边人、通过网络书籍查找资料、制定活动方案、认真探究、反复实践	资料收集考察探究	2课时 学校 家中 图书馆	认知目标1 行为目标1、2
学本领	1. 探究蔬菜保鲜方法。 2. 探究物品分类原则及收纳方法。 3. 观察家庭厨卫环境，设计制作厨卫收纳规划表。 4. 根据实际情况调整收纳计划。	探究观察策划	2课时 学校 家中	行为目标1、2
巧实践	1. 掌握基本收纳原则。 （1）减少杂物：不常用的物品妥善集中存放，收入储物间。 （2）善于取舍：不需要或过期的物品及时丢弃，腾出更多收纳空间。 （3）物品分类：将同一类物品收纳在一起，一类物品一个"家"，方便寻找拿取。 （4）规划布局：根据存放物品的总数量合理划分存放区域。 2. 依收纳原则分别制定家庭厨卫收纳规划。 3. 大胆实践，积极优化。 4. 完成收纳，定期维护。	设计体验	2课时 家庭	认知目标2、3 行为目标3 情意目标1
乐反思	1. 展示交流并分享收纳过程中的小技巧。 2. 进行"收纳小能手"班级评选。 3. 收纳小能手讲一讲自己的收纳心得。 4. 依据评价标准进行劳动评价，发现自身不足	交流反思评价	1课时 家庭 学校	认知目标2 行为目标4 情意目标2

任务规程

● 任务一：蔬菜保鲜巧收纳

【保鲜收纳程序】

1. 蔬菜预处理。去掉绑绳、择菜、分装。

2. 蔬菜分类保鲜。按照保鲜方式分为三大类：冷藏、冷冻、常温。

（1）需要冷藏保存的蔬菜。

①绿叶菜（如菠菜、青菜、空心菜等）：擦干水，装入保鲜袋或保鲜盒，在保鲜袋或保鲜盒里垫上一张干净的厨房纸。

②菌菇类（如金针菇、香菇、杏鲍菇等）：按用量分小份，用厨房纸巾把每小份包起来，放进牛皮纸袋或者布袋子里，放冰箱冷藏，使用时按份拿取。

（2）可常温、可冷藏的蔬菜。

具体要取决于实际的气温，天气不那么热的时候，这些菜在室温也能放上一段时间。

①球状菜（如白菜、莴苣、甘蓝等）：用湿的厨房纸巾把根部都包起来，装进保鲜袋或者果蔬盒；放冰箱冷藏。

②茄果类（如茄子、青椒、秋葵等）：简单把表面水分擦干，直接装进果蔬盒里，放冰箱冷藏。

（3）需要冷藏或冷冻处理的蔬菜。

豆类菜（如扁豆、四季豆、毛豆等）：直接用保鲜膜包起来装进果蔬盒，放冰箱冷藏。洗干净掰开焯水，沥干晾凉，装入保鲜盒放进冰箱冷冻。

（4）常温保持即可的蔬菜。

①根茎类（如胡萝卜、土豆、地瓜等）：单独归为一类，正常室温放果篮或牛皮纸袋子里，阴凉处存放；不要和水果混在一起，容易催熟、腐败。

②大个头蔬菜（如南瓜）：吃不了的部分用保鲜膜包好放冰箱冷藏保存。

（5）配料蔬菜。

①有叶片（如小葱、香菜、芦笋等）：准备高水杯或者广口花瓶，里面装1/3水；把蔬菜像插花一样插在瓶子里，最好再放在冰箱门上，冷藏起来；空气干燥的地区，可以拿一个保鲜袋松松地罩在叶子上帮助保持水分。

②无叶片（如姜、蒜等）：老姜比较耐放，室温放阴凉处，用多少切多少；嫩姜以及需要囤积的老姜，就用保鲜袋或保鲜盒进冰箱冷藏；蒜先掰成一瓣一瓣但每瓣都带着皮的状态，装入保鲜袋放进冰箱冷藏。

【收纳技巧】

1. 择菜时应将腐烂的部分或者夹在菜根儿里的沙砾都处理掉，像萝卜的叶梗这些我们不吃的部分也要去掉。

2. 蔬菜最好都不要提前洗、提前切，洗过的菜会缩短保鲜存放的时间，如果是一两天内就会用掉的菜，洗完也一定要沥干水。

3. 如果叶菜放久了有点发蔫，可以用水泡一会，蔬菜吸了水能变回水灵灵的样子。

4. 菌菇十分怕水，很娇嫩，最好不要放在密闭的环境，如塑料袋里，牛皮纸袋能给它们提供一个比较透气的环境。

5. 茄果类虽然有果皮保护，但依然摆脱不了蔬菜怕水又怕干的特点。

6. 豆类菜如果常温放置水分很快就会流失，所以收纳保鲜不可掉以轻心。

7. 葱、姜、小米辣干燥环境存放太久会导致脱水，但依然可以食用。

8. 收纳后在冰箱门上贴一张简易食材清单，不需要很详细，按自己看得懂的方式罗列就行，也可以更细致一点，如将每份放进冰箱的食材都标记下购买日期。

【注意事项】

1. 定期清理冰箱。食材买多了容易忘记吃，会导致其一直在冰箱的角落里腐败变质。

2. 少买勤买。所有蔬菜无论如何小心收纳保鲜都避免不了腐败，少买勤买可以保证吃到的蔬菜新鲜、有营养。

3. 蔬菜预处理做不到位会大大缩短蔬菜保鲜时长。

4. 保鲜袋最好一次一换，保鲜盒一次一清洗。

5. 如果买回来的蔬菜已经处理好了，无须更换包装，可以直接带包装放进冰箱冷藏。

【评价标准】

1. 能够做好蔬菜预处理，保证收纳顺利进行。

2. 能根据蔬菜特点采用不同的收纳方式。
3. 能根据自身家庭情况灵活调整收纳方式。
4. 能定期整理冰箱，扔掉腐败食物。
5. 能做到收纳蔬菜的容器干净、卫生。

● **任务二：收纳厨房杂物**

【收纳程序】

1. 将厨房物品进行分类。

（1）食品类。

①根据内容物分为调料和主食

a. 调料类：液体（酱油、蚝油、醋、食用油）、固体（盐、糖、香料）。

b. 主食类：米类、豆类、面类等。

②根据保存方式分为避光、常温、冷藏、冷冻。

a. 避光：所有调料类都尽量避免长时间阳光直射。

b. 常温：除蚝油外，可以快速消耗掉的都可以常温储存。

c. 冷藏：蚝油每次使用后最好冷藏保存。

d. 冷冻：长时间不食用的面类主食应密封后冷冻保存。

（2）餐具、炊具类：刀、剪子、锅、盆、碗、杯子、筷子、勺子。

（3）清洁用品：洗洁精、洗碗布、洗碗手套、纸巾。

2. 按类别收纳。

（1）食品类。

①清空并清洁灶台附近区域。

②清点瓶罐数量，根据数量简单规划收纳方式。

③常用的调料类摆放在燃气灶附近方便拿取，如使用收纳架，应采用"大瓶在下，小瓶在上"的原则。

④不常用的主食收入储物柜，以节省台面空间，常用的放在柜门附近，常用与否取决于自己的饮食习惯。

（2）餐具、炊具类。

①清空台面并清洁墙壁；

②清点餐具、炊具数量，根据数量简单规划收纳方式。

③墙壁粘贴壁挂刀架，刀具插在刀架内，利用墙壁空间粘贴挂钩，将锅具、剪子挂起来。

④碗、碟、盆根据使用习惯留一部分，按大小分类叠加摆放在台面上，并遵循"大号在下，小号在上"的原则，其余碗、碟、盆收入下层储物柜。

⑤杯子倒扣在吸水垫、托盘或杯架上。

⑥筷子小头朝上插在筷子筒中。

⑦长柄勺子勺柄朝下插在筷子筒中，短柄勺子单独放进收纳盒。

（3）清洁用品类。

①清空预设收纳位置并清理干净。

②清点每一类物品数量，根据数量规划收纳方式。
③量好规划位置尺寸，根据所需尺寸准备收纳架、收纳篮、墙壁挂钩。
④洗洁精摆放在洗碗池旁边，下方垫吸水垫保持干爽。
⑤洗碗布与洗碗手套搭在水池边缘或沥水架上。
⑥水池附近墙壁粘贴壁挂纸巾盒，收纳纸巾。

【收纳技巧】

1. 可以查找视频、图片资料，寻找收纳灵感。
2. 合理规划收纳布局，多利用垂直空间，巧用收纳篮、挂钩等划分区域。
3. 精致漂亮的餐具可以通过透明收纳柜适当展示，提高厨房设计感。
4. 台面调料与燃气灶距离不宜过近，单臂长度最佳。

【注意事项】

1. 先分类，后规划。
2. 对活动中将会遇到的困难有充分的预期。
3. 收纳过程中发现问题灵活调整。
4. 收纳完成试用一周，检验规划是否方便合理，适当调整。
5. 试用无误后，将调整好的布局拍照保存，方便维护时参考。
6. 分装的小瓶罐贴好标签，注明内容物。
7. 厨房中玻璃瓶较多，在收纳时注意摆放位置是否安全。

【评价标准】

1. 厨房物品分类正确。
2. 依据各类物品储存特点合理规划。
3. 灵活处理收纳过程中的突发问题，小心使用，定期维护。

● **任务三：收纳卫生间物品**

【收纳程序】

1. 将卫生间物品进行分类。
（1）个人洗护用品：毛巾、脸盆、拖鞋、牙具、洗面奶、洗发水、沐浴露、护肤品等。
（2）卫浴清洁用品：马桶刷、拖把、洗衣液、洁厕灵、除菌液、纸巾等。
2. 按类别收纳。
（1）常用的瓶罐收纳在墙面角架上，个人洗护用品一层，卫浴清洁用品一层。角架选用底部镂空设计，防止积水滋生细菌。
（2）不常用的卫生清洁用品收入下层储物柜，需要时拿出，避免积灰。
（3）墙壁粘贴无痕贴，将马桶刷、拖把、水盆、拖鞋收纳在墙面上，留下地面空间。
（4）洗手液、牙具摆放在洗手台上，吸水垫保持干燥。
（5）常用护肤品，如面膜、爽肤水、乳液、面霜等收纳进镜柜，并根据自身使用习惯调整前后位置。
（6）毛巾利用挂钩悬挂在洗手台附近墙面通风处。
（7）卫生间门口铺吸水地垫，防止洗澡后弄脏客厅地面。

【收纳技巧】

1. 可以查找资料，寻找收纳灵感。
2. 列出需要解决的事情的顺序，活动过程设计翔实具体。
3. 合理规划收纳布局，必要时巧用收纳篮划分区域。
4. 常用物品摆放靠前，不常用物品摆放靠后。
5. 收纳时留意物品生产日期，临期物品尽快使用，过期物品及时处理。

【注意事项】

1. 对活动中将会遇到的困难有充分的预期。
2. 收纳前认真观察，合理规划。
3. 收纳过程中发现问题灵活调整。
4. 收纳完成后注意保持，定期维护。

【评价标准】

1. 收纳前认真观察，合理规划，方案的设计能周到地考虑，使计划有效实施。
2. 灵活处理收纳过程中的突发问题，小心使用，定期维护。

评价指标

本主题评价主体为学生本人、伙伴、教师和家长，可依据下面的评价指标进行评价（达到标准的为"优秀"，基本达到的为"良好"，不能达到的为"加油"）（表16）。

表16　厨卫收纳我能行评价指标

一级指标	二级指标	主要描述	表现标准	评价等级 优秀	良好	加油
劳动观念	认识劳动	对劳动社会价值的认识	认识到收纳是我们日常生活中不可或缺的一部分，收纳是使环境整洁的基础。整洁的环境不但对健康有益，也会提高个人的幸福感			
		对劳动个人价值的认识	感受收纳带来的成就感，以及创造整洁环境的价值与幸福			
	尊重劳动	对劳动者的尊重	让尊重他人和自己的劳动成为一种习惯，热爱劳动也要尊重劳动者			
		对劳动成果的尊重	能自觉维护室内环境整洁，体现本善之心			
	崇尚劳动	劳动情感和态度	厨房与卫生间是私密空间，亦是家庭中的公共区域，自觉维护公共区域的整洁是一种个人修养，更是一种优良品质			

续 表

一级指标	二级指标	主要描述	表现标准	评价等级 优秀	评价等级 良好	评价等级 加油
劳动能力	劳动知识	基础知识	掌握收纳的基础方法，能够简单统筹规划、分类归纳、常规维护等，以保证有足够的收纳知识用于厨卫收纳			
		操作方法	掌握瓶罐收纳过程： 1. 统筹规划，虚拟布局。 2. 瓶罐分类，收纳规划。 3. 经常检查，常规维护			
	劳动技能	技能要领	掌握常见物品收纳基本技能要领： 分类前检查有无过期、变质、破损等问题。 收纳时同一物品只留一瓶在台面，其他放入储物柜收纳。 收纳原则为常用在明，不常用在暗；常用在前，不常用在后；大件在下，小件在上；特殊物品特殊保存。 收纳不是一次性劳动，需要经常维护成果			
		任务完成	1. 清点瓶罐数量并简单分类。 2. 根据每个物品的不同作用选择合适的方法进行收纳，方便使用。 3. 收纳中出现任何问题，灵活调整及时求助			
	劳动创造	问题解决	1. 能够根据家庭实际需要合理规划收纳方式。 2. 能够根据使用过程中出现的问题不断进行优化调整。 3. 能够根据需要完成任务，并且熟练掌握技能			
		不断优化	能通过实践操作发现收纳的要领和技巧，找到比较优化的实践方法，并展示丰硕的劳动成果			
劳动习惯和品质	劳动习惯	自觉主动坚持不懈	能主动参与收纳，有自觉维护厨卫环境的意识，并且能够积极长久地自觉参与收纳			
		安全规范注重效率	劳动中始终把安全放在第一位；量力而行，计划制订能结合自身能力，不逞强，必要时求助于专业人员；收纳过程中，安全摆放玻璃制品、戴好口罩、手套后接触清洁剂；不磨蹭，执行力强，根据计划合理、高效地完成劳动任务			
	劳动品质	吃苦耐劳艰苦奋斗	不怕脏，不怕累，有耐心，有毅力，有始有终地完成收纳劳动			
		诚实守信勤俭节约	实事求是，能大胆承认收纳过程中出现的疏忽和错误，尽量改正并吸取教训。合理取舍，节约资源，不浪费			

活动主题：蔬菜水果大变身（五年级上学期）

主题说明

本主题是五年级上学期的活动内容，属于生活劳动范畴，通过制作简单果蔬汁、轻养果蔬沙拉的烹饪项目设计，引导学生在掌握食材特点过程中，完成合理荤素搭配，正确使用刀具、炊具等核心任务；在初步掌握简单烹饪技巧后，完成制作果蔬沙拉初体验。在持续一段时间的烹饪训练中，引导学生运用知识技能，灵活解决不同食材烹饪过程中出现的不同问题，树立正确的劳动价值观，增强独立意识；养成独立自主、奉献他人的劳动习惯，知道烹饪需要具备持之以恒、不断钻研、不怕失败、反复练习的劳动精神。

活动目标

● 认知目标

1. 探究并了解常见水果蔬菜的特点、烹饪方式、搭配技巧。
2. 掌握榨汁机的使用方法，认识到不同食材有不同的操作手段。
3. 了解制作果蔬沙拉、果蔬汁、果蔬冷泡茶的评价标准。
4. 能根据实际需要发现并提出问题。

● 行为目标

1. 了解制作果蔬沙拉、果蔬汁、果蔬冷泡茶的相关知识；能够通过观察、询问、查阅资料等方法调查，能带着问题有目的地查找图书、杂志、报纸等文献；能按查找书籍的基本步骤完成资料的查找。
2. 能独立制作果蔬沙拉、果蔬汁、果蔬冷泡茶，持之以恒，不半途而废。
3. 能够养成自己动手制作健康饮品的好习惯。
4. 能举一反三、触类旁通，灵活运用所学知识创新果蔬菜式。

● 情意目标

1. 能有始有终地参与蔬菜水果变身的过程，乐于为父母分担家务。
2. 体会烹饪的不易与烦琐，尊重及感恩父母烹饪劳动为自己生活带来的舒适与幸福。

活动规划

表17 蔬菜水果大变身的活动规划。

表17　蔬菜水果大变身活动规划

活动流程	活动内容	活动方式	课时及场地	活动目标
明需要	1.创设情境：网红美食越来越多，然而美味的背后营养均衡你注意了吗？想要改善不健康的饮食结构吗？试试简单的果蔬食疗法吧！ 2.揭示主题，提出掌握简单烹饪的重要性，开展"蔬菜水果大变身"活动，看看如何解决生活中遇到的饮食问题。 3.梳理任务：梳理日常生活中常见果蔬以及做法，确立核心任务。 4.交流解决方法：问有经验的身边人，通过网络书籍查找资料，制定活动方案，反复认真实践	考察 探究 交流 讨论	2课时 学校 家庭 图书馆	认知目标 1、2 行为目标1
学本领	1.探究果蔬特点及搭配技巧。 （1）了解轻养沙拉制作技巧以及适合做果蔬沙拉的果蔬。 轻养沙拉以果蔬为主要原材料，可加入少量干果和低脂肉类以均衡营养，加入沙拉酱以提升口感。 ①干果选择自己喜欢并常见的即可，如杏仁、核桃仁、腰果、碧根果等；低脂肉类有鸡肉、鸭肉、牛羊瘦肉。 ②水果选择不易出水、甜度适中、易有饱腹感的种类，如圣女果、香蕉、苹果等。 ③蔬菜选择范围更大，以可生食蔬菜为主，如西生菜、紫甘蓝、水果黄瓜等；不可生食的需焯水处理并沥干后使用，如莲藕等。 ④酱料应选择低热量、低盐、低糖的，常见酱料有沙拉酱（甜味酱、蛋黄酱、千岛酱）、无糖酸奶、黑胡椒酱，其中无糖酸奶最符合轻养要求。 （2）了解适合做果蔬汁的果蔬。果蔬汁是将果蔬与水混合搅拌，故而可生食的果蔬均可成为果蔬汁制作原材料。 （3）了解适合做果蔬冷泡茶的果蔬。果蔬冷泡茶是利用茶汤浸泡果蔬薄片使果蔬本味与茶味完美融合的一款健康饮品。 2.设计食谱，确定食材和厨具。 3.了解所需厨具的用法、注意事项。 4.根据实际情况调整食谱	考察 探究 设计 策划	6课时 学校 家庭	认知目标 2、3 行为目标 1、2
巧实践	1.熟练、正确操作榨汁机。 2.充分准备制作所需的工具、食材，提前进行预处理，并于操作前再次检查确认。 3.初次制作以少量多次为原则，每次制作的量少，逐渐摸索出自己喜欢的果蔬的用量	体验	1课时 家庭	认知目标 3、4 行为目标 3、4 情意目标1
乐反思	1.展示交流自身实践过程，分享其中的技巧、经验。 2.分享品尝劳动成果，互相评价，提出建议。 3.总结经验再实践	交流 汇报 评价	3课时 学校	认知目标3 情意目标 1、2

✎ 任务规程

● **任务一：使用普通榨汁机**

【使用程序】

1.仔细阅读榨汁机使用说明书，检查榨汁机配件是否齐全，认清功能键。

2.将榨汁机底座放稳，将杯体对准底座对接。

3.将需要榨汁的食材放入杯体，盖好杯盖。

4. 插上电源，选好转速，启动榨汁机。

5. 机器运作结束后，拔掉电源，打开杯盖，倒出内容物。

6. 再次组装好榨汁机，倒入清水，启动机器 1 分钟清洗杯体。

7. 倒出污水，将杯体与杯盖放置在阴凉通风处晾干。

8. 收纳晾干的榨汁机。

【使用技巧】

1. 将食物切成适合榨汁机入口的大小，放入榨汁机内。

2. 食物切块大小要尽量一致，以保证成品均匀细腻。

3. 较为坚硬的食材尽量切小块。

4. 难以清洗的食材可以用温水浸泡片刻并借助小刷子彻底清洗。

【注意事项】

1. 初次使用前仔细阅读产品说明书。

2. 每次使用前都要检查榨汁机是否存在倾斜和摆放不稳固的问题。

3. 使用过程中不可离人，在电机转动的时候严禁打开上盖。

4. 机器运转结束后先拔电源再开杯盖。

5. 使用后及时清洗，防止污渍沉积。

6. 清洗时机身不可浸入水中，不慎淋水应及时用纸巾吸干。

7. 使用不熟练的同学可以寻求成人帮助。

【评价标准】

1. 准备工作充分，不遗漏、不跳步骤。

2. 列出需要解决的事情的顺序，活动过程设计翔实具体。

3. 方案的设计能够周到地考虑使计划有效实施的资源，如活动时间、活动地点、人员分工安排、相关准备等诸多因素。

4. 严格按照榨汁机使用要求执行，不做危险行为。

5. 使用后及时、彻底清洗并晾干，妥善收纳方便下次使用。

● 任务二：制作轻养果蔬沙拉

【制作程序】

1. 准备部分。

（1）水果刀、叉子或勺子。

（2）容量适中、造型美观的容器（如玻璃沙拉碗）。

（3）圣女果 5～8 个，对半切开；香蕉半根，切小段。

（4）紫甘蓝切丝；西生菜撕小块；黄瓜切片。

（5）杏仁、腰果切碎。

（6）无糖酸奶、蜂蜜（可不加）。

2. 制作部分。

（1）清洗所需果蔬、餐具，沥干水后，将果蔬切或撕（如西生菜）成理想的形状。

（2）将果蔬混合放入沙拉碗，淋入酸奶和蜂蜜，翻拌均匀，即可食用。

【制作技巧】
1. 根据果蔬营养和本味进行搭配，营养更均衡，口感更好。
2. 如制作匆忙，可以借助蔬菜脱水器快速沥干蔬菜水分。
3. 酸奶拌入后果蔬容易出水，影响口感，应即做即食。
4. 可以适当提高水果比例以提升口感。

【评价标准】
1. 准备工作充分，活动过程设计翔实具体。
2. 能够将蔬菜水果上的水沥干。
3. 能安全使用刀具，刀尖不对人，不提刀行走。
4. 果蔬切块大小适宜入口，能根据不同果蔬搭配选择合适的酱料。
5. 餐后能将周围清理干净，各种用具物归原位。
6. 方案的设计能够周到地考虑使计划有效实施的资源，如活动时间、活动地点、人员分工安排、相关准备等诸多因素。

- **任务三：制作果蔬汁**

【制作程序】
1. 准备部分：榨汁机、苹果一个、胡萝卜半根、牛奶150克、蜂蜜适量、玻璃杯。
2. 制作。
4. 果蔬切小块放入榨汁机。
5. 榨汁机中倒入牛奶、蜂蜜。
6. 启动榨汁机，中速搅拌1分钟。
7. 关闭机器，倒出果蔬汁。

【制作技巧】
1. 胡萝卜质地坚硬，为了保证细腻程度，要切得比苹果更小。
2. 选择中低速搅拌，防止形成过多泡沫影响口感，如产生泡沫可以用勺子撇去。
3. 喜欢甜食的同学可以适当提高蜂蜜用量。
4. 果蔬汁易氧化，可滴入几滴柠檬汁减慢氧化速度。
5. 胡萝卜具有保护视力的功效，不喜欢胡萝卜的同学可以选择其他具有护眼功效的蔬菜代替，也可以搭配其他水果。

【注意事项】
1. 自行制定护眼菜谱的同学要谨慎，防止食材相克引发身体不适。
2. 安全使用刀具，不追求速度，量力而行。
3. 果渣中的粗纤维对身体有益，最好不要过滤掉；如果想要口感更好，可使用粗眼滤网过滤，兼顾营养与口感。
4. 果蔬汁制成后及时饮用，避免氧化变色。
5. 榨汁机使用后及时清洗，防止污渍沉积。

【评价标准】
1. 准备工作充分，活动过程设计翔实具体。
2. 方案的设计能够周到地考虑使计划有效实施的资源，如活动时间、活动地点、人员分工安排、相关准备等诸多因素。
3. 方案具有可行性，自制的食谱科学营养、美味安全。
4. 使用榨汁机时，严格按照榨汁机使用要求执行，不做危险行为。
5. 能安全使用刀具，刀尖不对人，不提刀行走。

● **任务四：制作果蔬冷泡茶**

【制作程序】
1. 准备。
（1）开水一壶。
（2）茶叶适量（选择自己喜欢的茶，冷泡茶所用茶叶多为绿茶、红茶、乌龙茶、茉莉花茶）。
（3）果蔬至少五种，比例为四种水果一种蔬菜。
（4）蜂蜜或冰糖适量。
（5）薄荷叶（也可以不准备）。
（6）冷泡壶（可用大矿泉水瓶代替）。
2. 制作流程。
（1）开水冲泡茶叶五分钟，过滤出茶汤，晾凉备用。
（2）将果蔬切成薄片，越薄效果越好，黄瓜可以借助刮皮刀。
（3）将果蔬倒入冷泡壶，倒入茶汤，放入冰箱静置四小时。
（4）取出冷泡茶，加入适量冰糖或蜂蜜调整甜度，也可以不加。
（5）有条件的可以加入薄荷叶增加清香。

【制作技巧】
1. 推荐选择甜度高、水分足、香气浓郁的水果，如西瓜、菠萝、荔枝、草莓、蓝莓、百香果、苹果、梨等。
2. 蔬菜建议选择水分足、味道清淡的，如黄瓜、芹菜等。
3. 果蔬片越薄，果蔬味道越浓郁，静置时间也可以相对缩短。
4. 初次尝试建议少量制作，以避免浪费。
5. 最后一步不可着急，浸泡时间够久才会好喝。
6. 少量多次加蜂蜜或冰糖可以更好地把握甜度。
7. 及时饮用防止氧化、变质。

【评价标准】
1. 能提前列出需要解决的事情的顺序，活动过程设计翔实具体。
2. 选择合适的水果蔬菜进行泡制。
3. 果蔬切片够薄，浸泡时间够久。
4. 成品果茶香气浓郁，味道清甜。

评价指标

本主题评价主体为学生本人、伙伴、教师和家长,可依据下面的评价指标进行评价(达到标准的为"优秀",基本达到的为"良好",不能达到的为"加油")(表18)。

表18 蔬菜水果大变身评价指标

一级指标	二级指标	主要描述	表现标准	评价等级 优秀	良好	加油
劳动观念	认识劳动	对劳动社会价值的认识	认识到烹饪在生活中的实用性与重要性,懂得烹饪技能可以提高生活品质,享受饮食方面的独立与自由			
		对劳动个人价值的认识	能感受到烹饪带来的成就感、价值与幸福: 1. 学会简单烹饪能够证明自己自力更生的生活能力 2. 掌握简单烹饪技巧能够在许多情境中照顾或服务他人,是实现自身价值的良好途径 3. 使用简单烹饪技能照顾他人时会产生油然而生的幸福感			
	尊重劳动	对劳动者的尊重	能尊重每一位"厨师",不对任何职业抱有偏见			
		对劳动成果的尊重	肠道"光盘行动"不浪费,珍惜每一粒粮食;文明品尝,不讽刺,尊重每一道菜品			
	崇尚劳动	劳动情感和态度	能够带着足够的热情与好奇参与烹饪,观察食材变化,享受烹饪过程			
劳动能力	劳动知识	基础知识	1. 了解常见水果蔬菜的特点、烹饪方式、搭配技巧。 2. 掌握榨汁机的使用方法。 3. 掌握制作果蔬沙拉、果蔬汁、果蔬冷泡茶的基本原理			
		操作方法	掌握常见食材基本烹饪过程:食材预处理、烹饪、摆盘整理等的基本方法			
	劳动技能	技能要领	掌握菜谱设计技巧,设计菜谱要由简入繁,细致周到,大胆假设,多次试验;优先考虑安全问题;掌握食材预处理的方法			
		任务完成	能够根据需要完成任务,并且熟练掌握技能,烹饪中出现意外情况应冷静、不慌张,从容应对			
	劳动创造	问题解决	1. 能够根据家庭实际需要,掌握使用刀具、炊具的正确方法并进行技能操作。 2. 能够根据菜品的具体情况判断是否需要增减配料、食材等。 3. 能够根据食材的不同特性选择合适的烹饪方法,力求达到最佳效果			
		不断优化	能通过实践操作发现简单烹饪的要领和技巧,找到比较优化的实践方法,并展示丰硕的劳动成果			
劳动习惯和品质	劳动习惯	自觉主动坚持不懈	能积极主动参与烹饪劳动,愿意为他人和自己服务,能安全长久地进行烹饪方面的劳动			
		安全规范注重效率	始终把安全放在第一位,烹饪时应注意相关刀具、炊具的安全使用,处理特殊食材时戴手套,能在规范、安全的前提下高效地进行烹饪劳动			
	劳动品质	吃苦耐劳艰苦奋斗	烹饪时能够有始有终,劳动结束后能清理干净台面、地面的水渍、菜叶等厨余垃圾,做好垃圾分类,养成自觉维护劳动成果的好习惯			
		诚实守信勤俭节约	能够利用洗菜水、淘米水等浇灌植物,用果皮、豆类等废弃物自制肥料,废物利用、物尽其用,节约资源,不浪费水、电等			

活动主题：简式西餐触味蕾（五年级下学期）

主题说明

本主题是五年级下学期的活动内容，属于生活劳动范畴，通过体验"走进简式西餐"的项目实践活动，引导学生在学习简单的西餐制作方法的过程中，掌握西餐的历史文化、种类、材料的知识，通过学习加热牛奶，简单制作水煎鸡蛋、三明治、炸薯条、意大利面、蛋挞等简式西餐，获得必备的劳动技能。在制作活动中懂得珍惜和不浪费。通过参与"走进简式西餐"项目活动，学会制作简单的西餐，体会劳动创造价值、劳动创造美好生活。

活动目标

- 认知目标

1. 通过项目活动的驱动，主动探究并了解简式西餐的基本知识，了解简式西餐对我们生活的影响和作用。
2. 通过查找资料了解制作三明治，炸薯条，制作意大利面、蛋挞的基本食材，并且掌握家庭版的制作方法。
3. 懂得"自己动手，丰衣足食"的道理。

- 行为目标

1. 通过阶段性的简单西餐制作，逐步学习并掌握加热牛奶，水煎鸡蛋，制作三明治，炸薯条，制作意大利、蛋挞等简单西餐的方法。
2. 通过劳动实践和反思交流，能够自己总结、分享制作的经验并且通过创新和改良继续为家人进行制作。
3. 能在制作中注意安全并及时清理操作台面卫生，厉行节约，懂得珍惜劳动果实。

- 情意目标

1. 在评价与反思中，体会简式西餐制作过程中的快捷方便以及创新。
2. 通过为家人制作简式西餐，体会劳动创造价值，辛苦的付出可以获得幸福感。
3. 在制作过程中，养成愿意参与家务劳动的习惯。

活动规划

表 19 是简式西餐触味蕾的活动规划。

表19 简式西餐触味蕾活动规划

活动流程	活动内容	活动方式	课时及场地	活动目标
明需要	1.出示早餐的图片，引导学生回忆生活中都接触过哪些早餐，有哪些劳动经验。 2.提出项目引导问题：平时都是父母、家人给我们制作早餐，那么通过学习简式西餐的制作技能，做出可口的简式早餐给家人吃，你是不是也很幸福？ 3.学生根据驱动问题，提出关于简式西餐的小问题，形成小主题，如简式西餐有哪些食材、种类、制作方法、制作窍门等。 4.搜集西餐历史文化方面的资料。制作资料卡，保存电子文档	探究设计资料搜集	2课时 教室 家中 学校教室	认识目标1 情意目标1
学本领	1.简式西餐之热牛奶： （1）探究牛奶加热过程。 （2）掌握加热窍门。 2.简式西餐之水煎鸡蛋： （1）掌握水煎鸡蛋的方法。 （2）熟知水煎鸡蛋的注意事项。 3.简式西餐之炸薯条： （1）探究炸薯条的步骤和方法。 （2）掌握炸薯条的一些注意事项和技巧。 4.简式西餐之制作三明治： （1）如何选择面包。 （2）教师讲解调味酱。 （3）了解不同种类的搭配，懂得怎样搭配适宜的菜品。 （4）出示视频学习制作技巧（热三明治）。 （5）探究创意三明治的做法。 5.简式西餐之制作意大利面： （1）探究意大利面煮法。 （2）探究意大利面酱汁的调配方法。 6.简式西餐之制作蛋挞： （1）了解电烤箱的使用以及注意事项。 （2）制作蛋挞。 ①熟知制作蛋挞准备的食材有哪些。 ②掌握制作蛋挞的步骤和操作要领。 ③烘烤的技巧和注意事项	技能学习实践探究	2课时 教室 家中	认知目标2、3 行为目标1、2
巧实践	1.西式早餐设计要讲究营养的搭配。 2.将自己的"手艺"带到学校，分享给身边的同学和老师。 3.进行劳动收获评价	劳动服务	1课时 学校 家中	行为目标2、3 情意目标2.3
乐反思	1.分享制作的小窍门。 2.交流品尝劳动成果的感受，进行班级制作小能手的评选。 3.班级劳动小明星讲一讲自己的劳动故事。 4.进行劳动评价	展示交流活动总结	1课时 学校	情意目标1

任务规程

● 任务一：热牛奶

【热牛奶的程序】

1.准备食材和用具：牛奶、奶锅。

2. 加热牛奶。

方法一：

（1）将牛奶倒入奶锅中，用大火煮，沸腾后离火；落滚后再加热，如此反复3～4次。

（2）将加热后的牛奶倒入杯子中。

方法二：

（1）将一锅水烧开，水开了以后把火关掉，将袋装牛奶放入锅中，烫至10分钟后取出。

（2）将加热后的牛奶倒入杯子中。

【热牛奶的技巧】

1. 牛奶在加热过程中容易溢出，人不能离开。

2. 袋装牛奶千万不要直接放入沸水中加热，因为袋装牛奶的包装材料在120℃的时候会产生化学反应，形成一种危害人体健康的有毒物质。

3. 待牛奶温度降低后方可饮用。

【热牛奶的评价标准】

1. 加热后的牛奶没有焦糊味。

2. 牛奶加热过程中没有溢出锅外。

3. 能保证加热过程中自己的安全。

4. 完成任务后，能及时清洗奶锅等用具。

● **任务二：水煎鸡蛋**

【水煎鸡蛋的程序】

1. 准备食材和用具：鸡蛋若干、大勺、勺子、油。

2. 制作方法：

（1）锅内将水烧到沸腾，将勺子放入水中预热。

（2）勺子内放少许油，轻轻摇晃，至油均匀分布在四周，防止蛋液粘连，不好脱膜。

（3）勺子在水中加热，取一个鸡蛋打到勺子内，放在沸水中加热凝固。

（4）蛋液完全凝固后，将蛋脱膜。

（5）蛋熟后，捞出装盘。

【水煎鸡蛋的技巧】

1. 勺子要在沸水中预热后加少许油。

2. 在蛋液凝固过程中不可让水溢进勺子内。

【水煎鸡蛋的评价标准】

1. 水煎鸡蛋的形状圆润，蛋黄不松散。

2. 能在煎蛋过程中安全操作。

3. 完成煎蛋任务后，能清洗煎蛋用具。

● **任务三：制作三明治**

【制作三明治的程序】

1. 准备好所需要的食材，如土司、黄瓜、西红柿、香肠、鸡蛋等。
2. 平底锅刷少许油，把鸡蛋煎熟，火腿稍微煎一下。
3. 把土司沿着边切掉。
4. 取一片火腿片放在土司上，再放上一层沙拉酱（可根据自己口味选择）。
5. 再放土司片，然后放上自己喜欢的蔬菜（西红柿片、黄瓜片、生菜叶等）和煎鸡蛋，再挤上沙拉酱。
6. 再放最后一片土司片。
7. 用保鲜膜包裹好，用刀沿着对角线切开。

【制作三明治的技巧】

1. 面包一般选择吐司面包片，比较方便，最好不要买整块。
2. 配料可以根据自己的口味和喜好搭配添加。
3. 煎鸡蛋可以根据个人喜好煎至全熟或者半熟。

【制作三明治的评价标准】

1. 鸡蛋煎至适宜程度且不焦。
2. 土司切边均匀。
3. 三明治的配料摆放均匀。
4. 保鲜膜包裹严实，刀切后不松散。
5. 制作中爱惜粮食，主动收拾并清洗用具。

● **任务四：烤箱的使用**

【烤箱的使用程序】

1. 仔细阅读烤箱使用说明书，检查烤箱配件是否齐全，认清各个功能键。
2. 清洁烤箱，用温水清洗烤网、烤架、烤盘等附件，再用软湿布擦拭烤箱内部。
3. 插上电源，设置好需要的温度和时间，放入食物，启动烤箱。
4. 烤箱工作结束后，拔掉电源，拿出食物。
5. 等烤箱余温散去后，再次用软湿布擦拭烤箱内部，进行清洁。
6. 断电，收纳、清洁干净烤箱。

【烤箱的使用技巧】

1. 清洁时要注意避开发热管，等完全干燥以后再使用。
2. 根据烘焙食物的不同，设置好时间和温度。
3. 使用烤箱烘烤食物完毕后，不要着急打开，要戴专门的保护手套取食物。

【烤箱使用注意事项】

1. 在第一次使用烤箱时，需要先将烤箱高温空烤一次，将温度调至200℃左右，打开烤箱门空烤大约10分钟（这样可以挥发掉发热管上的保护膜，所以在烘烤的过程中会有异味和冒烟，这些都是很正常的现象）。

2. 千万不要让烤盘、烤架或者其他东西直接接触发热管，避免发生危险。
3. 烘烤过程中人不能离开，并且不要频繁地打开烤箱门，以避免造成热量的散失。
4. 需要解冻的食材必须装在烤盘里，以防止融化的冰水滴落在发热管上，导致发热管的损坏。
5. 使用烤箱的时候，炉门上出现水珠或者雾气，烤制肉类时有油烟冒出，都属于正常的现象。
6. 使用不熟练的同学可以寻求成人帮助。

【烤箱使用评价标准】
1. 准备工作充分，不遗漏、不跳步骤。
2. 严格按照烤箱使用要求执行，不做危险行为。
3. 使用后及时断电，及时彻底清洗并晾干。
4. 能妥善收纳，方便下次使用。

● **任务五：做西式早餐**

【西式早餐的制作程序】
1. 了解搭配学问。
2. 了解家人喜好。
3. 设计早餐。
4. 准备食材。
5. 制作早餐。

【西式早餐制作技巧】
①早餐搭配营养要均衡，需要有水分、碳水化合物（馒头、面包等淀粉类食物）、蛋白质（鸡蛋、豆制品、肉松等）、维生素（新鲜蔬菜和水果）等。
②营养早餐搭配的基本原则是：主副相辅、干稀平衡、荤素搭配。
③早上起床后，多数人食欲不强，此时消化能力也比较弱，所以早餐要清淡、易消化、少油腻、脂肪含量低。
④早餐所喝的牛奶一定要加热后饮用。

【西式早餐评价标准】
①早餐制作要符合搭配原则。
②早餐搭配要富含营养成分并且符合家人的喜好。
③早餐美味可口，深受家人喜欢。
④能定期为家人做一次西式早餐。

评价指标

本主题评价主体为学生本人、伙伴、教师、家长，可依据下面的评价指来进行整体评价（达到标准的为"优秀"，基本达到的为"良好"，不能达到的为"加油"）(表20)。

表20 简式西餐触味蕾评价指标

一级指标	二级指标	主要描述	表现标准	评价等级 优秀	评价等级 良好	评价等级 加油
劳动观念	认识劳动	对劳动社会价值的认识	认识到简式西餐在人们生活中的重要作用			
劳动观念	认识劳动	对劳动个人价值的认识	对于劳动能够创造劳动价值和报酬有深刻的感受			
劳动观念	尊重劳动	对劳动者的尊重	尊重自己和同学们的劳动过程			
劳动观念	尊重劳动	对劳动成果的尊重	爱惜粮食，不浪费平时制作剩下的食材，能够正确进行处置			
劳动观念	崇尚劳动	劳动情感和态度	感受烹饪简式西餐所带来的快乐，懂得简单烹饪对生活的意义和价值，树立劳动创造美好生活的价值观念			
劳动能力	劳动知识	基础知识	了解烹饪对生活的重要意义，掌握简式西餐的做法和注意事项			
劳动能力	劳动知识	操作方法	掌握简式西餐（热牛奶、水煎蛋、炸薯条、三明治、意大利面、蛋挞、西式早餐）的制作程序和方法			
劳动能力	劳动技能	技能要领	掌握简式西餐（热牛奶、水煎蛋、炸薯条、三明治、意大利面、蛋挞、西式早餐）的烹饪操作技能和特殊要领以及注意事项。			
劳动能力	劳动技能	任务完成	1.操作熟练，食物美味可口，能获得家人认可。 2.能够通过多次重复操作，找到失败与成功的原因以及改进方法			
劳动能力	劳动创造	问题解决	1.搜集资料，向范例学习，初步了解基本操作。 2.设置点评员，及时进行改进与调整			
劳动能力	劳动创造	不断优化	在熟悉基本操作基础之上不断创新，制作更加营养美味的简式西餐			
劳动习惯和品质	劳动习惯	自觉主动坚持不懈	1.能够细致、认真地完成制作。 2.能在制作时讲究方法，能主动解决制作过程中遇到的问题			
劳动习惯和品质	劳动习惯	安全规范注重效率	在操作过程中能够安全使用刀具等厨房用具，时刻注意安全			
劳动习惯和品质	劳动品质	吃苦耐劳艰苦奋斗	1.能够坚持进行简单烹饪，能发自内心地愿意定期制作简式西餐，每次制作都能有始有终，不分心。 2.在制作过程中能够不怕脏、不怕累，制作完成主动收拾用具并进行清洁			
劳动习惯和品质	劳动品质	诚实守信勤俭节约	在烹饪过程中能够爱惜食材，不浪费，并能坚持主动为家人进行制作			

活动主题：我家小厨初长成（六年级上学期）

主题说明

本主题是六年级上学期的活动内容，属于生活劳动范畴。中国是一个饮食文化博大精深的国家，烹饪是每个学生都应该掌握的基本技能。学生们发现生活中有许多不同种类的烹饪方式，引导他们在食物制作与烹饪的过程中，了解烹饪的一些基本方法，认识不同的烹饪种类，掌握不同的刀法，学习掌握厨房内炉灶的基本使用方法以及电饭煲的使用方法，能做出可口的米饭，能自己准备材料制作一份紫菜包饭与西红柿炒鸡蛋。让学生们深刻地体会到烹饪对于生活的重要性。通过职业体验项目，知道烹饪美食也需要持之以恒、不怕艰辛的劳动精神。通过一段时间的烹饪劳动，培养不怕辛苦、热爱劳动的习惯，树立正确的劳动价值观，从而增强责任意识，养成主动服务他人、服务自我的劳动习惯。

活动目标

● 认知目标

1. 理解刀工刀法的概念与意义，正确运用握刀姿势，熟练运用直切和平刀切两种刀法。
2. 认识炉灶不同的使用方法与电饭煲的用途、使用方法及使用时的注意事项。
3. 掌握紫菜包饭的基本制作步骤。认识紫菜包饭的历史来源，体会古代劳动人民的生活智慧。
4. 了解中国源远流长的饮食文化与其他国家的饮食文化，认识其中烹饪方式的相似与不同之处，体会饮食文化的融合与变化。

● 行为目标

1. 能熟练掌握一种或几种烹饪方式，并能通过掌握的烹饪方式进行烹饪。
2. 在进行烹饪的过程中能应对一些突发情况（原料比、烹饪步骤错误），逐步熟悉并掌握烹饪过程中的基本顺序，掌握烹饪的本领。
3. 在未来生活中，能够积极主动热心地参与家里的烹饪活动，能通过自己掌握的烹饪方法与技巧服务家人，如洗菜切菜、起锅烧油、洗米做饭等。
4. 学习身边烹饪小明星的好习惯，在烹饪过程中形成不怕苦、不怕累的好品质，养成为他人服务的好习惯。

● 情意目标

1. 在烹饪的过程中，增强劳动价值观念，激发劳动的热情，形成良好的劳动习惯，体会劳动人民劳动的艰辛。
2. 熟练掌握烹饪的技能与方法，在小组合作进行烹饪的过程中增强责任意识，形成主动服务他人、服务家庭的良好习惯。
3. 通过紫菜包饭的制作，从食材的准备到烹饪的环节独立完成并将制作好的食物送给身边的人，以此树立自己动手、为家庭服务、为他人服务的观念。

📝 活动规划

表21 我家小厨初长成

活动流程	活动内容	活动方式	课时及场地	活动目标
明需要	1.中国有句古话叫"民以食为天",烹饪是每一个人都应该掌握的一项技能。 2.了解西方烹饪与中国烹饪的相似与不同之处。 3.分组多角度、多方式地展示资料搜集的成果	考察探究 资料搜集	1课时 学校	认知目标 1、4 情意目标 1
学本领	1.不同的刀工与刀法,了解几种刀法在烹饪过程中主要适用于哪类食材。 2.炉灶的使用: (1)炉灶是烹饪活动中最重要的工具,要熟练掌握炉灶的用法。 (2)首先要了解炉灶的结构,学会开阀门。不同的炉灶启动方式是不同的。 (3)要学习安全使用炉灶,炉灶使用得当才能烹饪出美味的食物,如果使用不当非常容易发生危险。 3.电饭煲的使用: (1)了解并掌握电饭煲最基本的功能——烹饪米饭。 (2)学习现代电饭煲一些新的功能,如煲汤等。 (3)了解电饭煲使用过程中的一些注意事项	设计制作	1课时 学校 1课时 家中	认知目标 2、3 情意目标 2
巧实践	1.能熟练地运用掌握的技能、刀工刀法,准备紫菜包饭需要用的原材料,然后开始进行紫菜包饭的制作。 2.西红柿炒鸡蛋作为中国家喻户晓的一道菜,做法简单,要综合运用炉灶的使用方法与切菜技能,烹饪美味食物。	社会服务 职业体验	1课时 学校 1课时 家中	行为目标 1、2 情意目标 1
乐反思	1.分享交流中国美食源远流长的历史和文化。 2.总结烹饪过程中学习掌握的小窍门。 3.寻找身边的烹饪小厨师,以榜样的力量鼓舞周围的小厨师	职业体验	1课时 学校 1课时 家中	情意目标 1、2

📝 任务规程

● 任务一:刀具的使用

【刀工刀法的技巧】

1.直刀法。左手按压食材,右手持刀,刀身垂直于砧板上下起落,将原料切成片或丝等。适用食材:质地清脆的食材,如黄瓜、萝卜、土豆、莴笋等。

2.平刀法。将材料底部切平,或者对半切开。右手持刀,与砧板平行,左手压住食材,刀由底部平行片入,片成适当厚的片。适用食材:切不平整的食材,如苤蓝和魔芋。

3.推刀法。右手握住刀柄,左手压稳食材,刀与砧板呈一定角度。做近似平行推刀状,利用手指头及指腹控制厚薄度。适用食材:适用于切比较薄和某些易碎易裂的原料,如豆腐干、莴笋片等。

【刀具使用评价标准】

1. 切丝切条：粗细均匀。

2. 切块：大小适中。

3. 切片：薄厚一致。

4. 握刀姿势标准。

5. 能注意安全。

● 任务二：炉灶的使用

【炉灶的使用程序】

1. 了解炉灶的种类与阅读使用说明书。

2. 打开炉灶的阀门，检查是否有漏气的现象出现。

3. 按照实际情况调节火力大小，注意不要一次性旋转按钮过大，要轻轻旋转。

4. 使用过程中注意安全。

5. 使用后关闭炉灶，先关闭阀门再关闭按钮。

【炉灶的技巧】

1. 现在炉灶可以用电磁炉代替，相比于燃气更加安全。

2. 使用炉灶时，要注意时刻关注炉灶的燃烧情况，注意火焰的调整。

3. 使用炉灶时不可离人，要时刻注意炉灶的情况，以便出现紧急情况时能第一时间处理，避免造成伤害。

4. 使用炉灶时可以戴上套袖，穿上围裙，避免烫伤。

【炉灶使用评价标准】

1. 使用前能认真阅读说明书，并严格按照规程操作。

2. 放于安全处，能保持炉灶内外清洁。

3. 忌空点炉灶。

4. 每次使用炉灶后要检查炉灶的关闭情况，避免燃气泄漏。

● 任务三：电饭煲的使用

【电饭煲的使用程序】

1. 准备：大米、水、电饭煲。

2. 熟悉烹饪米饭时按键的顺序。

3. 将电源插入插座中。

4. 将洗好的大米放入电饭煲中，加入适量的水（米和水的比例大约为1∶2）。

5. 通电后打开开关，将档位调至"煮饭"。

6. 米饭蒸好以后档位自动跳至"保温"，饭就蒸好了。

7. 拔出电源。

【电饭煲的使用技巧】

1. 使用前详细阅读说明书。

2. 现在的电饭煲通常有一键煮饭的功能，也有的由快煮、精华煮组成。使用时可以选择想要制作的米饭的口感，依据实际情况进行操作。

3. 现在的电饭煲除了煮饭的功能外，也有煮粥、煲汤、蒸面食的功能，可以选择自己想要的功能进行电饭煲的使用。

【评价标准】

1. 使用前能认真阅读说明书，并严格按照规程操作。
2. 放于安全处，能保持电饭锅内外清洁。
3. 忌一锅多用。
4. 能做到电源独立，插头要插紧，接地线，用后及时切断电源。

● 任务四：制作紫菜包饭

【制作紫菜包饭的准备】

1. 食材与注意事项。
（1）所选的米饭不能太软，含水要少。
（2）紫菜：紫菜包饭专用紫菜。
（3）黄瓜：切成0.5～1厘米粗细的长条。
（4）火腿肠：切成0.5～1厘米粗细的长条。
（5）萝卜条：紫菜包饭专用的酸萝卜条。
（6）也可根据自己的口味加其他材料，如胡萝卜、蛋卷、肉松、沙拉、牛肉条等。
（7）一点点食用油。

2. 工具。
（1）紫菜包饭用的竹帘。
（2）刀。
（3）切菜用案板。
（4）一次性手套。
（5）清洁纸巾。
（6）盘子。

【制作紫菜包饭的程序】

1. 洗手，擦桌子，戴好一次性手套，放好案板。
2. 在案板上铺好竹帘。
3. 在竹帘上平铺一张紫菜，将米饭搅拌一下放在紫菜上抹平。
4. 将准备好的黄瓜条、胡萝卜条、鸡蛋条、火腿条等食材依次平放在饭的上面。
5. 将竹帘的一侧慢慢提起，并向另一侧卷过去，卷成一个卷儿。
6. 将做好的紫菜卷用刀切成2厘米左右均匀的段。
7. 装盘并清理桌面。

【制作紫菜包饭的评价标准】

1. 粗细均匀成段。
2. 切开后成型不散开。

3. 吃起来味道好。

【制作紫菜包饭的技巧】

1. 米饭要铺得均匀，不能太厚，并且需要在一侧留一条0.5厘米左右的边。
2. 食材要在留边的另一侧铺好，最好不要放在中间，切忌过多。
3. 卷竹帘时要一只手往前卷，另一只手按压，这样能使卷的紫菜更紧不易变形。
4. 在切断时可能出现不好切的情况，这时候可以在刀上涂抹一点油，方便切段。

● **任务五：西红柿炒鸡蛋**

【西红柿炒鸡蛋的准备工作】

1. 主料：鸡蛋4个、西红柿150克。
2. 调料：猪油5汤匙，盐、糖适量，水淀粉2汤匙。

【西红柿炒鸡蛋的程序】

1. 将鸡蛋去壳打散，西红柿去皮切小块备用。
2. 锅中倒入适量底油，油热之后倒入蛋液。
3. 煎鸡蛋，待鸡蛋稍稍凝固炒散后，把鸡蛋推到一边。
4. 放入西红柿，煸炒均匀。
5. 往锅里加少许糖煸炒均匀，然后大火收汁。
6. 关火，放盐翻炒均匀即可装盘。

【西红柿炒鸡蛋的标准】

1. 色泽鲜艳，红黄分明，不煳。
2. 西红柿去皮切块，鸡蛋翻炒均匀不能太碎。
3. 口感酸甜，不能太酸或太甜。

【西红柿炒鸡蛋的烹饪技巧】

1. 鸡蛋和西红柿的比例很关键。
2. 打鸡蛋时，要用力多打一会，筷子尖要每一下都刮到碗底。
3. 等油烧热再把鸡蛋倒入锅内，倒鸡蛋前，把油锅摇一摇，让油敷满锅底，这样就不会让鸡蛋粘在锅壁上了。
4. 炒西红柿的时候可以加点糖。
5. 西红柿如果炒出来带着皮，厚厚的皮自然会降低菜肴的口感，可以将洗好的西红柿顶部，开花刀，放入锅中用开水烫一下，皮立刻就张开，很容易就剥掉了。
6. 在鸡蛋打入碗中后不要着急用筷子搅拌，可以在鸡蛋要下锅的时候再拿筷子搅拌，搅拌好后直接放进锅里鸡蛋就不会粘在碗上。

评价指标

本主题评价主体为学生本人、伙伴、教师和家长，可依据下面的评价指标进行评价（达到标准的为"优秀"，基本达到的为"良好"，不能达到的为"加油"）（表22）。

表22 我家小厨初长成评价指标

一级指标	二级指标	主要描述	表现标准	评价等级 优秀	良好	加油
劳动观念	认识劳动	对劳动社会价值的认识	认识到烹饪是人们在生活中必须要掌握的一项基本的生存技能。"民以食为天",掌握烹饪的技能能让我们在许多环境中生存下去			
		对劳动个人价值的认识	体会烹饪给人们生活提供的最基本的保障。对于劳动能够创造美好生活、服务生活有深刻的感受			
	尊重劳动	对劳动者的尊重	尊重自己和父母以及劳动者的劳动过程,尊重劳动者以及他们付出的辛劳			
		对劳动成果的尊重	能爱护每一粒粮食,不浪费、不糟蹋粮食,做到"光盘"			
	崇尚劳动	劳动情感和态度	能够以一种服务奉献的精神进行烹饪。烹饪出的食物不仅让自己有收获,更应该让享用的人获得满足			
劳动能力	劳动知识	基础知识	1. 理解刀工刀法的概念与意义,掌握正确握刀姿势,熟练运用直切和平刀切2种刀法。 2. 认识炉灶的不同使用方法与电饭煲的用途、使用方法及使用时的注意事项。 3. 认识紫菜包饭的历史来源,体会古代劳动人民的生活智慧。 4. 了解中国源远流长的饮食文化与其他国家的饮食文化、烹饪方式的相似与不同之处,体会饮食文化的融合与变化			
		操作方法	了解常见菜品的制作顺序(紫菜包饭、西红柿炒鸡蛋)			
	劳动技能	技能要领	掌握紫菜包饭、西红柿炒鸡蛋制作的基本要领			
		任务完成	能熟练掌握一种或几种烹饪方式,并能通过掌握的烹饪方式进行烹饪			
	劳动创造	问题解决	在进行烹饪的过程中能面对一些突发情况(烹饪的时间、火候、原料比、烹饪步骤错误),逐步掌握并熟练烹饪过程中的基本顺序,掌握烹饪的本领			
		不断优化	从食材的准备上、制作的动作标准上不断地进行提升,在烹饪的过程中,火候的掌握也会影响食物的口感,下食材的时间也要进行优化,会口诀抓要领			
劳动习惯和品质	劳动习惯	自觉主动坚持不懈	能够主动参加劳动,愿意为自己和家人服务。 能较为长期地坚持下去,体会到烹饪的快乐			
		安全规范注重效率	正确使用厨具,懂得劳动保护。 切菜的姿势要时刻保证标准,防止误伤自己的手;在使用家庭常用的厨具时,首先要好好阅读使用说明书,充分考虑安全问题;在进行简单烹饪时不能离开灶台,烹饪后及时关火关电,时刻注意安全问题			
	劳动品质	吃苦耐劳艰苦奋斗	能够体会到烹饪带来的满足感与幸福感,能有耐心地进行烹饪且长久地进行下去,不怕苦、不怕累,愿意为他人服务			
		诚实守信勤俭节约	在烹饪过程中能保持良好的卫生习惯,不浪费食材,做到物尽其用			

活动主题：中式面点家乡味（六年级下学期）

主题说明

本主题是六年级下学期的活动内容，属于生活劳动范畴，通过体验中式面点家乡味的项目实践活动，引导学生在研究中式面点制作方法的过程中，掌握中式面点的历史文化、种类、材料的知识，学习制作手擀面、馒头、花馍等中式面点的劳动技能。在实践中掌握和面的技巧，并正确使用擀面杖、面刮板等制作工具；在制作中式面点项目活动中知道珍惜粮食就是珍惜劳动成果，通过参与"我的面点世界"项目活动，在售卖大会活动中体会劳动创造价值、劳动创造美好生活；引导学生能在家中继续参与面点制作劳动，并养成专注、严谨、细致的劳动品质。

活动目标

● 认知目标

1. 通过项目活动的驱动，主动探究并了解中华面食的基本知识，通过查找资料学习和面、发面的基本方法。
2. 掌握面粉的用量与水的配比，掌握水温与面团软硬程度之间的关系，能和出软硬度适中的面团。
3. 明确不同面点的制作方法和要领常识，如手擀面、馒头、花卷、花馍等不带馅料的面食。
4. 在售卖面点的过程中，能合理定价，有效地交易。

● 行为目标

1. 通过阶段性的面食制作，逐步学习并掌握手擀面、饼、馒头、花卷等简单面点的和面方法，并正确使用擀面杖、刀、盆、和面板等劳动工具。
2. 通过劳动实践和反思交流，能够自己总结制作面食的经验并继续通过跟家人学习掌握更多的面食制作技巧，触类旁通，服务他人。
3. 能在制作中注意安全并及时清理操作台面，节约原料。

● 情意目标

1. 在榜样激励、评价与反思中体会中华面点所蕴含的精益求精的劳动精神。
2. 通过售卖活动，体会劳动创造价值，辛苦的付出可以获得应有的回报。
3. 在家中制作面食的过程中，养成积极参与家务劳动的习惯。

活动规划

表23是中式面点家乡味的活动规划。

表23　中式面点家乡味活动规划

活动流程	活动内容	活动方式	课时及场地	活动目标
明需要	1.面点文化胶囊： （1）出示面点的图片，引导学生回忆生活中都接触过哪些面点，有哪些劳动经验。 （2）提出项目引导问题。通过学习面点的制作技术，制作出可口的面食，在面点售卖大会上交换我们自己制作的面点，获取劳动收益。 （3）学生根据驱动问题，提出关于中华面点的小问题，形成小主题，如面点种类、制作工具、制作方法、制作窍门、开售卖会等。 （4）用搜集资料的方法解决历史文化方面的问题。制作资料卡，保存电子文档。 2.点点面食机： （1）出示范例，学生们试做希沃白板的智趣题目。 （2）讲解制作的基本方法。下载并注册账号→设置登录密码→根据中心选题，查找资料，准备制作智趣题目。 （3）学生以小组为单位，利用希沃白板5，分工设计制作点点面食机的料理知识智趣题目。 （4）小组之间开展游戏竞赛，了解中华面点常识，并在游戏中对于智趣题目的知识性、原创性、趣味性、错误率进行评价。 （5）学生根据评价对于智趣题目进行修改和完善	资料搜集探究设计	2课时 教室 家中 学校网络教室	认知目标1 情意目标1
学本领	1.巧和面之手擀面： 学习白面的和法—— （1）了解面粉的种类。高筋、中筋、低筋面粉及其分别适合做的面食种类。 （2）教师讲解不同种类的面食，搭配不同温度的水。 （3）出示不同的面团，学生判断种类（冷、温、热），交流可以做的面食种类。 （4）出示视频，学习和面的技巧（冷水面团），揉到面团十分光滑不粘手为止。 （5）探究彩色面团的和法 （6）探究手擀面做法、煮面技巧、拌面技巧。 2.巧发面之做馒头：探究发面的方法，体会酵母粉用量、温度对于发面成败的影响。 3.制作发面面点：学习制作馒头、花馍	技能学习实践探究	4课时 劳动教室 家中	认知目标2、3 行为目标1、2
巧实践	1.学生利用周末在家中制作面点，进行简单包装。根据制作数量换取面点币，用于购买与交换。 2.每班选派售卖人，其他同学为购物者。 3.学校组织售卖活动。 4.核算成果，进行劳动收获评价。	社会服务	4课时 学校操场 家中	行为目标2、3 情意目标2、3
乐反思	1.分享和面中的小窍门。 2.交流品尝劳动成果的感受，进行班级面点制作小能手的评选。 3.班级劳动小明星—讲自己的劳动故事。 4.进行劳动评价	展示交流活动总结	1课时 学校	情意目标1

任务规程

● **任务一：点点面食机**

【编写智趣题的程序】

1.下载希沃白板5，并利用手机号注册。

2.查找关于中式面点的种类、制作方法、制作工具等知识。

3.确定出题的内容、题型和答案。

4. 利用希沃白板程序中自带的"课堂活动"的程序制作题目。

5. 同步保存题目，在班级进行测试。

6. 对被测试者从知识性、趣味性、正确性、原创性四个方面进行打分。

7. 出题者根据测试结果调试或修改题目，进行再测试。

【评价标准】

1. 所出题目与中华面点是否有紧密的关系，且富有知识内涵。

2. 题目是否具有趣味性和对抗性。

3. 所出题目是否正确，没有疑义。

4. 题目具有原创性，与例题有较大差别。

【制作的技巧】

1. 可以先确定好出题方向，再有针对性地搜集资料。

2. 选择题目的干扰项可以丰富一些；判断题对与错的百分比接近一半；连线题可以有冗余的选项。

3. 题目叙述不宜过长。

4. 设为竞赛模式会增加趣味性。

● **任务二：巧和面**

【和面的程序】

1. 准备面粉、水、盆、盐、筷子。

2. 盆中放入适量面粉和盐，一点点地加水（水温根据制作的面食种类调控），加一点拌一拌，用筷子保证某一块不会太软，往干面粉的地方一点点加水，直到所有面粉都已经拌得基本成絮状。

3. 用手把所有的面絮都往中间压，让它们粘在一起，和成团。

4. 把盆盖上锅盖或者封上保鲜膜，醒面 15～20 分钟。

5. 用手掌反复折叠按压面团，直至面团光滑圆润为止。

6. 彩色面团的和法：需要把水换成蔬菜汁或者蔬菜泥。

【和面的评价标准】

1. 能边缓缓加水边用筷子搅拌成絮状。

2. 面团软硬适中。

3. 能根据用途和出符合要求的面团。

4. 独立准备和彩色面团的蔬菜汁或蔬菜泥。

5. 和面时爱惜粮食，主动收拾并清洗用具。

【和面的技巧】

1. 和面前将面盆清洗干净，擦干不留任何水分。

2. 面粉和水按 2∶1 的比例配比。

3. 和面时在面粉中挖个坑，以便倒水。

4. 掌握水温来和面。

5. 用手掌按压面团，力度要适中，且反复折叠、旋转面团。

● 任务三：擀面杖的使用

【擀面杖的使用程序】

1. 把面团压平，撒上适量干面粉。

2. 把擀面杖放到面团中间，双手按在擀面杖两端，稍加用力往返滚动。

3. 转动面饼，继续滚动擀面杖，直到面饼变薄为止。

4. 面饼较大可采用"卷擀"方式：多撒一些干面粉，抹匀，把面饼缠绕在擀面杖上后，再在和面板上来回滚动，之后打开面饼换方向缠绕重复上面动作。

【擀面杖使用的评价标准】

1. 推动擀面杖时能够手掌均匀用力。

2. 滚动时按压的力度适中，面饼薄厚适度。

3. 使用完毕能够主动清洁擀面杖。

【擀面杖的使用技巧】

1. 根据面食种类不同，可选择双手杖、枣核杖、通心杖等进行操作。

2. 在手掌中部来回滚动，切勿只使用手指操作。

● 任务四：巧发面

【发面的程序】

1. 将适量酵母粉和少量白糖倒入碗中，加入温水进行搅拌，制成酵母水。

2. 将面粉倒入面盆，中间用筷子拨一个坑，倒入酵母水。

3. 一边加水，一边用筷子搅拌，直至面粉成絮状。

4. 揉成光滑面团。

5. 抹一些水在面团表面，保湿。

6. 盖上盖子，放温暖处发酵。发酵时间依气温而定，夏天短一些，冬天长一些。当面团体积胀大到原来的两到三倍，就可以了。

7. 测试发酵是否成功，可用手指沾一些面粉，在面团上戳孔，如果孔马上回弹，表示发酵不够，仍需发酵；如果面团表面塌陷，表示发酵过头，面团会有酸味，可用碱或小苏打中和。

【发面的评价标准】

1. 能根据面粉的质量以 100∶1.5 的比例加入酵母粉。

2. 和面时能够边加水边搅拌。

3. 发面时能注意控制温度，保持在 30℃～35℃之间。

4. 能根据发面的程度判断是否需要加入小苏打中和。

【发面的技巧】

1. 用少量温水将酵母化开，并搅拌均匀。

2. 借助腰部力量揉面团。

3. 将面团放置温湿的环境中发酵，出现许多气泡即为发面成功。

4. 巧妙控制温度和湿度：在一个大蒸锅中放入 60℃～70℃左右的热水，将面盆放入锅中（面盆不可与热水接触），盖上蒸锅锅盖，进行发面。

● **任务五：做馒头**

【做馒头的程序】

1. 将酵母粉倒入温水中，搅拌后静置5分钟。
2. 面粉放入盆中，逐渐加入酵母水，并搅拌面粉至絮状。
3. 和好的面揉光滑后放在盆中，用湿布或者保鲜膜盖上，放置于温暖处进行发酵。
4. 大约1小时后，面团发至两倍大，将发好的面团在砧板上用力揉十分钟，并尽量使面团内部无气泡。
5. 揉好的面搓成圆柱，等分为小块，整理成圆形，放入蒸笼里，盖上盖，再次让它饧发20分钟。
6. 凉水上锅蒸15分钟，时间到后关火，但不要立即打开锅盖，焖5分钟后再打开锅盖。

【做馒头的标准】

1. 能按照步骤准备材料和工具，独立发面。
2. 能掌握好水与面的比例，面团软硬适中。
3. 能创造温湿的环境去发面。
4. 面发好后，能充分揉面，进行排气。
5. 制作馒头坯子时，能够大小适中。
6. 蒸馒头时能够掌握好时间。

【做馒头的技巧】

1. 面粉中加入少许白糖，促进发酵。
2. 发酵后，面团要进行排气，这样馒头吃起来才够细腻。
3. 做成合适大小的面剂子，然后再揉制成喜欢的馒头模型。
4. 馒头整形后，须放在锅中进行二次发酵。
5. 馒头冷水上锅大火蒸，蒸熟后要焖5分钟。

评价指标

本主题评价主体为学生本人、伙伴、教师、家长，可依据下面的评价指标进行评价（表24）。

表24　中式面点家乡味评价指标

核心素养	一级指标	二级指标	表现标准	评价等级
劳动观念	价值认识	对劳动社会价值的认识	认识到中华面点在人们生活中的重要作用	★★★★★
		对劳动个人价值的认识	对于面点师的劳动能够创造劳动价值和报酬有深刻的感受	★★★★★★★
	尊重劳动	对劳动者的尊重	尊重自己和同学的劳动过程	★★★★★★★★
		对劳动成果的尊重	能爱惜粮食，不浪费粮食	★★★★★★★★★
劳动能力	淬炼操作	操作思路	掌握和面、发面、做馒头的基本方法	★★★★★★★★
		技能要领	掌握和面、发面、做馒头的基本技巧	★★★★★★★★
	技能运用	练习时长	能够根据标准每周进行2～3次操作	★★★★★★★★
		问题解决	在反复操作中体会和面和制作的细微差别对于成品的影响，及时进行改进与调整	★★★★★★★
	操作精度	任务完成	通过多次重复操作，找到失败与成功的原因，面点制作精美，口味获得别人认可	★★★★★★★★
		不断优化	从面与水的配比、制作方法和外观上都有提高	★★★★★★★★
劳动精神	劳动者至上	劳模精神	能在制作时讲方法，能够不怕脏、不怕累，制作完主动收拾用具，进行清洁	★★★★★★★★★
		工匠精神	能够细致、认真地完成制作	★★★★★★★★
	劳动过程伟大	勤俭奉献	能够爱惜面粉，吃完自己制作的面食	★★★★★★★★
		开拓创新	能够根据具体问题，创造性地解决问题，制作造型与口味兼具的面食	★★★★★★★
劳动习惯和品质	劳动习惯	自觉自愿	能够主动参加劳动，愿意为自己和家人服务	★★★★★★★★★
		坚持不懈	能较为长期地制作面点，每次制作都能有始有终，不分心	★★★★★★★★
	劳动品质	安全规范	正确使用擀面工具和刀具	★★★★★
		认真负责	能够专注于自己的任务，有责任心	★★★★★

生产劳动

生产劳动教育要让学生在工农业生产过程中直接经历物质财富的创造过程，体验从简单劳动、原始劳动向复杂劳动、创造性劳动的发展过程，学会使用工具，掌握相关技术，感受劳动创造价值，增强产品质量意识，体会平凡劳动中的伟大。

低年级：注重培养劳动意识和劳动安全意识，使学生懂得人人都要劳动，感知劳动乐趣，爱惜劳动成果，指导学生进行简单手工制作。

中高年级：注重引导学生体会劳动光荣，尊重普通劳动者，初步养成热爱劳动、热爱生活的态度。指导学生初步体验种植、养殖，进行较复杂的手工制作，初步学会与他人合作劳动，懂得生活用品、食品来之不易，珍惜劳动成果。

生产劳动对应的板块：低年级为纸艺陶艺，中年级为布艺绳结，高年级为种植养殖。

- 一年级纸艺陶艺

上：纸艺装饰迎新年——撕纸我能行、学用剪刀、胶的使用、剪窗花、做拉花

下：彩泥校园之花园——彩泥基本技法（揉、搓、压、贴、接、插等）、简单造型制作、校园花园创作

- 二年级纸艺陶艺

上：纸艺作品表真情——纸艺基本技法练习（折、卷、编）、运用多种技法进行作品创作

下：彩泥校园之建筑——彩泥较复杂技法（捏、拉、擀、剪、刻、挑、镶嵌等）、简单造型制作、校园建筑创作

- 三年级布艺绳结

上：穿针引线钉纽扣——穿针引线、打结、基础针法（平针法）、钉纽扣、巧藏纽扣线头

下：实用绳结巧编织——礼物打丝带、方体包装打结、柱体包装打结、户外晾衣防风结、救生结

- 四年级布艺绳结

上：废旧衣物巧改造——花样针法（回针缝、篱笆蛇形花边、锁边缝）、缝口袋、缝套袖

下：装饰绳结美生活——常见绳结编织方法（平结、琵琶结、伸缩结等）、制作端午节手绳、盘扣、书包装饰链等

- 五年级种植养殖

上：植物奇妙超能力——园艺修枝剪的使用、扦插操作、喷雾器的使用、温湿度计的使用、扦插的后期管理

下：萌宠关爱养成记——猫咪的养护、狗狗的管理、喂养金鱼、DIY宠物窝

- 六年级种植养殖

上：校园绿植培育师——种植小工具的使用、制作创意花盆、配制营养花土、换盆与翻盆、自制有机花肥

下：种植培育小花匠——盆景知识学习、盆景制作工具了解、蔬菜盆景制作（胡萝卜盆景、马铃薯盆景、白菜盆景）、后期管理

活动主题：纸艺装饰迎新年（一年级上学期）

主题说明

本主题是一年级上学期的活动内容，属于生产劳动范畴，通过创设迎新年联欢会这个情境，引发学生自己动手装饰班级，营造新年氛围，打破以往购买现成装饰材料的方式，动手制作纸艺作品装点美化班级，驱动学生探索窗花、拉花的制作方法，在完成窗花、拉花的过程中认识常用工具，如剪刀、胶等，正确掌握它们的使用方法，注意安全，了解纸艺的相关知识，学习撕纸、剪纸的技能，激发学生主动学习纸艺制作的动力，爱上纸艺，通过独立完成窗花、拉花等劳动项目培养学生服务班级的意识，能够积极参与班级活动，树立正确的劳动观念，并在劳动中培养学生勤俭节约的好品质。

活动目标

● **认知目标**

1. 认识到我们的生活需要纸艺劳动，感受到纸艺劳动能够创造美。
2. 认识生活中的常用工具剪刀和胶，了解它们的使用方法和作用。
3. 探究并熟练掌握撕纸和剪纸的步骤和方法，了解撕纸和剪纸的评价标准。

● **行为目标**

1. 正确使用剪刀和胶等简单工具，安全操作，合理保管，并能根据需要选择合适的胶。
2. 正确完成撕纸和剪纸，并运用这些技能完成做窗花和做拉花等劳动项目。
3. 能采用跟范例学的方式掌握纸艺制作技能，还能在实践中不断探索纸艺制作的方法和技巧，积累劳动经验。
4. 在纸艺作品的制作过程中能够从始至终保持认真的状态，保证撕纸和剪纸的效果。
5. 能用制作的窗花和拉花装点班级，营养新年氛围。
6. 不乱扔纸屑，保持室内卫生。

● **情意目标**

1. 能正确面对失败，学会反思，不断探索解决问题的办法。
2. 能用学到的纸艺制作技能美化班级、校园和家，具有服务意识。
3. 不浪费纸张，养成勤俭节约的好习惯。
4. 尊重他人的劳动成果，尊重纸艺人，体会他们的工匠精神。

活动规划

表 25 是纸艺装饰迎新年的活动规划。

表 25　纸艺装饰迎新年活动规划

活动流程	活动内容	活动方式	课时及场地	活动目标
明需要	1.创设情境：新年即将到来，班级召开联欢会，怎样布置教室呢？提出问题，引发学生讨论，用窗花、拉花装饰教室，自己动手制作的更有意义。激发学生学习撕纸、剪纸的兴趣。 2.选择喜欢的方式探索解决问题的方法（可求教他人、查阅书籍或上网查找资料等）。 3.准备纸艺制作的工具：剪刀、胶、彩纸等，收集做窗花和做拉花的图样	自主探究收集资料采访	1课时 学校 家中	认知目标1
学本领	任务一：撕纸我能行 1.根据需要选择合适的图样或自己设计图样尝试撕纸。 2.交流分享撕纸作品，讨论怎样才能把撕纸作品做得更好。 3.提炼方法和技巧，教师适时点拨。 4.再次尝试制作。 5.总结、评价、反思。 任务二：学用剪刀 1.看视频认识剪刀：了解剪刀的种类、结构、用途和注意事项。 2.教师演示剪刀不同情况的用法。 3.学生在纸上画出线条（建议先选择直线，再选择曲线），尝试用剪刀剪出线条的样子。 4.展示作品，交流经验。 5.反复尝试（可逐渐增加难度）。 6.评价总结，反思改进。 任务三：胶的使用 1.看视频了解常用胶的种类、作用和使用方法。 2.讨论：装点教室的窗花和拉花选择哪种胶合适？并说明理由。 3.尝试在白纸上粘贴剪纸或撕纸样品。 4.尝试粘贴拉花。 5.交流作品，分享经验。 6.拓展练习，尝试用胶粘贴其他物品	动手操作	1课时 学校	认知目标 1、2、3 行为目标 1、2、3、6 情意目标 1、3
巧实践	任务一：学做窗花 1.看视频欣赏纸艺人制作的作品和制作过程，感受不同窗花的特点。 2.观察窗花（轴对称式窗花），说说都发现了什么，猜一猜是怎么做的。 3.揭秘窗花的制作方法，教师演示。 4.学生跟着范例学做窗花，教师适时点拨。 5.交流评价，总结出做窗花的技巧和需要注意的事项。 6.再次尝试，反思改进。 7.尝试做其他种类的窗花。 任务二：巧做拉花 1.观察简易拉花，说说它有什么特点，猜猜它的制作过程。 2.小组讨论拉花的制作方法，可以用彩纸试一试。 3.交流分享，提炼拉花的制作方法。 4.教师补充说明制作拉花的技巧和需要注意的问题。 5.小组合作制作拉花。 6.展示评价，反思改进。 任务三：教室换新颜 1.讨论：你想怎样布置教室？ 在颜色的搭配和图案的选择方面有哪些需要注意的问题？ 在布置教室时有哪些需要注意的事项？ 2.设计布置教室的小组活动计划（指明具体位置用什么装点即可）。 3.交流分享，改进完善。 4.在家长和教师的协助下，尝试布置教室，注意活动安全。 5.总结、评价、反思。 6.思考：纸还可以做成什么作品？试着做一做	动手操作服务	4课时 学校 家中	认知目标 1、2、3 行为目标 1、2、3、4、5、6 情意目标 1、2、3、4
乐反思	1.写一篇用纸艺作品布置教室的日记。 2.举行纸艺作品展览会。 3.纸艺明星选一选：服务星、环保星、制作星等。 4.走进纸艺人，参观纸艺作品展。 5.了解纸艺历史	自主探究参观	1课时 学校	情意目标 1、2、3、4

任务规程

● 任务一：撕纸我能行

【撕纸的程序】

1. 准备：彩纸、笔、图样。
2. 折纸：如选择对称式图案则需要按照对称方式折纸，如选择不对称式图案直接跳过这一步骤。
3. 绘图：在彩纸的背面绘制图案。
4. 撕纸：沿着图案的外轮廓用手慢慢撕出图案。
5. 整理：把没有撕好的部分再调整一下，打开折纸，铺平。

【撕纸的评价标准】

1. 能用撕纸的方式把纸张撕出图案。
2. 轮廓清晰，图案鲜明清楚。
3. 撕纸作品无断裂、无损坏，干净平整。
4. 撕纸之前在纸上画好图案再做，节约纸张。

【撕纸的技巧】

1. 在纸张背面画好图案再撕纸，建议选择铅笔，可修改，不要用彩笔，否则会晕染纸张的正面。
2. 集中精力，慢慢沿着图案轮廓撕纸，不要用力过猛，不急于求成。
3. 可以用左手捏住图案的轮廓线里侧，右手捏住轮廓线外侧，随着右手撕纸的位置移动左手的位置，保证不超过轮廓线。
4. 可以用左手捏住纸张，协助右手调整撕纸的方向，遇到转弯处要缩小每次撕纸的长度。

● 任务二：学用剪刀

【剪刀的使用程序】

1. 握剪刀。

（1）大拇指穿入剪刀一个手柄环中，中指或中指、无名指、小指一起穿入另一个手柄环中，食指自然搭在剪刀柄上。

（2）几根手指同时用力，让剪刀的刀锋开合。

（3）重复几次，慢慢学会用力。

2. 剪直线。

（1）左手拿住纸张，右手握剪刀，让刀锋沿着直线慢慢把纸张剪开。

（2）一次剪不完，就再次张开剪刀刀锋，接着上一次的开口处继续沿着直线剪。

3. 剪曲线。

（1）左手拿住纸张，右手握剪刀，让刀锋沿着曲线一点一点剪。

（2）左手随着曲线形状慢慢转动纸张，调整方向，右手持剪刀尽量贴合曲线去剪。

4. 收纳：把剪刀的盖子盖上或装到包装袋（盒）里。

【剪刀的使用评价标准】

1. 能安全、正确地使用剪刀。

2. 按要求剪出直线和曲线。

3. 剪口贴合画好的线条，无毛边。

4. 剪裁的线条流畅，无断裂。

【剪刀的使用技巧】

1. 剪刀不同，使用方法也不一样。

（1）洞孔大小相同：拇指和中指分别伸进一个洞孔，食指扶住剪刀把手，用来稳定剪刀；

（2）洞孔大小不同：拇指伸进小孔，食指和中指伸进大孔。

2. 稳定剪刀和纸张，不要来回晃动。

3. 左右手使用剪刀剪纸的方向。

（1）惯用手是右手的可以逆时针剪纸，这样剪刀不会遮挡视线；

（2）惯用手是左手的建议买左利手的剪刀，然后沿着顺时针方向剪纸。

4. 剪纸的过程中始终保持注意力集中，当中途有事时要放下剪刀，再去做。

5. 用贴近剪刀刀刃根部的位置剪纸更省力。

6. 注意左手不要捏在剪刀行进的路线上，以免剪到手。

7. 传递剪刀时，剪刀尖儿不要对着别人，要用手攥紧剪刀尖儿，把剪刀柄向着对方，方便对方接过剪刀。

8. 尽量不要让剪刀沾到水，避免生锈。

9. 在收纳剪刀时要放在比较干燥的地方，剪尖朝里，最好放在盒子里，避免伤手。

● 任务三：胶的使用

【粘胶的程序（以胶棒为例）】

1. 定位：确定好涂胶的位置和对应要贴到白纸上的位置。

2. 涂胶：用胶棒均匀涂满粘胶的位置。

3. 粘贴：把涂胶的那面朝下，对准白纸上要粘贴的位置。

4. 压平：用手稍微向下用力按压粘贴的位置，确保每处涂胶的位置都要按压到。

5. 密封：盖好盖子。

6. 晾干：等待一段时间，让胶完全干透。

【粘胶的评价标准】

1. 能够用胶棒粘贴住纸张，无翘边。

2. 粘贴后的纸张干净平整，无胶印。

3. 能够将图样粘贴到合适的位置。

4. 能够根据需要选择合适的胶。

5. 粘贴牢固，不松动。

6. 图样正面朝上，外表美观，胶不外露。

【粘胶的技巧】
1. 涂抹的胶要适量，如果是液体胶最外圈不要涂胶，要留出外溢的空间。
2. 在选择胶时要注意看使用说明，了解适用范围和注意事项。
3. 养成涂胶后及时盖盖子的好习惯，确保胶的密封完好，延长使用寿命。
4. 注意双手保持清洁，不要用粘到胶的手摸纸张。
5. 在按压时，要向下稍用力，不要用力过大，也不要来回左右揉搓。

- 任务四：剪窗花

【剪窗花的评价标准】
1. 安全、正确地使用剪刀和胶。
2. 剪纸作品大小合适，图案精美，能表现出图案的特点。
3. 剪纸作品正面朝外，不露出胶水和笔的印记。
4. 剪纸作品图案不断裂，线条光滑整齐。
5. 粘贴牢固，不松动。

【剪窗花的技巧】
1. 注意纸张的正反面。
2. 不要把连接的部分剪断，始终保持每条边上都有连接的部分。
3. 在展平剪纸作品时，动作要轻，按照与折叠相反的顺序慢慢打开，不要扯坏连接的部分。

- 任务五：做拉花

【做拉花的评价标准】
1. 安全、正确地使用剪刀和胶。
2. 拉花作品正面朝外，不露出胶水和笔的印记。
3. 拉花作品边缘不断裂，线条光滑整齐。
4. 粘贴牢固，不松动。

【做拉花的技巧】
1. 注意纸张的正反面。
2. 剪纸时注意左右两侧尽量靠近连接处，这样拉开得更长。
3. 线条之间的距离要尽可能窄一些，线条之间距离相等，这样拉花不仅拉得长，而且好看。
4. 在展平拉花作品时，不要着急，动作要轻，从上到下一点一点慢慢打开，不要扯坏连接的部分。

评价指标

本主题评价主体为学生本人、伙伴、教师，可依据下面的评价指标进行评价（达到标准的为"优秀"，基本达到的为"良好"，不能达到的为"加油"）（表26）。

表26　纸艺装饰迎新年评价指标

一级指标	二级指标	主要描述	表现标准	评价等级 优秀	良好	加油
劳动观念	认识劳动	对劳动社会价值的认识	认识到我们的生活需要纸艺，纸艺能够装点我们的生活，美化环境，认识到纸艺劳动的价值			
		对劳动个人价值的认识	感受纸艺制作带来的审美体验，通过纸艺劳动能够创造美			
	尊重劳动	对劳动者的尊重	尊重自己和他人的劳动，感受纸艺人技艺的精湛，热爱劳动，也要尊重劳动者			
		对劳动成果的尊重	观赏纸艺作品时不乱摸乱碰，尊重、爱护自己和他人的劳动成果			
	崇尚劳动	劳动情感和态度	认识到纸艺制作是一种流传千年的艺术形式，感受它的劳动价值和意义，认真对待纸艺制作，不浪费纸张			
劳动能力	劳动知识	基础知识	正确使用剪刀和胶等简单工具，掌握撕纸、剪纸的基础方法			
		操作方法	掌握纸艺制作的程序：撕纸、剪刀的使用、粘胶程序、剪窗花、做拉花程序			
	劳动技能	技能要领	掌握纸艺制作的基本技能要领： 1.掌握撕纸的要领。 2.掌握剪纸的要领。 3.掌握剪刀、胶的使用技巧。 4.能根据需要选择合适的胶。 5.能用剪刀剪出需要的图案			
		任务完成	能够根据需要完成任务，并且熟练掌握技能： 1.能顺利完成撕纸、剪纸，根据需要选择合适的纸张。 2.根据不同情况选择合适的撕纸、剪纸方法制作窗花和拉花，图案美观。 3.根据需要选择适合的胶，粘贴牢固，外观整洁			
	劳动创造	问题解决	1.能够根据生活实际需要，掌握纸艺制作的相关工具（剪刀、胶等）的正确使用方法并进行技能操作。 2.根据需要用撕纸或剪纸的方式制作窗花和拉花。 3.设计活动方案，用纸艺作品装饰教室，营造新年氛围			
		不断优化	能通过实践操作发现纸艺制作的要领和技巧，找到比较优化的实践方法，并展示丰硕的劳动成果			
劳动习惯和品质	劳动习惯	自觉主动坚持不懈	能够用学到的纸艺制作技能解决问题，主动参与班级和学校的布置，并能在今后的活动中仍保持积极参与和服务的热情。正视失败，不轻言放弃，持之以恒、细心专注			
		安全规范注重效率	能注意剪刀和胶的安全使用，能规范、安全、有效地进行相关剪纸和粘贴方面的劳动，具备安全意识，量力而行。在活动中能够制订科学有效的计划，合理分工，团结协作，提高效率			
	劳动品质	吃苦耐劳艰苦奋斗	不怕脏、不怕累、有耐心、有毅力，有始有终地完成纸艺劳动			
		诚实守信勤俭节约	在撕纸和剪纸之前做好充分的准备，画好图案，不浪费纸张，不乱扔废纸屑，见到纸屑主动清理干净。 遇到困难积极面对，探索解决问题的办法，实事求是，能大胆承认纸艺制作过程中出现的疏忽和错误，尽量改正并吸取教训			

活动主题：彩泥校园之花园（一年级下学期）

主题说明

本主题是一年级下学期的活动内容，属于生产劳动范畴，通过为学校建造美丽花园的这个情境，引导学生在完成彩泥作品的过程中，掌握揉、捏、搓、压、贴和接的基本制作技法，能进行简单的模仿，掌握彩泥的制作要领、方法和步骤，最终可以在创作中灵活应用；通过对彩泥制作的观察模仿到自主探究、小组合作，总结彩泥的基本制作技法，培养主动思考、积极探究的好习惯，体验设计活动的乐趣，提高学习能力和耐心细致、循序渐进的做事能力，培养团队与协作意识；同时，培养学生的主人翁意识，能够积极参加学校活动，热爱学校环境，树立正确的劳动观念，进一步培养学生的自主意识和责任感。

活动目标

- 认知目标

1. 熟悉彩泥特性，通过实践，了解其制作原理。
2. 跟范例学，了解揉、捏、搓、压、贴、接等彩泥的基本制作技法和常见的彩泥工具。
3. 了解花园的基本组成部分，具有空间方位的感知性。

- 行为目标

1. 通过彩泥制作成品的分析，增加对彩泥作品形状变化的认识，找出制作方法，培养逻辑思维能力和观察力。
2. 正确使用塑料刀、牙签、格尺等简单工具，安全操作，根据需要选择合适的制作工具。
3. 通过自主探究进行方法提炼。
4. 根据"建花园"的活动需要，积极参与设计制作；设计创意彩泥造型，根据主题添加修饰，发挥想象力和创造力，培养审美、合作和动手的能力。
5. 对五彩缤纷的彩泥作品进行赏评，培养审美能力。
6. 通过积极探索，激发对彩泥的兴趣，产生对彩泥工艺的探索欲望，通过基础技法举一反三，制作创意彩泥作品。

- 情意目标

1. 将创意与设计制作完美结合，体验手工劳动的乐趣。
2. 具备热爱劳动、乐于动手的情感态度，养成善于观察生活与思考的习惯。
3. 能正确面对失败，学会反思，不断探索解决问题的办法。
4. 能用所学的彩泥制作技法美化班级、校园和家庭，树立服务意识。
5. 具有环保意识，不浪费彩泥及制作材料，精致生活，勤俭节约。
6. 懂得劳动成果来之不易，尊重他人的劳动成果。

活动规划

表27是彩泥校园之花园的活动规划。

表27　彩泥校园之花园活动规划

活动流程	活动内容	活动方式	课时及场地	活动目标
明需要	1.创设情境：同学们刚刚步入新校园，大家觉得新的校园哪里最美？提出问题，引发学生讨论……作为新主人，想不想让校园变得更加美丽？那我们先从建造花园开始吧！ 2.揭示主题，开展"彩泥校园之花园"活动。 3.选择喜欢的方式探索解决问题的方法。实地考察校园的花园结构，花园里都有哪些实物？常见实物的样子是怎样的？你心目中校园的花园是什么样子的？ 4.认识、准备彩泥制作工具：塑料刀、牙签、压泥板以及自制工具等	自主探究收集资料	1课时 教室 操场	认知目标1
学本领	任务一：彩泥技法练习 1.学习技法：揉、捏、搓、压、贴、接。 2.运用相应技法做出多种形状。 3.总结方法与制作要领。 4.再次尝试制作。 5.总结、评价、反思 任务二：造型模仿练习——花朵 1.观察并分析范例，模仿并制作花朵。 2.交流分享彩泥作品，讨论怎样才能把花朵做得更美丽。 3.总结方法与制作要领，反复尝试。 4.评价、反思、改进。 任务三：造型模仿练习——椰子树 1.观察分析范例，模仿并制作椰子树。 2.交流分享彩泥作品，讨论怎样才能把椰子树做得更生动逼真。 3.总结方法与制作要领，反复尝试。 4.评价、反思、改进。 任务四：造型模仿练习——毛毛虫 1.观察分析范例，模仿并制作毛毛虫。 2.交流分享彩泥作品，讨论怎样才能把毛毛虫做得活灵活现。 3.总结方法与制作要领，反复尝试。 4.评价、反思、改进。	动手操作	5课时 教室	认知目标2、3 行为目标1、2、3 情意目标1、2、3、5
巧实践	1.开展"我为学校建花园"的活动，运用所学技法，表达对学校花园的认识和情感。 2.你想表达怎样的情感？ 3.花园里都有什么？查找资料。 （1）看图片或视频欣赏彩泥立体花园作品范例。 （2）观察范例中的花园包括哪些植物和物品造型，用到了哪些制作技法。 4.讨论：想为学校建造怎样的花园；选择怎样的颜色和图案；有哪些注意事项。 5.完成建造花园的小组活动计划，绘制花园设计简图（包括花园中的植物、动物和物品等造型）。 7.交流分享，总结、评价、反思、改进完善。 8.根据简图准备工具和材料。 9.分工合作，完成作品。	设计制作	2课时 教室	认知目标1、2、3 行为目标4、5、6 情意目标1、2、3、4、5、6
乐反思	1.作品赏析，展示交流。 2.发现问题，修改作品。 3.互相学习，取长补短。 4.总结评价，收获感悟	交流评价	1课时 教室	情意目标1、2、3、4、5、6

任务规程

● 任务一：彩泥技法练习

【彩泥技法练习程序】

1. 揉：将彩泥放在手心。两手相对旋转，稍用力，成圆球。小团的彩泥可用大拇指和食指揉。
2. 捏：拇指和食指配合，挤压已揉成球的彩泥。压扁或弯曲，做成所需的形状。
3. 搓：将彩泥放在双手手心，两手前后运动，或一只手在桌面上来回压搽，把彩泥搓成长条状。搓细条时，可用大拇指和食指前后搓动。
4. 压：用手掌或压泥板，将彩泥压成薄扁片状。
5. 贴：把彩泥的多个部件压贴在一起。
6. 接：将彩泥的两个或者更多的部件连接到一起，也可借助牙签等进行连接。

【彩泥技法练习标准】

1. 初步掌握揉、捏、搓、压、贴、接6种技法。
2. 能运用技法进行基本形态的制作。
3. 基本形态的制作表面光滑规整，无断裂痕迹。
4. 正确处理彩泥残留，保持室内环境整洁。

【彩泥技法练习技巧】

1. 彩泥先揉匀、揉软，方便以后的操作。
2. 彩泥变干，可以加点水揉。
3. 揉出圆球形、椭圆形等形状。
4. 捏出正方体、长方体、锥体等规则或不规则的形状。
5. 搓出圆柱体、长条等形状。
6. 压成扁片状。
7. 贴和接注意充分连接，晾干，保证结实牢固。

● 任务二：造型模仿练习——花朵

【花朵制作程序】

1. 准备好黄色和橘色的彩泥。
2. 将两色彩泥揉成圆球形，作为花瓣和花心。
3. 将5个黄色的球贴在橘色的球的周边，一朵漂亮的小花就完成啦。
4. 将贴好的花朵进行形状整修。

花朵制作程序如图2所示。

(a)   (b)   (c)

图 2　花朵制作程序

【花朵制作标准】

1. 能用揉、捏、贴的方式做出花朵。
2. 揉出的球形表面整洁光滑，无明显接缝。
3. 花瓣和花心形状粘贴规整。
4. 花瓣要围绕花心粘贴在同一水平面上。

【花朵制作技巧】

1. 揉球形时，可以配合捏来修整形状。
2. 粘贴花瓣时，如果做好的零件变干了，可以沾些水再粘贴。
3. 做好的部分，放在离手操作的地方远一点，避免触碰造成部件损坏。
4. 花朵看上去自然就好，不要把某一面压得太平，会显得死板。

● **任务三：造型模仿练习——椰子树**

【椰子树制作程序】

1. 准备好棕色、绿色、蓝色的彩泥和小竹签或牙签。
2. 用揉、捏的技法，把棕色的彩泥做成树干。
3. 用揉、捏、压的技法，把绿色的彩泥做成树叶。
4. 把小竹签插入叶子，备用。
5. 将小叶子不规则、分层次地插到树干上。
6. 用揉的技法，将蓝色的彩泥做成果实。
7. 将小竹签插入果实，备用。
8. 把果实插到合适的位置上。
9. 对椰子树进行细节修补整理，一颗椰子树就"长成"啦！

椰子树制作程序如图 3 所示。

(a) (b) (c)

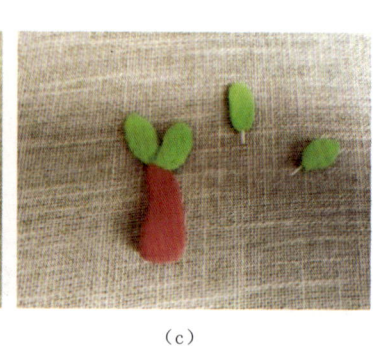

图3 椰子树制作程序

【椰子树制作标准】
1. 能用揉、捏、压、贴、接的方式做出椰子树造型。
2. 完成的部分整洁光滑，无明显接缝。
3. 接插小竹签的部位光滑整洁，接插牢固，不松动。

【椰子树制作技巧】
1. 把小竹签插入零件部分的时候，不要用力过猛，避免导致零件变形。
2. 插入小竹签的部位，用手轻轻地把周边的彩泥压扁，包裹住小竹签。
3. 叶子插入的位置可以前后错开，富有层次感。
4. 插入果实以后，对椰子树整体进行细节修整，不要露出小竹签。

● 任务四：造型模仿练习——毛毛虫

【毛毛虫制作程序】
1. 准备好绿色、白色、黑色、红色和黄色的彩泥。
2. 用揉、捏的技法把绿色的彩泥做成1个球形、4个正方体和1个锥体，并粘贴在一起，组成毛毛虫的头部和身体。
3. 用揉、搓、压和贴的技法，把白色彩泥做成两个梭形作为眼珠，8个压扁的椭圆形作为脚，粘贴到正确的位置上。
4. 把黑色彩泥搓成两个小圆球，粘贴在白色的眼珠前面。
5. 把红色的彩泥搓成一个细条，粘贴在头部靠下的地方，作为毛毛虫的嘴。
6. 把黄色彩泥揉、压成两个圆片，贴在嘴两边。
7. 对毛毛虫身体各部位进行修补整理。

毛毛虫制作程序如图4所示。

(a) (b) (c)

图4 毛毛虫制作程序

【毛毛虫制作标准】

1. 能用揉、捏、压和贴的技法做出毛毛虫造型。
2. 完成的部分整洁、光滑。
3. 把各部分贴在恰当的地方，看上去自然、牢固。

【毛毛虫制作技巧】

1. 毛毛虫身体各部分的比例适当。
2. 在做白色部分时，保证手的清洁，否则容易变成花色。
3. 粘贴各部位时，用力要恰当，用力小贴不牢，用力大会导致零件变形。

● 任务五：彩泥校园之花园

【花园制作程序】

1. 结合要表达的主题内容，进行创意设计。
2. 准备工具和材料。
3. 分工合作进行制作。
4. 交流改进作品。

花园制作程序如图 5 所示。

(a) 做出蘑菇造型　　(b) 做出绿地小路　　(c) 制作栏杆、草丛　　(d) 花朵贴接，完成

图 5　花园制作程序

【花园制作标准】

1. 创作之前设计作品草图。
2. 作品设计内容贴合主题。
3. 提前准备好充足的工具、材料。
4. 灵活运用彩泥技法，至少使用三种技法。
5. 颜色搭配要鲜艳、协调。
6. 制作中能安全、高效地完成任务。
7. 遇到问题能虚心向他人请教。

【花园制作技巧】

1. 多参考范例，学习他人的制作技巧。
2. 注意多种材料的灵活运用，如范例中的绿色底板也可以用彩色纸板代替。
3. 制作前分好工，能提高制作效率。
4. 合理规划各个区域，比例要合适。

评价指标

本主题评价主体为学生本人、伙伴、教师和家长，可依据下面的评价指标进行评价（达到标准的为"优秀"，基本达到的为"良好"，不能达到的为"加油"）（表28）。

表28 彩泥校园之花园评价指标

一级指标	二级指标	主要描述	表现标准	评价等级 优秀	良好	加油
劳动观念	认识劳动	对劳动社会价值的认识	认识到我们的生活需要美的艺术，可以通过彩泥来表现			
		对劳动个人价值的认识	认识到生活中的美，需要通过自己的劳动来创造与改变			
	尊重劳动	对劳动者的尊重	体会劳动过程的艰辛，学会对每一位劳动者心怀尊重			
		对劳动成果的尊重	懂得劳动成果来之不易，观赏彩泥作品时不乱摸乱碰			
	崇尚劳动	劳动情感和态度	感受彩泥创作中的快乐与挑战，树立劳动改变生活的意识			
劳动能力	劳动知识	基础知识	1. 了解彩泥的制作原理。 2. 了解揉、捏、搓、压、贴、接等彩泥的基本制作技法。 3. 认识塑料泥塑刀、牙签、格尺等简单工具，安全操作			
		操作方法	掌握彩泥制作的基本程序：准备、拆封、制作彩泥的造型、修补整理			
	劳动技能	技能要领	掌握彩泥制作基本技法的要领： 1. 掌握揉、捏、搓、压、贴、接的要领。 2. 能根据需要选择合适的制作方法。 3. 会正确使用制作工具			
		任务完成	能够根据需要完成任务，并且熟练掌握技能： 1. 能熟练完成揉、捏、搓、压、贴、接操作，根据需要选择合适的技法。 2. 根据不同情况选择合适的工具、造型进行搭配，完成作品			
	劳动创造	问题解决	1. 能够根据生活实际，掌握彩泥制作相关工具的正确使用方法并进行技能操作。 2. 设计活动方案，用彩泥作品为学校"建造"美丽的花园			
		不断优化	通过反复的实践操作，彩泥的色彩搭配、软硬配比和造型创作有所提高			
劳动习惯和品质	劳动习惯	自觉主动坚持不懈	1. 能够主动用学到的彩泥制作技能独立完成作品。 2. 正视失败，不轻言放弃，持之以恒，细心专注			
		安全规范注重效率	彩泥创作时能正确、安全地使用工具，高效顺利地完成作品			
	劳动品质	吃苦耐劳艰苦奋斗	在进行彩泥造型创作时，遇到困难积极面对，不轻言放弃，认真探索解决问题的办法，解决困难，完成作品			
		诚实守信勤俭节约	1. 在制作彩泥之前做好准备工作，预估好用量，不浪费彩泥，不弄丢工具，保持制作环境卫生。 2. 制作彩泥的过程中能够从始至终保持认真的状态，保证彩泥作品的质量			

活动主题：纸艺作品表真情（二年级上学期）

🖉 主题说明

本主题是二年级上学期的活动内容，属于生产劳动范畴，通过教师节向老师表真情的任务设计，引导学生在完成纸艺作品的过程中掌握折纸、卷纸和纸编的有关知识、基本方法和步骤，学习几种纸艺的基础技能，通过动手操作知道纸艺作品的制作要领，通过自己设计作品树立创新意识，养成多思考、爱探究的好习惯，也通过纸艺作品体现尊师重教的光荣传统。

🖉 活动目标

● 认知目标

1. 初步了解几种纸艺基本技法练习——折、卷、编。
2. 认识折纸符号，学会看图纸，总结折纸的方法，学会折扇面、折月亮等创意折叠方法。
3. 掌握卷纸工艺的制作技巧，能自行设计造型图案，训练空间方位的感知性。
4. 通过实践，懂得纸编的工艺原理，跟范例学，并熟练掌握技巧。
5. 通过参与活动，对纸艺工艺产生浓厚的兴趣，激发对纸艺的探索欲望，在基本技法基础上学会举一反三，自主创作纸艺作品。

● 行为目标

1. 从对手工制作过程的观察模仿到自主探究、小组合作总结折纸的基本方法，促发动手动脑、大胆创新，体验设计活动的乐趣，提高自我学习的能力和耐心细致的做事能力，提高团队意识与协作意识。
2. 通过对纸艺成品的研究，对卷纸作品图形变化有一些基本认识，找出制作方法，发挥想象力和创造力，增强逻辑思维能力、观察力、想象力及交往合作的能力，提高对美的感受力与表现力。
3. 根据"表真情"的活动需要制作创意纸编，乐于表现个性，有创意地添加图案和纹饰，发挥想象力，提高动手和审美能力，增强合作意识，锻炼综合协调能力。
4. 利用卷、折、编等方法，把平面图形变成富有立体感的三维空间形象，简单多变，形成对造型的认识、对空间关系的理解。
5. 对五彩斑斓的纸艺作品进行赏评和比较，提高看图纸学、跟范例学等基本能力。

● 情意目标

1. 借助纸艺作品充分表达对恩师的爱与感激，发现美、维护美和创造美，提高审美能力和审美创造力，从审美创作中认识自我价值。
2. 倡导绿色环保，体现环保意识，陶冶情操，获得精神上的愉悦。
3. 表达喜爱劳动、乐于动手的情感态度，善于观察生活中的事物。
4. 在纸艺作品由平面转向立体的过程中提高对空间的想象力与感知力，把联想与制作设计完美结合，体验手工劳动的乐趣。

🖉 活动规划

表 29 是纸艺作品表真情的活动规划。

表 29　纸艺作品表真情活动规划

活动流程	活动内容	活动方式	课时及场地	活动目标
明需要	1. 谈话导入：教师节就要到了，开展"纸艺作品表真情"的活动，表达对恩师的敬意和热爱。 2. 梳理任务： （1）会看图纸，认识折纸符号。 （2）自主创造卷纸作品。 （3）懂得纸编的原理并应用	收集资料策划	1课时教室	认知目标2、3、4
学本领	1. 学习并练习折纸，总结折纸的方法与具体要求，模仿并制作贺卡。 2. 学习并练习卷纸，自行设计卷纸造型图案，模仿并制作花朵。 3. 学习并练习纸编，跟范例学，并熟练掌握纸编技巧，模仿并制作心形书签	总结设计操作	4课时教室	行为目标1、2、3、4
巧实践	1. 开展"纸艺作品表真情"的活动，与同学合作，运用多种技法，表达对老师的尊敬和赞美之意。 2. 设计纸艺作品	观察体验设计	4课时教室	认知目标1、5 情意目标2、3、4
乐反思	1. 作品赏析，展示交流。 2. 发现问题，修改作品。 3. 取长补短，互相学习。 4. 献礼恩师，收获感悟。 5. 总结评价，再接再厉	分享反馈	2课时教室	情意目标1

🖉 任务规程

- 任务一：纸艺基本技法练习——折

【原理】

折纸（图6）是一种材料简单、操作方便、效果显著的手工创造劳动，通过刻、剪、折、搓、穿插、粘贴、组合、叠加、描绘等手段，巧妙地把纸制成各种生动有趣的形象。

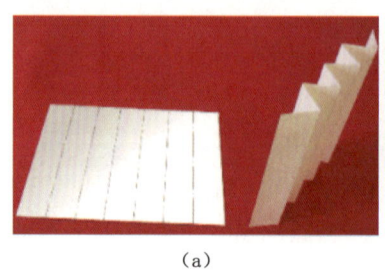

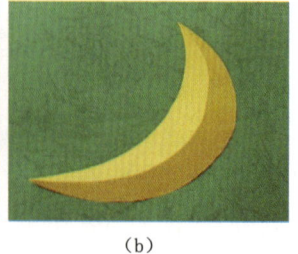

（a）　　　　　（b）

图6　折纸

【折纸方法】

1. 认识常见的折纸符号。

2. 学习常用的折法。

（1）折直线。先在纸上用专用符号画出折线：- - - 表示内折线；-.-.-. 表示外折线。

（2）折曲线。在纸上画出要折的曲线，用格尺沿着画好的曲线轻轻划出折痕进行折叠，再修剪出需要的形状。

【折纸技巧】

1. 制作之前先将所有的教程步骤图片浏览一遍。

2. 要按顺序，认真分析每一幅图，抓住特点。

3. 仔细阅读教程步骤的文字说明。

4. 看看相邻两幅图有什么变化，可以提炼一些关键词，帮助理解和记忆。

5. 注意相邻两个步骤之间的关系，找到规律或联想出省略的步骤。

6. 反复操作和验证，确保所有的折叠步骤正确。

7. 边与边对齐，折痕要清晰，用指尖在折叠处来回划几次。

8. 可以使用正反不同颜色的纸，这样可以比较清楚地确认作品的内外，便于观察。

9. 折纸的时候尽量保证手中的纸与图示中纸的方向一致，便于比较和分析。

【评价标准】

1. 会看图纸，认识折纸符号。

2. 能按作品需要准备充足的工具、材料。

3. 会折扇面、月亮等创意折叠样式。

4. 作品的边与边是否对齐，折痕是否清晰。

5. 能根据图纸运用刻、剪、折、搓等方法独立完成简单作品。

6. 能独立设计贴合主题的作品，色彩冷暖搭配有创意，大小高低错落有致。

● 任务二：纸艺基本技法练习——卷

【原理】

卷纸（图7），简单实用，运用卷、捏、拼贴组合完成。

【双色卷纸方法】

1. 用剪刀把纸剪成一条一条的，将两种不同颜色的纸条并在一起，用胶将两张纸条的顶端对齐粘在一起。

2. 从顶端开始将纸条卷起来。卷好后，轻拉内侧那条纸条，使内外的纸条分开一点点。

3. 将里面的纸条剪断，粘在另外一张纸条上，把外侧的也剪断，可长可短。

图7 卷纸

【卷纸技巧】

1. 在背景纸上画一下草图，这样思路清晰。

2. 纸的颜色是十分重要的。纸可以有很多种颜色，最常见的是七彩纸，是由红色、绿色或蓝色等一种色系渐变和融入一些其他颜色而形成的。

3. 可以大胆地卷纸了，记得在卷纸完成的时候及时用胶水固定形状。
4. 借助工具。
（1）剪刀：先估计画案所需的卷纸长度再剪。
（2）牙签：把牙签从中间切开，用来粘接卷纸作品。有时候也可以代替衍纸笔。
（3）胶水：建议使用白乳胶，干了之后会比较干净。
（4）镊子：镊子可以粘接手指不能触及的小缝。
5. 制作时边卷纸，边在背景纸上黏合，每一个步骤都要精巧，作品才会很美。

【注意事项】
1. 白乳胶不要涂太多。
2. 挑选颜色正、色差小的纸张。
3. 保证同一种颜色的卷纸数量充足。
4. 颜色要少，相互协调，相互映衬。
5. 保持力度的平均和卷纸方向的平行。

【评价标准】
1. 会基本的卷纸方法。
2. 能按作品需要准备充足的工具、材料。
3. 颜色是否搭配合理、相互协调。
4. 会单色卷纸和双色卷纸等基本样式。
5. 纸条的边缘是否剪得整齐，宽窄长短是否适中。
6. 能根据要求独立完成简单作品。
7. 能独立设计作品，有创新。

● 任务三：纸艺基本技法练习——编

【原理】
纸编（图8）是根据横竖交叉的原理编织而成的传统手工艺品。

【纸编方法】
1. 根据作品需要裁出若干长度宽度相同的纸条。
2. 根据需要准备两种或两种以上颜色的纸。
3. 用宽度相同的纸条横竖交叉编织的方法造型。
4. 修剪多余部分，也可以用胶固定作品。

【纸编技巧】
1. 纸条长短、宽窄要相同。
2. 长度不够，可以拼接，等胶水干透就可以继续编织了。
3. 纸条颜色对比越鲜明作品越精致。
4. 大型作品可以用订书钉、大头针、回形针、夹子之类工具固定。

图8 纸编

【评价标准】

1. 自己会裁纸编需要的纸条。
2. 纸条的边缘是否剪得整齐，宽、窄、长短是否适中。
3. 能按作品需要准备充足的工具、材料。
4. 颜色搭配是否协调。
5. 会基本的纸编方法。
6. 能根据要求独立完成简单作品。
7. 能自己创编新颖作品。

- **任务四：运用多种技法进行作品创作**

【程序】

1. 结合要表达的主题内容，进行创意设计。
2. 准备工具和材料。
3. 进行制作。
4. 交流改进。

几种纸艺技法如图9所示。

(a) 卷折　　　　　　　　(b) 叠放　　　　　　　　(c) 粘贴

图9　几种纸艺技法

【评价标准】

1. 了解多种纸艺技法并灵活运用。
2. 制作创意作品之前要有作品设计草图。
3. 作品设计内容贴合主题。
3. 按作品需要提前准备好充足的工具、材料。
4. 颜色搭配要协调、明快。
5. 制作中能安全、有效地完成任务。
6. 遇到问题能虚心向他人请教。

评价指标

本主题评价主体为学生本人、伙伴、教师和家长，可依据下面的评价指标进行评价（达到标准的为"优秀"，基本达到的为"良好"，不能达到的为"加油"）（表30）。

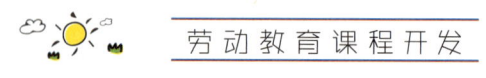

表30 纸艺作品表真情评价指标

一级指标	二级指标	主要描述	表现标准	评价等级 优秀	评价等级 良好	评价等级 加油
劳动观念	认识劳动	对劳动社会价值的认识	能运用纸艺向老师表真情，体会尊敬师长的传统美德			
		对劳动个人价值的认识	能享受其中的乐趣，能完成作品送给老师，能让工艺劳动变成一个充满乐趣的事情			
	尊重劳动	对劳动者的尊重	能做到传承和弘扬民族文化，尊重纸艺文化劳动者			
		对劳动成果的尊重	能尊重自己和他人的劳动成果，能做到传承尊师重教的优良传统			
	崇尚劳动	劳动情感和态度	具有喜爱劳动、乐于动手的情感态度，体验手工劳动的乐趣			
劳动能力	劳动知识	基础知识	能了解纸艺概念和相关知识： 1. 折纸运用刻、剪、折、搓、穿插、粘贴、组合、叠加、描绘等方法。 2. 卷纸运用卷、捏、拼贴组合的方法。 3. 纸编运用横竖交叉的的方法			
		操作方法	能掌握常见纸艺工艺制作方法：折纸、卷纸、纸编			
	劳动技能	技能要领	能掌握常见纸艺基本技能要领：折纸、卷纸、纸编			
		任务完成	能够根据需要运用多种技法完成任务			
	劳动创造	问题解决	1. 能够根据作品需要，掌握制作作品所需要的相关工具的正确使用方法并进行技能操作。 2. 在不影响整体效果的情况下，根据作品需要添加装饰。 3. 根据不同纸艺方法精准制作，力求达到最佳效果			
		不断优化	能通过实践操作发现更多纸艺制作的要领和技巧，制作和展示更丰硕的劳动成果，为教师节献礼			
劳动习惯和品质	劳动习惯	自觉主动坚持不懈	1. 能积极主动地参与纸艺工艺劳动，愿意为教师节奉献自己的一分力量。 2. 能熟练掌握纸艺技巧，可长久地参与一两项纸艺工艺方面的劳动，每一个步骤都要投入，不半途而废			
		安全规范注重效率	1. 能把劳动安全放在第一位，小心使用剪刀、牙签、美工刀、铅笔、格尺。 2. 能规范、安全、有效地进行工艺劳动			
	劳动品质	吃苦耐劳艰苦奋斗	1. 能在工艺劳动时不怕苦、不怕累，亲力亲为，有奉献精神。 2. 具有善于发现、思考、的精神			
		诚实守信勤俭节约	1. 能做到在劳动中不投机取巧，不破坏劳动工具，遵守劳动纪律。 2. 能利用废报纸、杂志纸、草稿纸、废旧宣传海报，甚至餐巾纸练习，做到废物再利用			

活动主题：彩泥校园之建筑（二年级下学期）

主题说明

本主题是二年级下学期的活动内容，属于生产劳动范畴，通过设计并用彩泥制作校园建筑这一任务，使学生初步形成规划设计建筑的观念，通过考察、规划、设计、制作等过程，培养学生热爱校园的情感。在制作的过程中巩固一年级已经学过的简单制作方法，如揉、捏、搓、压、贴、接等，进一步掌握更复杂的彩泥制作的方法，如擀、切、刻、插、拉丝等。整合美术知识，体现色彩搭配、形状组合、空间构图等知识在实际生活中的应用，让艺术服务于生活。

活动目标

认知目标

1. 认识到生活中的建筑需要艺术设计，感受到建筑除使用功能以外的艺术价值。
2. 认识形状造型、色彩搭配等艺术知识在建筑设计中的重要性。
3. 认识建筑与环境规划的重要性。
4. 进一步探究并熟练掌握擀、切、刻、插、拉丝等彩泥制作的方法。

行为目标

1. 通过正确观察，了解校园建筑物的造型、色彩、功能及与周围环境的和谐布局。
2. 能够运用形状组合、色彩搭配、构图布局等美术知识，进行规划图的设计。
3. 能在已有的彩泥技巧之上掌握更丰富的制作方法，还能在实践中不断探索运用不同工具的制作方法和技巧，积累劳动经验。
4. 在彩泥制作过程中能够从始至终保持严谨、认真的态度，保证彩泥制作的效果。
5. 能用自己的设计为建设校园环境做出努力。
6. 能够保持制作材料及工具的整洁并注意节约使用材料。

情意目标

1. 爱校园、爱生活，用学到的知识美化校园。
2. 陶冶情操，增强审美意识，提升审美能力。
3. 乐于合作探究，乐于交流，乐于动手设计创作，乐于服务他人。
4. 节约材料，珍惜学习用品。

活动规划

表31是彩泥校园之建筑的活动规划。

表31 彩泥校园之建筑活动规划

活动流程	活动内容	活动方式	课时及场地	活动目标
明需要	1.活动导入：我们是一个小小建筑设计师，我们的任务是为校园设计漂亮的建筑。让我们一起去了解一下我们的校园吧！ 参观前的问题设计：请大家认真观察校园有哪些主要的建筑，它们有什么功能，怎样分布的？ 参观过程中的问题设计：你看到的建筑主要由什么形状组成？主体选用了什么颜色？周围的环境做了哪些美化？ 参观后的问题设计：你对目前的校园设计满意吗？如果你是小小设计师，你理想中的校园是什么样子呢？ 2.选择喜欢的方式探索解决问题的方法（小组讨论，查阅资料，教师分享设计素材）。 3.梳理任务： （1）通过考察、收集素材、讨论，完成设计简图。 （2）根据设计简图，以彩泥为材料，自主创作作品。 （3）了解彩泥的特性，学习彩泥的多种制作技巧。 4.准备彩泥制作的工具和材料：彩泥工具、彩泥、彩纸、彩笔、尺子等	考察 自主探究 收集资料	2课时 学校家中	认知目标 1、2、3
学本领	任务一：设计校园建筑简图 1.学习制作设计简图，通过考察校园、查阅资料、欣赏建筑作品，结合学过的美术知识，用简单的基本形组合设计校园建筑。 2.通过查阅资料欣赏建筑作品，借鉴优秀作品，练习简单的建筑色彩搭配，为图纸涂上和谐的颜色。 3.看视频了解校园建筑美化的设计，讨论：如何将建筑物在空间中合理规划布局，如何美化环境。 4.尝试在纸上完成设计简图。 5.交流设计简图，分享经验，反思改进。 任务二：学习彩泥建筑的制作方法 1.看视频了解彩泥的多种制作方法，了解彩泥的特性及常用的一些基本制作方法：擀、切、刻、插、拉丝等。 2.教师演示在制作彩泥建筑中运用的几种方法及工具的巧妙使用。例如，运用工具辅助，创新彩泥制作方法，应用瓶盖、笔帽等制作圆形等。 3.学生自主开发新的制作方法。 4.反复尝试（可逐渐增加难度）。 5.评价总结，反思改进。 任务三：展示与评价 1.学习介绍校园设计的技巧，教师讲解介绍技巧，主要包括介绍的顺序、主题的突出、亮点的展示、声音仪态的表现等。 2.评价他人作品，教师讲解：如何评价他人的作品，主要包括设计的构思、作品的制作水平、规划布局的美观程度、展示的作品效果等方面	自主探究 讨论交流	2课时 学校	认知目标 1、2、3、4 行为目标 1、2、3、4、6 情意目标 1、2、3、4
巧实践	任务一：绘制建筑设计简图 1.考察参观自己的校园，了解校园的主要建筑及空间布局。 2.欣赏资料中的建筑设计，感受建筑的造型、色彩之美。 3.查阅资料，搜集素材，交流讨论设计方案。 4.结合美术知识，用基本形的构成画出建筑设计图。 5.交流评价，总结设计方案。 任务二：制作彩泥校园建筑 1.结合设计简图，小组分工合作完成作品。 2.教师补充说明彩泥的特点及使用的注意事项，节约使用材料。 3.根据设计简图，准备好相关的材料和工具。 4.开始制作：彩泥的基础制作方法如擀、切、刻、插、拉丝等要灵活运用。 5.对制作成品进行调整改进。 任务三：展示与评价 1.介绍：怎样把我们设计的作品更好地介绍给大家。 2.介绍：如何评价他人的设计作品。 3.交流展示。 4.总结、评价、反思。	创意设计 动手操作 展示交流	3课时 学校	认知目标 1、2、3 行为目标 1、2、3、4、5、6 情意目标 1、2、3、4
乐反思	1.举行优秀建筑设计师、优秀设计团队、优秀展示团队等评选活动。 2.举行校园建筑设计作品展。 3.完成评价单。 4.思考：生活中还有哪些建筑你比较感兴趣，试着设计一下	交流评价	1课时 学校	情意目标 1、2、3、4

任务规程

● **任务一：创意设计校园建筑**

【创意设计校园建筑的程序】

1. 准备：图画纸、彩笔、参考图片（图10）。
2. 观察：参观校园或者参考设计图片，了解校园建筑的外形、色彩、规划布局。
3. 绘图：在图画纸上画出设计初稿。
4. 交流：与同学交流设计方案，相互借鉴学习。
5. 整理：对校园建筑设计图进行进一步美化设计。

图10 参考图片

【创意设计校园建筑的标准】

1. 能通过观察概括出校园建筑的基本形状、基础色彩、整体布局。
2. 能运用学过的美术知识用简单的基本形状画出校园建筑，设计美观大方。
3. 能运用学过的美术知识进行简单的色彩搭配，色彩和谐美观。
4. 清晰地介绍自己的设计构思。

【创意设计校园建筑的技巧】

1. 观察时掌握从整体到局部的方法，用基本形归纳建筑的结构，在基本形上进行细节设计。
2. 设计时要考虑建筑在整个空间的摆放位置。
3. 色彩的选择首先要考虑已有的彩泥颜色，在可用的颜色中进行对比，尝试搭配和谐的色彩。
4. 设计稿要考虑制作的可操作性，不要进行过于复杂的设计，以免影响制作的可操作性。
5. 组内可以进行分工合作，让善于绘画的同学完成设计稿的操作。
6. 主动寻找可参考的图片，拓展设计思路。

● **任务二：制作彩泥校园建筑**

【制作彩泥校园建筑的程序】

1. 准备：各色彩泥、彩纸衬纸、格尺、剪刀、各种形状的综合材料。
2. 运用彩泥基本制作方法，感受彩泥的特性。

（1）巩固练习已学过的方法——揉、搓、压、贴、捏等。

（2）学习新的技法——擀、切、剪、刻、挑等，如图11、图12所示。

①擀：将彩泥揉成圆球，用手轻轻按压成圆饼，使用圆棒均匀地将圆饼向四周擀成圆片。

②切：在圆片的基础之上，使用尺子或者刀进行切割，切出想要的基本形状，这一方法适合做直线条的形状，如正方形、长方形、三角形等。

③剪：在圆片的基础之上，用剪刀剪出想要的形状，这一方法适合做曲线形状，如半圆形、波浪形、椭圆形等。

(a）擀 　　　　　　　　　(b）切 　　　　　　　　　(c）剪

图11 彩泥技法——擀、切、剪

④刻：在捏好的造型上，用刻针或者铅笔等尖锐的工具在表面刻出纹样，可以是线条，也可以是点状，适合较细小的表面装饰。

⑤挑：在较厚的片状彩泥上，使用刻针或者铅笔等尖锐的工具，插入彩泥向上挑起，按照从左到右的顺序一排一排挑，适合做建筑装饰中的草坪。

⑥运用其他工具制作：利用瓶盖或彩泥模具压出需要的形状，适合做建筑装饰中的钟表等物。

(a）刻 　　　　　　　　　(b）挑 　　　　　　　　　(c）用瓶盖制作的形状

图12 彩泥技法——刻、挑及用瓶盖制作的形状

3.制作彩泥建筑的方法：

（1）按照设计图，选择合适的彩泥，搭配好颜色。

①冷色系：给人以平静、清凉、和谐的感觉。

②暖色系：给人以温暖、柔和、可爱的感觉。

③对比色：给人以活泼、明亮、热情的感觉。

(a）冷色系 　　　　　　　(b）暖色系 　　　　　　　(c）对比色

图13 冷色系、暖色系及对比色

（2）运用揉、压、擀、切等方法分别制作建筑的基本形状，如图14（a）所示。

（3）运用切、剪、贴等方法制作建筑中的窗户、瓦片、屋顶、楼梯等装饰物。

（4）将建筑物摆放在衬纸上进行空间布局，添加草坪、树木美化环境，如图14（b）所示。

（a）组合基本形状　　　　　（b）添加装饰

图14　制作彩泥校园建筑的程序

（6）将剩余的彩泥按颜色归类，装回盒中，或放入密封袋中，防止干裂，将工具清理干净摆放规整。

【制作彩泥校园建筑的标准】

1. 能掌握基本的彩泥制作方法。
2. 能选择合适的色彩进行搭配。
3. 能运用学会的方法制作方形、圆形、三角形、线条状等。
4. 运用工具创新制作方法。
5. 能按照设计图纸进行制作。
6. 布局合理，配色和谐，制作美观。
7. 制作的过程保持细心专注。
8. 爱惜材料，节约材料，工具保持规整。

【制作彩泥校园建筑的技巧】

1. 彩泥要揉搓成柔软的圆球状再按压成片状，本主题主要应用的技巧都是在片状彩泥上进行加工，切割成所需的基本形状。
2. 组合基本形状时要先轻轻地摆放，大小位置合适再进行按压粘贴。
3. 主体物与装饰物的颜色搭配要有区别，点状、线条与平面的色彩要有区别。
4. 进行彩泥制作时要细心，始终保持注意力集中。
5. 注意彩泥不要过多的颜色相互混合，造成颜色脏，浪费材料，剩余的边角材料可同色相混合，收集在一起重复使用，用过的彩泥要放回盒中或者袋中避免干燥。
6. 工具的使用要注意安全，及时清理工具上的彩泥，注意工具的干净整洁。

● 任务三：展示与评价

【展示与评价的程序】

1. 准备：设计图稿、彩泥校园建筑作品。
2. 梳理：将作品主题的确立到设计再到制作的整个过程进行梳理，组内成员结合汇报内容进行分工，并进行简单的演练。

3. 汇报：完成对作品多方面的展示和汇报。

4. 反思：总结经验，反思不足，完成评价单。

5. 评价：评比优秀设计师、优秀创作团队、优秀展示团队。

【展示与评价的标准】

1. 能够完整地介绍展示作品，声音洪亮，仪态大方，介绍作品有顺序，语言有条理，突出作品特色。

2. 善于合作，完成汇报中自己所负责的任务。

3. 能够认真倾听他人的介绍。

4. 能够按照评价标准，客观、完整地进行评价。

5. 能够客观地评价自我。

【展示与评价的技巧】

1. 可以为作品起名字，突出设计理念。

2. 介绍的顺序按照从整体到局部的顺序，突出设计中的亮点进行重点介绍。

3. 展示作品可以以组为单位，分工合作进行介绍，在组内演练，保证声音洪亮、语言通顺。

4. 倾听他人展示要坐姿端正，专注倾听，不再关注自己的作品。

5. 倾听时带着问题思考，评价主要体现在几个方面，如设计的构思，作品的制作水平，规划布局的美观程度，介绍展示作品时的声音、仪态，表达内容的完整性。

评价指标

本主题评价主体为学生本人、伙伴、教师和家长，可依据下面的评价指标进行评价（达到标准的为"优秀"，基本达到的为"良好"，不能达到的为"加油"）（表32）。

表32 彩泥校园之建筑评价指标

一级指标	二级指标	主要描述	表现标准	评价等级		
				优秀	良好	加油
劳动观念	认识劳动	对劳动社会价值的认识	知道生活中的建筑离不开美的规划与设计，劳动中蕴含了美的创造			
		对劳动个人价值的认识	认识到每个人都要通过劳动创造美的生活			
	尊重劳动	对劳动者的尊重	尊重他人劳动成果，倾听他人介绍自己的设计并能够正确评价他人作品			
		对劳动成果的尊重	积极展示自己的作品，爱护作品			
	崇尚劳动	劳动情感和态度	感受设计带来的美感，从中体会设计的快乐			

续 表

一级指标	二级指标	主要描述	表现标准	评价等级		
				优秀	良好	加油
劳动能力	劳动知识	基础知识	1. 了解校园建筑设计的基本方法及设计中简单的色彩搭配的知识。 2. 学习基本的彩泥制作方法及工具的使用方法			
		操作方法	掌握校园建筑设计的基本程序： 1. 设计过程。构思设计出校园建筑草稿。 2. 制作过程。学习彩泥制作方法——捏、擀、切、刻、插、拉丝等，运用工具创新制作方法			
	劳动技能	技能要领	掌握基本的建筑设计要领及彩泥制作要领： 1. 掌握用简单的基本形设计校园建筑草图要领。 2. 掌握建筑色彩搭配基本要领。 3. 掌握彩泥制作基本技法要领。 4. 掌握彩泥建筑组合装饰要领。 5. 掌握介绍作品、评价作品基本要领			
		任务完成	能够完成校园建筑彩泥设计： 1. 能够运用基本形设计出基本的建筑草图，布局合理。 2. 能够运用学过的色彩知识搭配颜色，选择合适的颜色进行制作。 3. 能够掌握捏、擀、切、刻、插、拉丝等基本的彩泥制作方法并能够运用工具辅助创新制作方法。 4. 能够组合彩泥建筑并进行装饰美化。 5. 能够从设计构思、制作水平、作品展示等方面评价自己及他人作品			
	劳动创造	问题解决	1. 能够在生活中观察建筑物形成自己的规划设计。 2. 能够在他人指导下解决彩泥制作中遇到的问题，运用工具辅助解决问题			
		不断优化	能够通过实践操作，优化制作方法，有创新意识			
劳动习惯和品质	劳动习惯	自觉主动 坚持不懈	主动参与设计构思、制作、展示，能在制作过程中克服困难完成作品			
		安全规范 注重效率	能够规范地使用彩泥制作工具，安全有效地完成制作			
	劳动品质	吃苦耐劳 艰苦奋斗	能够有始有终地完成制作，保持制作工具、材料的规整，保持桌面整洁			
		诚实守信 勤俭节约	能够节约使用材料，不浪费材料，不损坏工具			

活动主题：穿针引线钉纽扣（三年级上学期）

🖉 主题说明

　　本主题是三年级上学期的活动内容，属于生产劳动范畴，通过"我的扣子掉了怎么办？"这个问题的设计，驱动学生探索钉纽扣的方法，引导学生在钉纽扣的过程中认识常用缝纫工具，如针、线、顶针等，正确掌握它们的使用方法，注意安全，了解缝纫的相关知识，掌握穿针引线、打结、基本针法、钉纽扣的技能，通过生活中遇到的具体问题知道我们的生活需要缝纫，激发学生主动学习缝纫，通过独立完成钉纽扣这一劳动项目使学生树立爱劳动的意识，养成自己的事情自己做的好习惯，并在劳动中培养学生勤俭节约的好品质。

活动目标

● 认知目标

1. 认识到我们的生活需要缝纫,感受到缝纫的价值。
2. 认识生活中的常用缝纫工具:针、线、顶针等。
3. 探究并熟练掌握穿针引线、打结、基本针法(平针法)和钉纽扣的步骤和方法,了解做好穿针引线、打结、基本针法(平针法)和钉纽扣的评价标准。
4. 知道收集信息的渠道和循序渐进的基本原则。

● 行为目标

1. 正确完成穿针引线和基本针法(平针法),并运用这些技能完成钉纽扣等劳动项目。
2. 能采用跟范例学的方式掌握劳动技能,还能在实践中不断探索缝纫的方法和技巧。
3. 体验探究学习过程,能独立思考。
4. 在缝纫的过程中能够从始至终保持认真的状态,保证缝制衣物的质量。

● 情意目标

1. 能正确面对失败,学会反思,不断探索解决问题的办法。
2. 能用学到的缝纫技能解决生活中的问题,服务自我,服务家人。
3. 爱护衣物,养成勤俭节约的好习惯。
4. 尊重他人的劳动成果,爱惜布艺制品。

活动规划

表33是穿针引线钉纽扣的活动规划。

表33 穿针引线钉纽扣活动规划

活动流程	活动内容	活动方式	课时及场地	活动目标
明需要	1. 创设情境:小静的衣服扣子掉了怎么办?提出问题,激发学生学习缝纫的主动性。 2. 收集资料,探索解决问题的方法。 3. 请教家里擅长缝纫的人,了解钉纽扣的方法和缝纫的相关知识	自主探究 收集资料 采访	1课时 学校 家中	认知目标1、4 行为目标3

续 表

活动流程	活动内容	活动方式	课时及场地	活动目标
学本领	任务一：缝纫工具我知道 1. 观察家里的缝纫工具盒，认识常用缝纫工具：针、线、顶针等。 2. 询问家人，了解它们的使用方法和用途。 3. 观察家人是如何缝纫的。 任务二：穿针引线我能行 1. 看视频学习穿针引线的方法。 2. 独立尝试穿针引线。 3. 总结穿针引线的技巧。 4. 认识并学习使用引线器。 任务三：学习打结 1. 思考：为什么要打结？打结有什么作用？ 2. 看教师演示打结的过程。 3. 概括打结的步骤。 4. 尝试独立打结。 5. 交流评价。 任务四：基本针法试一试 1. 观察用平针法缝制的布料，了解平针法的用途和特点。 2. 看视频或他人操作演示学习平针法。 3. 独立尝试用平针法缝制布料。 4. 交流评价，总结平针法的操作技巧。 5. 再次尝试，反思提升	动手操作	2课时 学校 家中	认知目标 1、2、3 行为目标 1、2、3、4 情意目标1
巧实践	任务一：单孔纽扣的缝制 1. 穿针引线，打结，做好钉纽扣的准备。 2. 尝试缝制纽扣。 3. 交流评价，总结钉纽扣（单孔纽扣）的技巧和需要注意的问题。 4. 再次尝试，反思改进。 任务二：多孔纽扣的缝制（多种钉法） 1. 根据单孔纽扣的钉法学习双孔纽扣的钉法。 2. 交流走线方式，可根据实际情况和个人喜好灵活运用。 3. 概括多孔纽扣的钉法。 任务三：创意纽扣的钉法 1. 讨论：怎样把纽扣钉得更加美观？废旧衣如何利用？ 2. 查找资料。 3. 探索实践。 4. 交流评价，改进提升。 任务四：我为家人缝衣扣 1. 用学过的钉纽扣的方法为家人钉纽扣。 2. 用学到的其他缝纫知识和技能解决家人的其他衣物问题。 3. 积极反馈，总结评价。	动手操作 服务	2课时 学校 家中	认知目标1 行为目标 1、2、3、4 情意目标 1、2、3、4
乐反思	1. 缝纫安全小讲座。 2. 缝纫技巧来分享。 3. 我是缝纫小明星	自主探究	1课时 学校	情意目标 1、2、4

任务规程

● **任务一：穿针引线**

【穿针引线的程序】

1. 准备：针、线、引线器（或头发丝）、剪刀。
2. 备线：用剪刀将线头上的毛丝减掉，修剪整齐。
3. 调针：在光线比较好的地方一手拿着针，针孔对准光线。
4. 穿针。
   （1）方法1：对准针孔，将线的一头用水润湿，方便穿针。
   （2）方法2：先将线穿过引线器，把引线器穿过针孔（线也随之穿过针孔），拿掉引线器即可。
   （3）方法3：用头发丝一边紧紧缠在线上，另一边先穿过针孔，再慢慢扯动带动棉线。
5. 引线：轻轻扯动穿过针孔的线头，拉动。
6. 整理：针两边的线头整理好。

【穿针引线的评价标准】

1. 独立完成穿针引线。
2. 棉线保持干净卫生。
3. 正确、安全使用针线，针不戳到手。
4. 穿完的线，线头要整齐，没有毛边。
5. 固定好针线，针不滑落。
6. 线的长度适当。
7. 用完的针和线要收好，不随意放。

【穿针引线的技巧】

1. 集中精力，穿针引线要注意安全。
2. 不要在强光下穿针，虽然需要光线，但并不是光线越强越好。
3. 可以在穿针时选择深颜色布料做背景，但不要选择反光材料。
4. 穿好后，针两侧的线头要按需要拉长一点，以免针滑落。

● **任务二：打结**

【打结的程序】

打结可以分为两种情况：起始结和结尾结，无论哪种打法都是一样的。

1. 准备：针、线、剪刀。
2. 绕线：左手持针线，让线的末端在右手食指上绕一周。
3. 捻线：右手大拇指和食指捏住缠绕的重合处，沿一个方向捻一下线。
4. 拉紧：左右手朝两个方向拉紧线。
5. 整理：把线头多余的部分剪掉。

【打结的评价标准】

1. 结的大小合适，能够起到固定作用。

2. 没有多余线头。

3. 线干净整齐。

【打结的技巧】

1. 根据需要打出大小合适的结，结过于小，容易固定不住；结过于大，不美观，缝好的衣物穿着也不舒适。

2. 捻线的长度越长，最后形成的结越大；反之，捻线的长度越短，形成的结越小。

3. 捻线时可以手指沾点水或唾液以防打滑。

4. 打完结后，要剪断多余的线头，但不要贴着结的根部剪，否则结容易松散。

5. 尽量把结藏在布料或衣服的背面，这样更美观。

● **任务三：基础针法——平针法**

【平针法的程序】

1. 背面起针。

2. 距离起针位置3～5毫米从正面向背面穿过。

3. 保持相同距离再从背面穿过正面。

4. 重复之前的步骤（熟练掌握针法之后可以一次多穿过布料几针，再拉线）。

【平针法的评价标准】

1. 布料或其他物品是否缝合。

2. 针距均匀，走线整齐美观。

3. 缝合好的布料或其他物品结实耐用。

4. 不损坏布料。

5. 将针、线等工具放回原位。

【平针的技巧】

1. 平针是最常用、最简单的一种手缝方法，通常用来做一些不需要很牢固的缝合，以及做褶裥、缩口等。

2. 针距一般保持在0.5厘米左右。

3. 可以一次多挑几针然后一起拉紧线头，一般是连缝两三针才拉出。

4. 汉服里平针叫拱针：正面针迹较细短，排列整齐，用于衣边装饰，又可加固衣缝。

5. 一般需要将要缝合的两块布料正面相对，从背面缝合，缝好后再翻回正面。

● **任务四：钉纽扣**

【钉纽扣的程序】

1. 准备：针、线、剪刀、纽扣、要钉纽扣的衣服。

2. 备线：穿针引线，在线的末端打结。

3. 定位：去掉衣服上原纽扣处断掉的多余线头，确定钉纽扣的位置。

4. 走线。

（1）从衣服里面开始起针。

（2）根据纽扣的孔数用不同的走线方式钉纽扣。

5 打结：在衣服里面打结，剪掉多余线头。

6. 整理：收纳工具。

【钉纽扣的评价标准】

1. 正确完成纽扣的缝制。

2. 选择合适的线和纽扣。

3. 在衣服扣眼相对应的位置钉好纽扣，衣服穿着舒适，外观平整。

4. 根据纽扣孔数不同选择合适的走线方式。

5. 纽扣不易松动，结实耐用。

6. 安全、正确使用剪刀和针线。

7. 使用后收纳好工具。

【钉纽扣的技巧】

1. 如有原衣服的纽扣缝制最好，如果没有可以找相似颜色、款式的纽扣代替。

2. 选择与衣服颜色接近的线钉纽扣效果更好。

3. 可以参考衣服上留下的针孔痕迹找到钉纽扣的位置。如果纽扣原位置不清晰，可在拆掉线头之前用可水洗掉笔迹的笔在纽扣原位置做好标记。

4. 打结的时候尽量让多出来的线头短一些，如果较长，可以用剪刀减掉多余部分。

5. 可以用双股线钉纽扣，这样更加结实耐用。

6. 如果穿针引线有困难可以用穿线器辅助完成。

7. 多孔纽扣的走线方式不唯一，可以根据个人喜好灵活选择。

评价指标

本主题评价主体为学生本人、伙伴、教师和家长，可依据下面的评价指标进行评价（达到标准的为"优秀"，基本达到的为"良好"，不能达到的为"加油"）（表34）。

表34 穿针引线钉纽扣评价指标

一级指标	二级指标	主要描述	表现标准	评价等级		
				优秀	良好	加油
劳动观念	认识劳动	对劳动社会价值的认识	认识到我们的生活需要缝纫，缝纫能够节约资源，延长布制品的使用寿命，并能通过缝纫创造美			
		对劳动个人价值的认识	通过缝纫能够解决衣物的常见问题，感受缝纫是一种重要的生活技能，变废为宝，体会缝纫带来的幸福感			
	尊重劳动	对劳动者的尊重	尊重自己和他人的劳动，感受布艺制品的精湛技艺和制作的辛苦与不易，热爱劳动，也要尊重劳动者			
		对劳动成果的尊重	保持布艺制品整洁，爱护布艺制品，尊重、爱护自己和他人的劳动成果			
	崇尚劳动	劳动情感和态度	认识到我们的生活处处离不开缝纫，感受缝纫的劳动价值和意义，认真对待缝纫，节约资源，利用缝纫解决生活中遇到的问题			

续 表

一级指标	二级指标	主要描述	表现标准	评价等级 优秀	良好	加油
劳动能力	劳动知识	基础知识	正确使用针、线和顶针等简单工具，掌握缝纫的基本针法			
		操作方法	掌握缝纫程序：穿针引线、用平针法钉纽扣			
	劳动技能	技能要领	掌握缝纫的基本技能要领：穿针引线，打结，针、线、顶针的使用			
		任务完成	能够根据需要完成任务，并且熟练掌握技能： 1. 能顺利穿针引线，根据布料实际情况打结。 2. 根据不同情况选择合适的针线和针法，针脚密实、不外露。 3. 缝制好的衣物结实耐用、实用性强。 4. 用学到的缝纫技能正确完成纽扣的缝制。 5. 掌握隐藏纽扣线头的方法			
	劳动创造	问题解决	1. 能够根据生活实际需要，掌握缝纫工具（针、线、顶针等）的正确使用方法并进行技能操作。 2. 根据衣物和自身的情况在恰当位置缝制。 3. 根据衣物的颜色、面料、样式等选择合适的针线和针法。 4. 知道收集信息的渠道，并用合适的方法收集信息，解决遇到的问题。 5. 收集信息时有版权意识，会标注信息来源			
		不断优化	能通过练习和实践发现缝纫的要领和难点，找到比较优化的实践方法，并展示劳动成果			
劳动习惯和品质	劳动习惯	自觉主动 坚持不懈	能够用学到的缝纫技能解决生活中衣物的简单问题，自己的事情自己做，愿意为他人服务。正视失败，不轻言放弃，持之以恒，细心专注			
		安全规范 注重效率	能注意针线的安全使用，能规范、安全、有效地用基本针法缝制纽扣，具备安全意识，量力而行。在活动中能够不断练习，熟练技能，提高效率			
	劳动品质	吃苦耐劳 艰苦奋斗	不怕脏、不怕累，有始有终，能够细致、认真地进行缝纫劳动			
		诚实守信 勤俭节约	在缝制衣物时做好充分的准备，能用学到的劳动技能解决衣物的常见问题，还可以用废旧纽扣制作成需要的物品，不浪费材料。遇到困难积极面对，探索解决问题的办法，实事求是，能大胆承认缝纫过程中出现的疏忽和错误，尽量改正并吸取教训			

活动主题：实用绳结巧编织（三年级下学期）

🖉 主题说明

本主题是三年级下学期的活动内容，属于生产劳动范畴。人们在生产劳动过程中，或在日常生活中，需用绳子捆绑系结的东西是很多的，如物体的连接、悬挂、固定、紧扎以及对牲畜野兽的捕捉，火灾及户外的救援等，都要用到绳子系结。让学生课前收集各种实用结的资料，课堂上进行交流、讨论，知道实用结的用途、特点；了解实用结材料的特性及用途。通过识读"编结结构图"掌握编织方法，通过范例与拓展作品的学习，练习编织实用结的技能。在实践操作过程中感悟实用结编织要领。活学活用是学习技能的高层次目标。本设计通过创设情境让学生思考与实践，能灵活运用实用结和创造新的实用结。

活动目标

● 认知目标

1. 能够认识到绳结是劳动人民生产劳动和日常生活中摸索总结出来的非常实用的劳动本领之一。
2. 学习捆绑不同形状物体的捆扎方法并以小组为单位展开探究学习。
3. 知道收集网络信息的渠道并正确甄别。
4. 养成问题意识,学会举一反三,能够用已有的知识技能解决更多的问题。
5. 探究不同材质的绳子承重能力是否不同。
6. 能够给多种物体的礼盒打包装纸及装饰。
7. 能够认识到在户外遇到困难救生结能帮助自己和他人。

● 行为目标

1. 能够掌握几种常用的绳结法。
2. 能采用跟范例学的方式掌握劳动技能,还能在实践中不断探索绳结的打法和技巧。
3. 在编绳结劳动中与同学们加强合作,促进小组成员和谐发展,互相帮助,在探究问题过程中提升自己的能力。
4. 在服务他人的过程中感受分享的快乐,"赠人玫瑰,手有余香",找到编绳结的动力。
5. 解决生活中遇到的实际问题,锻炼动手动脑能力。

● 情意目标

1. 能正确面对失败,学会反思,不断探索解决问题的办法。
2. 能用学到的绳结技能解决生活中的问题,服务自我,服务家人。
3. 能在编绳结活动中阅读多种资料,解决疑难问题,不轻言放弃,磨炼意志。
4. 感受小小绳结的力量及劳动人们的智慧结晶。

活动规划

表 35 是实用绳结巧编织的活动规划。

表 35　实用绳结巧编织活动规划

活动流程	活动内容	活动方式	课时及场地	活动目标
明需要	1. 通过 PPT 了解绳结捆扎的历史。 2. 创设情境揭示主题。 3. 交流课前收集的资料。 4. 制订装饰礼盒计划	交流讨论	2 课时 教室	认知目标 1、3
学本领	1. 不同形状的物体,如何进行捆扎:有棱角物体及圆形物体;不同材质的物体,如何选择包装纸;光滑材质的物体可以选择粗糙的包装纸。 2. 策划"户外野营搭帐篷"活动,搭帐篷时如何利用绳子固定?户外野营时如果衣服不小心弄湿了要如何处理? (1)防风绳的打结方法学习。 (2)接绳结的打结方法学习。 3. 调查探究活动:生活中还有哪些情况需要打结,并学习方法	动手操作	4 课时 教室 家中	认知目标 2、3、7 行为目标 1、2、4 情意目标 2

续 表

活动流程	活动内容	活动方式	课时及场地	活动目标
巧实践	用学会的方法解决生活中的实际问题：观察生活、策划活动、实践	策划实践	2课时 教室 家中	行为目标 3、4 情意目标3
乐反思	1. 分享编织绳结的方法和劳动经验。 2. 分享遇到的困难及解决方法。 3. 活学活用自己学到的知识。 4. 在总结交流的同时学会评价同学	总结交流评价	1课时 教室	行为目标3

任务规程

- **任务一：为礼物打丝带**

【打丝带的程序】

1. 准备：透明胶、丝带、剪刀、礼盒。
2. 构思：观察礼盒的形状，有棱角或无棱角，准备适当长度的丝带。
3. 方形有棱角：基本十字架形横竖方向打好，在交叉点打好蝴蝶结。
4. 圆形无棱角：丝带捆扎容易脱落，把底部的交叉丝带用透明胶固定。
5. 整理：扎好蝴蝶结后把丝带两边剪成尖角状，更美观。

【打丝带的评价标准】

1. 打丝带的方法正确，造型美观。
2. 丝带平整贴合礼盒表面，拎起来的时候不掉落，以免把礼盒内的东西摔坏。
3. 丝带颜色选用恰当，搭配同色系或者相近色系的颜色。
4. 捆扎牢固不松散，可以用透明胶固定。

【打丝带的小技巧】

1. 根据礼盒的长、宽、高，准备适当长度的丝带。
2. 透明胶贴在底部，注意隐藏，不要过大。
3. 蝴蝶结注意两边的耳朵长度要一样。

- **任务二：为水瓶制作小网兜**

【编织网兜的程序】

1. 选择合适材质的50～70厘米绳子8根。
2. 检测丝带、麻绳、线的承重能力。
3. 打结编织，从底部开始，中间部分每两根绳子打一个结。
4. 网兜的拎手也要测量长度。
5. 如果有剩余的线可以对拎手进行装饰。

【编织网兜的评价标准】

1. 大小合适。
2. 缝隙合理，不要过大，以免所装物品滑落。

3. 美观，线梳理平整。

4. 不怕失败，要有坚持不懈的精神。

【编织网兜的小技巧】

1. 提前预留好适当长度的绳子。

2. 绳子的颜色可以根据所装物品的颜色进行选择。

● **任务三：户外晾衣防风结**

【防风结的编织程序】

用衣架晾衣服的时候可以用绳子制作一个防风结（图 15），方便又实用。

这样的防风结使衣架活动范围小，被风吹起来的幅度更小，衣服不会被吹掉。

图 15　防风结

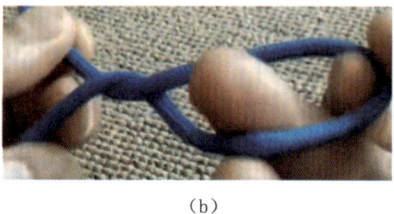

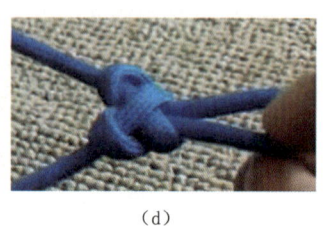

（a）　　　　　　　（b）　　　　　　　（c）　　　　　　　（d）

图 16　防风结的编织程序

1. 首先把绳子折成 U 型。

2. 拧两个圈。

3. 把左手边的绳头穿过刚拧出来的圈里。

4. 左手捏住的绳子伸到右手的小圈中，抽出来，拉紧，这样一个防风结就系好了，按照以上方法，结合绳子的长短，继续打几个防风结。

防风结的编织程序如图 16 所示。

【防风结的制作小技巧】

1. 在打绳结的时候，因为考虑到我们要晾晒衣物，所以绳结与绳结之间要有均等的间隙，防止晾晒过程中衣物挨得很紧不易风干。

2. 打结的时候一定要把绳子拉紧，可以在打绳结的时候把衣架穿入小圈中试一试，摇晃一下，如果不够紧就再加一些力度，及时调整。

3. 先打好防风结再把绳结两边固定到树杈或物体上。

4. 可以多查阅一些资料，自己有更好的创意也可以融入。

【防风结制作评价标准】

1. 用正确的编织程序制作防风结。

2. 留出来的圈大小要适合衣架的挂钩，如果圈打得太大，就起不到防风的效果了，衣架会从圈里被风吹下来。

3. 使用粗细适中的绳子，不可以太细。

4. 能够根据衣服的数量灵活调整绳结的数量，两个绳结之间距离要适中。

5. 正确使用绳结，依据绳子的承重能力晾衣服。

● 任务四：救生结（以接绳结为例）

【打接绳结的程序】

接绳结用于将两根绳子连接起来，以暂时延长其中一根绳子的长度，简单易操作，如遇火灾或危险，可以用布条连接，以便逃生。

1. 用红色一端绕一个圈做一个大环，将另一根蓝色绳子的绳头一端穿过红绳的小圈。
2. 将蓝色绳子绕到红色绳圈的下面。
3. 将红圈左下方蓝色绳头由下及上绕过小圈，与其交叉，置于蓝绳下方（此时与蓝绳、红绳同时交叉）。
4. 抽拉绳子的两端和原来的红色绳结小圈，完成接绳结。
5. 拉紧整理。这种结虽然看似简单，却是非常结实的一种安全绳结。

打接绳结的程序如图 17 所示。

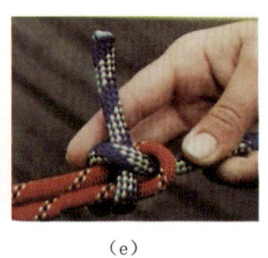

(a)　　　(b)　　　(c)　　　(d)　　　(e)

图 17　打接绳结的程序

【接绳结的评价标准】

1. 用正确的方法和程序打接绳结。
2. 打法要准确无误，手法要迅速熟练（如失误绳结则无法承重）。
3. 打好接绳结后一定要拉紧检查，以免绳子脱落。
4. 绕绳时上下绳头压好，手捏紧。

【接绳结的制作小技巧】

1. 选用两个粗细差不多的绳子进行练习。
2. 多次操作，多次练习，在失败中总结经验，减少失误。
3. 绳子越粗，越难以拉紧，所以打绳结时需要的力度就越大。

评价指标

本主题评价主体为学生本人、伙伴、教师和家长，可依据下面的评价指标进行评价（达到标准的为"优秀"，基本达到的为"良好"，不能达到的为"加油"）（表 36）。

表36 实用绳结巧编织评价指标

一级指标	二级指标	主要描述	表现标准	评价等级		
				优秀	良好	加油
劳动观念	认识劳动	对劳动社会价值的认识	认识到绳结在生活中给予我们方便和安全			
		对劳动个人价值的认识	感受到绳结的作用，遇到紧急情况时可以帮助自己及他人			
	尊重劳动	对劳动者的尊重	尊重自己和他人的劳动成果，能够正确评价自己和他人的绳结，互相交流打绳结的经验技巧			
		对劳动成果的尊重	1. 认真练习打绳结，做到熟能生巧。 2. 在日常生活中如果有需要及时利用绳结帮助自己及他人			
	崇尚劳动	劳动情感和态度	在生活中，运用绳结知识，让拎东西更方便。当遇到紧急情况时，打绳结可以帮助自己和他人逃生			
劳动能力	劳动知识	基础知识	会辨认生活中出现的绳结。掌握打捆绑结、蝴蝶结、防风结和救生结的基本程序			
		操作方法	打绳结的基本程序：准备、绕线、捆扎、系紧、整理			
	劳动技能	技能要领	掌握打捆绑结、蝴蝶结、防风结和救生结的基本技巧			
		任务完成	1. 能够熟练掌握打绳结技巧。 2. 根据实际情况快速选择合适的绳结类型。 3. 打绳结时能够考虑到绳结牢固程度、美观、实用等方面			
	劳动创造	问题解决	1. 能够根据生活的实际需要，掌握捆扎的正确方法并进行技能操作。 2. 根据衣物和礼盒的具体情况在恰当位置打蝴蝶结			
		不断优化	能够根据需要打绳结，并且熟练掌握技能： 1. 能顺利穿线绕线，根据绳子的实际情况打结。 2. 根据不同情况选择合适的打结方法捆扎或救援。 3. 打的捆扎结要结实耐用、实用性强，装饰结要美观			
劳动习惯和品质	劳动习惯	自觉主动坚持不懈	1. 能够主动思考，善于变通，可以将学到的打绳结方法用到整理收纳中，从而解决更多问题。 2. 正视失败，不轻言放弃。遇到困难积极面对，探索解决问题的办法			
		安全规范注重效率	1. 能注意绳子的使用，能规范、安全、有效地进行相关打结的劳动。 2. 在劳动中能举一反三，从而解决更多问题			
	劳动品质	吃苦耐劳艰苦奋斗	1. 学习打绳结要有耐心，不能半途而废。 2. 能够用学到的技能解决问题，愿意为自己和他人服务			
		诚实守信勤俭节约	注重材料的节约使用。生活中大部分的绳子都是可以循环利用的，多留心观察，要注意收集起来			

活动主题：废旧衣物巧改造（四年级上学期）

主题说明

本主题是四年级上学期的活动内容，属于生产劳动范畴。在生活中，我们经常会有很多废旧衣物，丢之可惜，弃之不舍，引发学生思考：怎样合理利用这些废旧衣物？通过改造废旧衣物这个劳动任务的设计，使学生在完成缝口袋等劳动项目的过程中，进一步掌握缝纫的知识，以前掌握的基础针法等缝纫技能已经不能满足完成任务的需要，需要继续学习其他花样针法，通过实践让学生知道我们的生活需要缝纫，缝纫可以创造美，缝纫可以为我们的生活带来很多便利，使学生爱上缝纫，主动学习缝纫，树立正确的劳动观念，养成勤俭节约的好品质，提高环保意识。

活动目标

- 认知目标

1. 在活动中进一步体会缝纫的价值和意义，知道我们的生活离不开缝纫。
2. 在掌握基本针法的基础上，探究并熟悉锁边缝、回针缝、篱笆花边缝等花样针法及缝口袋等劳动项目的步骤和方法，了解锁边缝、回针缝、篱笆花边缝等花样针法及缝口袋等劳动项目的评价标准。
3. 知道提出问题的意义，并在活动中提出有价值的问题。

- 行为目标

1. 完成锁边缝、回针缝、篱笆花边缝等花样针法，并运用这些技能完成缝口袋等劳动项目。
2. 能采用拆分学的方式掌握劳动技能，还能在实践中不断掌握缝纫的方法和技巧。
3. 能够细致、认真地进行缝纫劳动。
4. 在劳动中能举一反三，制作有创意的布艺作品。
5. 能客观、全面地进行评价。

- 情意目标

1. 树立正确的消费观念，不铺张浪费。
2. 能用学到的缝纫技能解决生活中的问题，体会缝纫的乐趣，爱上缝纫。
3. 合理裁剪布料，养成勤俭节约的好品质。
4. 合理利用资源，提高环保意识。

活动规划

表37是废旧衣物巧改造的活动规划。

表37 废旧衣物巧改造活动规划

活动流程	活动内容	活动方式	课时及场地	活动目标
明需要	1. 创设情境，"叮当的困惑"：家里有很多废旧衣物，怎么处理它们呢？ 2. 调查：家里有哪些废旧衣物？ 每年我国废旧衣物的情况调查。 3. 讨论：废旧衣物对环境的影响。 废旧衣物怎样改造？ 4. 收集资料，探索改造旧衣物的方法，激起学生学习其他针法的兴趣	自主探究调查	2课时 学校 家中	认知目标 1、3 行为目标 5 情意目标 1、2、4
学本领	任务一：花样针法——回针缝 1. 准备缝纫的工具和材料。 2. 看视频了解回针缝的用途和缝制过程。 3. 分析回针缝与平针法的相同和不同之处。 4. 概括回针缝的步骤和方法。 5. 独立尝试完成回针缝。 6. 交流评价，总结回针缝的技巧和需要注意的问题。 7. 再次尝试，反思改进。 任务二：花样针法——篱笆花边 1. 用学习回针缝的方法学习篱笆花边。 2. 了解篱笆花边的用途和注意事项。 任务三：花样针法——锁边缝 1. 用学习回针缝的方法学习锁边缝。 2. 了解锁边缝的用途和注意事项。 3. 探索其他花样针法	动手操作	4课时 学校	认知目标 1、2 行为目标 1、2、3、4 情意目标 2、3、4
巧实践	活动前期准备： 1. 收集家里的废旧衣物。 2. 分析废旧衣物的改造方法。 3. 分类改造： （1）旧衣物改大小。 （2）较小块可用布料的改造——缝口袋。 （3）废旧衣袖或裤管的改造——缝套袖。 （4）废旧衣物巧改造——创意布艺作品。	动手操作	2课时 学校 家中	认知目标 1、2 行为目标 1、2、3、4 情意目标 1、2、3、4
乐反思	1. 评选衣物改造小能手。 2. 举办创意改造设计图大赛。 3. 发布《节约布料合理利用资源》倡议书。 4. 走近布艺艺术家，学习布艺技艺	自主探究竞赛倡议参观	1课时 学校	认知目标1 情意目标 1、3、4

任务规程

• **任务一：花样针法——回针缝**

【回针缝的程序】

1. 准备：针、线、布料、剪刀。

2. 备线：穿针引线，在线的末端打结。

3. 走线：

（1）平针缝：从布的背面进针，从正面出针，拉线。

（2）从背面第一针平针缝的中间（即针距的二分之一处）进针。

（3）从正面保持相同针距出针（即距上一个出针处二分之一针距处）。

（4）重复之前的步骤，保持针距相等。

4. 打结。

5. 整理用具。

【回针缝的评价标准】

1. 正确完成回针缝。

2. 针距保持一致。

3. 走线成一条直线。

4. 拉线松紧适度，外观平整。

5. 打结处藏在布料里面。

6. 注意力集中，正确、安全使用针线。

7. 完工后收拾保管好针线。

【回针缝的技巧】

1. 右手拿针，左手捏住布料不移动。

2. 进针时注意观察位置，始终在上一针的针距二分之一处。

3. 为了保持走线整齐，可以在布料上用水溶性笔画上直线。

4. 熟能生巧，多加练习。

5. 针线不要拉得太紧，否则容易卷边，影响美观度和舒适度。

● 任务二：花样针法——锁边缝

【锁边缝的程序】

1. 准备：针、线、布料、剪刀。

2. 观察：认清布的里外面。

3. 备线：穿针引线，在线的末端打结。

4. 走线（图18）：

（1）从布的背面进针，从正面出针，同时把线都拉出来。

（2）从布料背面同一个位置进针，从布料正面把针线拉出来，但是线先不要拉得太紧，保持布面边缘平整。

（3）接着针从线下穿过，拉出、拉紧。

（4）向左0.5厘米处，从正面进针，线在下面，针从上面拉出，线拉紧。

（5）重复以上步骤，锁边缝到所需长度。

5. 打结：从布料正面进针，从布料背面拉出，在背面打结。

6. 整理：完工后收拾保管好针线。

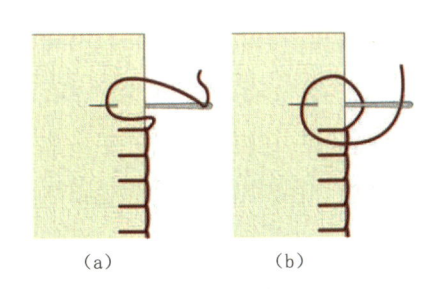

图18 锁边缝走线

【锁边缝的评价标准】

1. 针线松紧适度，外观平整，穿着或使用舒适。

2. 走线均匀，不露线头。

3. 安全使用针线。

4. 包住布料外边，不露布料边缘。

5. 轻微拉扯不脱线，结实耐用。

6. 完工后收拾保管好针线。

【锁边缝的技巧】

1. 熟能生巧，多加练习。

2. 针线不要拉得太紧，否则容易卷边，影响美观度和舒适度。

3. 有一种弹力线非常适合用于锁边缝。

4. 在缝制过程中，可以自己创新，锁边缝有很多种针法，自己尝试探究。

● 任务三：缝口袋

【缝口袋的程序】

1. 准备：针、线、布、填充物（棉花或五谷等）。

2. 裁剪：用尺子和彩笔在布上画出需要的尺寸，用剪刀剪下来。

3. 定位：把正面朝里，上下两面重合，确定缝合的位置。

4. 缝合：用平针缝制，缝成一条直线，两条边都缝完。第三条边缝到三分之二处即可。

5. 翻面：毛边放里面。

6. 填充：米、沙、豆粒等要适量，棉花等物要填满。

7. 封口：把布的毛边往里掖一下，再沿着往下缝，缝严实。

8. 整理：收纳用具和多余布料。

【缝口袋的评价标准】

1. 裁剪——大小适中。

2. 对折——对折成形。

3. 缝合——针脚紧密，针距匀称，缝成直线。

4. 翻面——翻出棱角，毛边在里，外形美观。

5. 装物——填充物要适量，不外露。

6. 封口——完全缝严，不留毛边，不漏填充物，结实耐用。

【缝口袋的技巧】

1. 根据布料大小将布面朝内沿长边对折，对折时正面朝里，边边对齐，大小适中。

2. 裁剪布料时把布折叠好一次裁出 6 块，避免大小不一。

3. 缝合常用平针缝制，一针一针缝，线要拉紧。也可连续缝，再抽线以加快速度。注意针脚细密，缝成一条直线。缝制时，针尖朝上，不要对着人，用完及时收好。

4. 装填充物时不能装太满，太满不易缝合，容易绷破；太少则过轻扔不远。

5. 翻面时两角用手指伸一下，留口的地方向内翻折，毛边放里，可用回针缝封口，结实牢固，更美观。

6. 缝好后，拿起口袋抖一抖，捏一捏，看看漏不漏填充物。

生产劳动

评价指标

本主题评价主体为：学生本人、伙伴、教师、家长和布艺艺术家，可依据下边的评价指标进行评价。（达到标准的为"优秀"，基本达到的为"良好"，不能达到的为"加油"）（表38）。

表38　废旧衣物巧改造评价指标

一级指标	二级指标	主要描述	表现标准	评价等级 优秀	评价等级 良好	评价等级 加油
劳动观念	认识劳动	对劳动社会价值的认识	认识到我们的生活需要缝纫，缝纫能够节约资源，延长布艺制品的使用寿命，并能通过缝纫创造美			
		对劳动个人价值的认识	通过缝纫能够解决衣物的常见问题，认识到缝纫是一种重要的生活技能，可以变废为宝，体会缝纫带来的幸福感			
	尊重劳动	对劳动者的尊重	尊重自己和他人的劳动，感受布艺制品的精美和制作的辛苦不易，热爱劳动，尊重劳动者			
		对劳动成果的尊重	保持布艺制品整洁，爱护布艺制品，尊重、爱护自己和他人的劳动成果			
	崇尚劳动	劳动情感和态度	认识到我们的生活处处离不开缝纫，感受缝纫的劳动价值和意义，认真对待缝纫，节约资源，利用缝纫解决生活中遇到的问题			
劳动能力	劳动知识	基础知识	正确使用针、线和顶针等简单工具，在掌握缝纫基本针法的基础上，进一步掌握花样针法			
		操作方法	会运用花样针法缝口袋、缝套袖等			
	劳动技能	技能要领	掌握缝纫的基本技能要领： 1. 掌握裁剪的要领。 2. 掌握多种花样针法的要领。 3. 掌握填充的要领。 4. 根据实际需要选择合适的布料和针线。 5. 根据不同需要选择合适的针法			
		任务完成	能够根据需要完成任务，并且熟练掌握技能： 1. 能顺利完成口袋和套袖等创意布艺作品的缝制。 2. 根据不同情况选择合适的针线和针法，针脚密实，填充物不漏。 3. 缝制过的物品毛边在里，造型美观，结实耐用。 4. 合理搭配布料，有创意			
	劳动创造	问题解决	1. 能够根据实际需要，选择适当的材料，并进行技能操作。 2. 布料要多留出缝合的位置，填充物要适量。 3. 根据颜色、面料、样式等选择合适的针法。 4. 能够对活动过程和活动成果进行多元评价。 5. 能够提出有价值的问题			
		不断优化	能通过练习和实践发现缝纫的要领和难点，找到比较优化的实践方法，并展示劳动成果			

115

续 表

一级指标	二级指标	主要描述	表现标准	评价等级		
				优秀	良好	加油
劳动习惯和品质	劳动习惯	自觉主动 坚持不懈	能够用学到的缝纫技能解决生活中衣物的简单问题，自己的事情自己做，愿意为他人服务。正视失败，不轻言放弃，持之以恒，细心专注			
		安全规范 注重效率	能注意针线的安全使用，能规范、安全、有效地利用缝纫改造旧衣物，具备安全意识，量力而行。在活动中能够不断练习，熟练技能，提高效率			
	劳动品质	吃苦耐劳 艰苦奋斗	不怕脏、不怕累，始终能够细致、认真地进行缝纫劳动			
		诚实守信 勤俭节约	能用学到的缝纫技能改造旧衣物，变废为宝，不浪费材料，节约资源。遇到困难积极面对，探索解决问题的办法，实事求是，能大胆承认缝纫过程中出现的疏忽和错误，尽量改正并吸取教训			

活动主题：装饰绳结美生活（四年级下学期）

主题说明

本主题是四年级下学期的活动内容，属于生产劳动范畴。结，有多义，用绳所打的"花结"有盘长、方胜等。盘长即"八吉"，引申之为"百吉"。绳结还可打出很多花样，用于衣饰什物，并有吉祥之寓意。教学中通过让学生观看古代精美的装饰绳结图片和了解现代装饰绳结的广泛应用，提升同学们的审美，从而能更好地创作装饰绳结。通过识读"编结结构图"掌握编织方法，通过范例与拓展作品的学习，掌握编织实用结的技能。在实践操作过程中感悟实用结编织要领。活学活用是学习技能的高层次目标。本设计通过创设情境让学生思考与实践，能灵活地运用实用结和创造新的实用结。学会加工、制作、表达的基本技能；认识技术与科学、社会的关系；了解技术的一些基本要素和核心概念；激发学生的创新潜能；使学生接受劳动精神和创新精神的熏陶，养成良好的劳动习惯；形成乐于交流、善于合作的团队意识和不断进取的创新精神。

活动目标

● 认知目标

1. 认识多种多样的绳结，了解不同绳结的寓意。
2. 了解绳结编织中颜色的搭配方法。
3. 能够准确辨认绳结步骤图中的编织方法。
4. 尝试利用学过的绳结编法进行更多新颖的创作。

● 行为目标

1. 掌握几种常用的装饰绳结编法。
2. 能采用跟范例学的方式掌握劳动技能，还能在实践中不断探索绳结的打法，体验探究学习过程。
3. 在编绳结的过程中与同学们加强合作，促进小组成员和谐发展。

4. 在服务他人的过程中，感受分享的快乐，找到编绳结的动力。

- 情意目标

1. 用自己的作品表达吉祥喜庆的寓意，表达自己对美好生活的向往。
2. 能用学到的绳结技能解决生活中的问题，服务自己，服务家人。
3. 了解中国古代绳结工艺，体会文化内涵及艺术魅力。

活动规划

表 39 是装饰绳结美生活的活动规划。

表 39 装饰绳结美生活活动规划

活动流程	活动内容	活动方式	课时及场地	活动目标
明需要	1. 通过 PPT 了解装饰绳结的历史渊源。 2. 创设情境揭示主题：你见过的装饰绳结都是什么样的？请与大家分享交流。 3. 交流课前收集的资料，通过图片欣赏绳结之美，品鉴其雅致的韵味。 4. 提出问题，明确收集信息的渠道。 5. 制订"为家人制作端午节手绳"编织计划	调查讨论策划	3 课时 教室	认知目标 1 情意目标 3
学本领	任务一：明确编绳结的基本操作方法 学习编织规律，掌握绾、结、穿、缠、绕、编、抽等多种技巧。同学们以小组为单位，探究绳结的编法，互相帮助，练习编绳技法，以达到熟练编织，并且找到编织的规律。 任务二：装饰绳结用处广 调查探究活动：寓意吉祥的绳结有哪几种？分别适合做手链还是做挂链？如何把学过的几种编织方法结合起来？ 总结装饰绳结的不同用途： 凤尾结——适合绳头结尾。 伸缩结——适合连接首尾。 平结、云雀结——适合组合编织。 任务三：学习方法促成长 通过看图纸和跟范例学的方式学习更多的装饰绳结制作方法和规律	技法学习动手操作	4 课时 教室 家中	行为目标 1、2、4 认知目标 2、3 情意目标 2
巧实践	1. 设计制作我能行：设计制作端午手绳，送给家人一份美好的祝愿。 2. 为自己母亲的裙子搭配一个琵琶结，颜色搭配要适当，大小要合适。 3. 策划"吉祥挂饰巧编织"活动，为自己的好朋友做一款书包链。制作书包链活动属于一个开放性活动，大家可以自主设计，做一个独一无二的原创作品	服务实践	3 课时 教室 家中	行为目标 3、4、情意目标 3
乐反思	1. 分享编织绳结的劳动经验及方法。 2. 分享遇到的困难及解决方法。 3. 对于学到的知识能活学活用。 4. 在总结交流的同时学会评价同学的作品	总结交流评价	2 课时 教室	行为目标 3

117

任务规程

● 任务一：为家人制作端午节手绳

【双向平结编织程序】

1. 准备：彩色线绳、串珠、剪刀、礼盒。

两根线为主线[图19（a）粉色线]，把用来编织的线放在主线下方[图19（b）蓝黄线]，按图中箭头的走向绕线、系紧。重复图19（a）、（b）、（c）步骤，每一步的编织要力度均等。

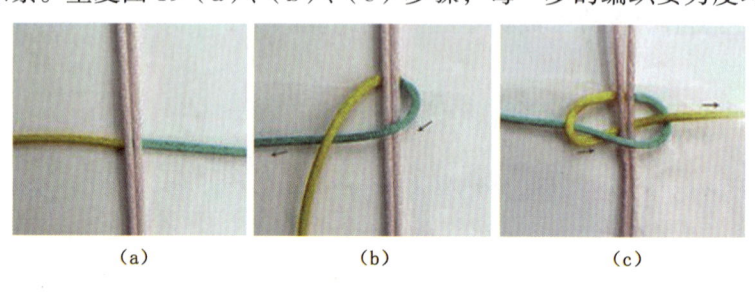

（a）　　（b）　　（c）

图19　双向平结编织步骤

2. 构思：设计出自己要制作的绳结。
3. 测量：用皮尺或者小绳子为家人测量手围，准备合适长度的绳子。
4. 编织：用正确的方法编绳结，并用串珠装饰。可以在绳子末尾穿串珠，也可以有规律地穿串珠。
5. 装礼盒：把编织好的绳结整理好装在礼盒里送给家人。

【双向平结评价标准】

1. 运用平结法进行编织，编织方法正确。
2. 手链大小合适，串珠及搭配的装饰不突兀，佩戴美观。
3. 手链颜色选用恰当，编织的绳结整体形态平整，没有脱线、跳线的情况。
4. 绳结收尾处牢固不散落，预留出来的伸缩节的绳子足够长。
5. 线绳的粗细根据手围进行选择，手围小的尽量用细一些的线绳，编织的时候选择精美一些的绳结打法，手围大的可以选择稍微粗一点线绳。
6. 制作出来的手链要新颖有设计感，突出原创作品的特点，与众不同，独一无二，可以根据被馈赠人的平时喜好去制作。

【双向平结编织小技巧】

1. 根据家人手围，准备双倍长度的丝带。
2. 可以根据家人喜欢的颜色或者常穿的衣服的颜色选择相同色系的绳子。
3. 编织绳结时每个结的力度要相同，编出来的绳结就会更规整。
4. 在编双向平结时，按照图中方法编织绳结。最初可以记住绳结是以一左一右各一次的方法搭在主绳上，编织熟练之后，就可以发现一些规律。如果编织时一直选择同一侧的绳子搭在主绳上方，编织出来的绳结则为单向平结，螺旋状，同样也很漂亮。

● 任务二：为自己或家人的衣服制作一个盘扣

【琵琶结编织程序】

1. 选择合适材质的 50～70 厘米的绳子。
2. 根据衣服的颜色，选择相近或者相同色系的绳子。
3. 编织琵琶结，大小在衣服上比对好。

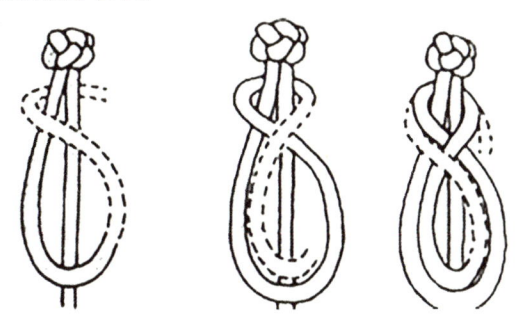

图 20　琵琶结编织步骤（一）

右线压过左线，再从左线下方绕过，最后从两线交叉形成的圈中盘好，压紧。

左线向右从顶部绕圈后，向左下方压过所有线，如图 20 所示。

图 21　琵琶结编织步骤（二）

重复以上步骤。注意，在重复绕圈的过程中，每个圈都是从下往上排列的，最后左线（图 21 中虚线所示）从上到下穿入中心的圈中，如图 21 所示。

4. 把编好的琵琶结用针线或者胶水固定好，如果使用胶水，一定要注意用量，过多会影响美观。
5. 在衣服上用铅笔标记好，把琵琶结缝在衣服上，在缝制的时候可以用到穿针引线的知识，注意用针安全。

【琵琶结评价标准】

1. 运用琵琶结编织方法，并且编织步骤正确。
2. 绳结大小适合自己的衣服。
3. 保持彩线的干净卫生。
4. 颜色搭配合理，选择之前可以在衣服上试一试，适合的就是最好的。
5. 美观，线梳理平整，拉紧。
6. 不怕失败，要有坚持不懈的精神。

【琵琶结制作小技巧】

1. 控制好力度，琵琶结在编织过程中太用力线会聚成一团，不用力则线跟线之间会有缝隙，不美观。

2. 可以在网上查找一些资料，欣赏一些复古缝合的服饰，在颜色搭配方面会有更多的灵感，并且可以提高审美能力。

- 任务三：制作书包链

【书包链制作程序】

1. 构思：很多绳结都适合做装饰链，选择一种自己喜欢的，可以是课上学过的也可以是自己在课下练习的。

2. 画设计草图：要标注出绳结的颜色，绳结的长度，是否加上装饰品，这样方便编织之前做好准备工作。

3. 开始编织，把握好力度和线的长度，留出够用的线，如果其中有不满意的结一定要及时发现及时拆解，不要最后影响整体效果。

4. 编织结束，线头处剪完之后可以用打火机烧一下，防止线头起毛。

5. 穿上一个钥匙圈或直接把绳结用多余的线系到书包上。

【书包链评价标准】

1. 至少要运用两种绳结的编织方法。

2. 设计新颖，有创新，如可以融入自己的姓氏首字母或自己喜欢的数字。

3. 书包链每天要经历风吹日晒，同学们每天都会触碰到它，所以必须考虑到是否结实、耐磨，绳结不易散落。

4. 可以大胆创新，采用玻璃纸或亮片，做出最"靓"的书包链。

【书包链制作技巧】

1. 预留的线长度要控制好，提前判断好需要用多长的绳子。

2. 使用打火机的时候要注意安全，如果自己没有信心控制好可以请家人帮忙，避免发生安全事故。

评价指标

本主题评价主体为学生本人、伙伴、教师和家长，可依据下面的评价指标进行评价（达到标准的为"优秀"，基本达到的为"良好"，不能达到的为"加油"）（表40）。

表 40　装饰绳结美生活评价指标

一级指标	二级指标	主要描述	表现标准	评价等级 优秀	评价等级 良好	评价等级 加油
劳动观念	认识劳动	对劳动社会价值的认识	认识到我们国家的绳结文化历史悠久，利用绳结可以美化装饰我们的生活环境，并且可以带来美好寓意			
		对劳动个人价值的认识	在编织绳结过程中可以加入自己的想法，使每一个作品都独一无二，从而获得成就感； 把自己制作的绳结赠予他人，带着美好寓意和祝福，幸福感伴随自己和他人			
	尊重劳动	对劳动者的尊重	尊重自己和他人的劳动，每一个绳结的编织都代表一名劳动者的耐心与设计			
		对劳动成果的尊重	对每个绳结认真欣赏、客观评价，懂得它是每位"设计师"经历很多次系结才完成的作品			
	崇尚劳动	劳动情感和态度	利用作品表达自己的想法，体会创作过程中的快乐			
劳动能力	劳动知识	基础知识	1. 认识多种多样的绳结，了解不同绳结的寓意。 2. 知道绳结编织中颜色的搭配方法。 3. 能够准确辨认绳结步骤图中的编织方法			
		操作方法	掌握常见绳结类型：双向平结、琵琶结、凤尾结等			
	劳动技能	技能要领	掌握打绳结的基本技能要领： 1. 掌握材料选择的要领。 2. 掌握系扣的要领。 3. 掌握每种绳结编织方法的共通之处，绕、压规律			
		任务完成	能顺利完成手链和钥匙链等创意布艺作品的编织，造型美观，结实耐用			
	劳动创造	问题解决	1. 能够根据生活实际需要，选择适当粗细和颜色的绳子进行编织。 2. 在编织绳结过程中，能找到基本的编织规律，能及时总结经验			
		不断优化	能通过练习和实践发现要领和难点，在反复操作中寻找比较完善的实践方法，绳结编织逐渐平整、美观			
劳动习惯和品质	劳动习惯	自觉主动坚持不懈	在编织的过程中有耐心，不急不躁，能够从始至终保持认真的态度，保证作品的质量			
		安全规范注重效率	在使用剪刀、打火机等相关工具时，能规范、安全、有效地进行操作。 在编织之前构思并画好设计图，提高自己编织作品的效率			
	劳动品质	吃苦耐劳艰苦奋斗	能用学到的技能解决问题，服务他人，正视失败，不轻言放弃			
		诚实守信勤俭节约	1. 对于自己作品中的瑕疵，实事求是，及时处理改正。 2. 能利用废旧绳子或鞋带改造成需要的物品，节约不浪费			

活动主题：植物奇妙超能力（五年级上学期）

主题说明

本主题是五年级上学期的活动内容，属于生产劳动范畴。引导学生在解决一系列生活问题的过程中，通过主动交流劳动经验、上网查资料等方法，掌握常见植物扦插繁殖的方法和技能。通过亲身实践，知道植物奇妙的超能力——自我愈合的强大的再生能力，感悟植物强大的生命力，并且利用植物的再生能力进行扦插繁殖，从而体会劳动带来的快乐，同时也结合学校的环境绿化、花卉栽培、植物配置等实践活动，增强学生的责任感和积极创新的使命感。通过亲身实践，感受劳动创造幸福、劳动创造价值、劳动最光荣、劳动最快乐、劳动创造美好生活，体会平凡劳动中的伟大。

活动目标

● 认知目标

1. 知道植物的繁殖方式，除了种子繁殖、孢子繁殖外，还有其他的繁殖方式，如扦插繁殖，扦插繁殖是基于植物奇妙的超能力——再生能力的一种繁殖方式。
2. 了解植物扦插繁殖的种类、方法、注意事项以及影响扦插成活的因素。
3. 能够认识几种室内常见的绿色植物。
4. 能够认识几种常见的扦插基质。
5. 认识几种常见的喷雾器，了解喷雾器的工作原理及应用。
6. 了解扦插繁殖的历史，了解我国古代劳动人民的勤劳、智慧、善于观察、重视实践、勇于创新、利用自然、改造自然的科学精神。

● 行为目标

1. 从初步的尝试使用简单的园艺工具到能够正确、规范地使用园艺工具。
2. 能够进行简单的扦插，根据不同的植物配制适宜的扦插基质育苗繁殖。
3. 能利用植物的再生能力扦插繁殖几种常见的绿色植物。
4. 正确使用喷雾器进行扦插基质的消毒杀菌。
5. 利用喷雾器雾化水增加湿度，降低温度。

● 情意目标

1. 通过本主题活动，使学生对园艺课程，尤其是植物的无性繁殖（扦插繁殖）产生浓厚的兴趣，并愿意用自己的双手创造美，从而感受美。
2. 感受植物强大的生命力、自我愈合与再生的能力，感受植物适应外界环境的超能力，从而敬畏生命、珍爱生命，并努力成为适应社会发展的健全的人。
3. 通过扦插繁殖获得新植物，见证新生命的诞生与成长，感受创造性劳动带给我们的无限快乐。
4. 通过对扦插繁殖的历史溯源，体会中国古代劳动人民的伟大，从而坚定文化自信。
5. 通过扦插繁殖植物的实践活动，培养认真严谨、实事求是、不畏艰难、勇于尝试的科学精神。

活动规划

表41是植物奇妙超能力的活动规划。

表41 植物奇妙超能力活动规划

活动流程	活动内容	活动方式	课时及场地	活动目标
明需要	1. 激发兴趣：讲解说明植物有哪些奇妙的超能力，根据已知的知识、经验讨论。 2. 揭示主题：利用植物奇妙的超能力——再生能力，用扦插的方法繁殖常见的植物。 3. 了解扦插基本知识：概念、历史、作用、种类等。 4. 明确任务： （1）扦插所需的材料工具。 （2）扦插的基本程序和规范。 （3）扦插的后期管理	讨论交流	1课时教室	认知目标1、6 情意目标5
学本领	任务一：扦插所需的材料工具（重点为园艺剪的使用方法及安全操作规程） 1. 常见植物的认识：认识几种常见的易于扦插繁殖的绿色植物。 2. 基质的认识。 3. 园艺剪：正确使用及安全规程。 4. 扦插容器：统一用育苗盘或者花盆，扦插基质装盘备用或者花盆装基质直接扦插。 5. 喷雾器：土壤扦插基质的消毒杀菌。 任务二：扦插操作 1. 插穗的选择与截取。 2. 插穗的处理。 3. 插穗品种数量的记录。 任务三：喷雾器的使用 1. 认识喷雾器及分类。 2. 喷雾器的工作原理。 3. 喷雾器的正确使用和注意事项。 4. 扦插育苗项目中喷雾器的用途。 任务四：温、湿度计的使用 温湿度计是用来测定环境的温度及湿度以确定环境条件的一种测量仪器，其在生产生活中应用十分广泛。 任务五：后期管理 管理方法：扦插苗的后期管理维护。 教师根据以上五个任务进行示范讲解，并和学生一起制定操作方法及质量标准	观察识别 讲解示范 操作设计	4课时教室	行为目标1、2 认知目标2、3 行为目标2 情意目标1、2
巧实践	1. 根据学校和家庭资源进行植物扦插种植并养护。 2. 结合教师制定的操作方法及质量标准随时进行自我评价和反思	实践操作	2课时学校家中	行为目标3、4、5 情意目标3、5
乐反思	展示、交流、评价	总结交流评价	2课时教室	情意目标3、4、5

任务规程

● **任务一：园艺剪的使用**

【园艺剪的使用程序】

1. 握持。右手手心向上，四指并拢与拇指分开，握住剪刀的手柄，剪刀的宽薄刃刀片向上、刀刃向右（图22）。

2. 剪枝条。左手与右手要密切配合，右手用力握剪的同时，左手将枝条上端控制住，使其不再摆动。

【园艺剪的使用标准】

1. 严格按照规程操作，遵守劳动纪律。
2. 使用刀具注意安全，佩戴劳动保护用品。
3. 正确使用园艺剪，枝条剪口平滑。
4. 工具使用完检查验收并保存。

【园艺剪的使用技巧】

剪枝条的方法实际上运用了杠杆的原理，省力，可以比较轻松地将枝条剪断。这样剪一方面可以连续修剪不费力，另一方面剪口平滑，剪刀也不容易损坏。

1—窄厚刃用于挤压；2—宽薄刃用于切割

图22 正确握法　　图23 宽窄刃的功能

● **任务二：扦插操作**

【扦插程序】

1. 辨认植物，选择合适的待扦插植物的母本。
2. 配制扦插基质，要求疏松、透气、保水。
3. 用园艺剪取合适的扦插母本。
4. 粗细分开计数，捆扎备用，记录品种、数量。
5. 育苗盘装基质，用平板刮平整后进行消毒杀菌处理。
6. 扦插育苗，扦插前用棍子在基质上扎个孔，将插穗植入，深浅一致，然后浇透水。
7. 书写扦插标签，注明时间、品种、数量。

【扦插标准】

1. 基质配置疏松、透气、保水。

2. 能选择健壮饱满的母本，截取长度10～15厘米，剪切时干净利落果断，切口平整。

3. 育苗盘装基质，正确进行消毒杀菌。

4. 育苗方法正确。

5. 扦插标签制作合理。

6. 严格执行操作流程，遵守工具使用的规程，时刻注意生产安全。

【扦插技巧】

1. 插穗选择健壮饱满的母本，截取长度10～15厘米。

2. 剪切插穗时动作干净利落，切口平滑。

3. 平板刮平扦插苗床，平整度一致。

4. 园艺剪比较锋利、尖锐，使用时一定注意安全，严格遵守劳动纪律和操作规程。

5. 设计制作植物标签。

● 任务三：喷雾器的使用（以家用小型空压式喷雾器为例）

【喷雾器的使用程序】

1—喷嘴；2—高效打压棒；3—按摩式按钮；4—曲线握柄设计；5—23毫米气筒；6—过滤头吸管

图24　家用小型空压式喷雾器

1. 使用前检查喷雾器各连接处是否漏气，先装清水试喷后再装药剂进行喷雾。

2. 加入药液后，液面不能超过安全水位线。家庭常用气压式喷雾器装液体的量不超过容积的三分之二，喷药前先按压力杆（高效打压棒）10余次，使桶内气压上升到工作压力。注意按压力杆不能过分用力，以免气室爆裂。

3. 喷雾作业完毕，应及时倒出桶内残留药液，再用清水洗净倒置晾干；同时检查气室内有无积水，如有积水，拆下出水接头放出积水。

4. 短期内不再使用时，应将主要部件清洗干净，擦干装好，置于阴凉干燥处；若长期不用，注意将各个金属零件涂上黄油，防止生锈。

【喷雾器的使用原理】

家用喷雾器是把水压入吸管造成高速水流，高速水流碰到障碍物后裂成小水滴，就像把水龙头打开后用手指堵住。这种喷雾器因为成本低，使用方便，所以被广泛使用。

植物扦插繁殖中喷雾器的主要用于扦插基质杀菌消毒和补充水分、降低温度。

【喷雾器的使用标准】

1. 使用前：能够正确检测喷雾器能否正常使用，完成清水的试操作。
2. 使用中：按照操作规程正确使用，遇到故障及时停止作业，排除故障。
3. 使用后：正确清洗、收藏。

【喷雾器的使用技巧】

1. 注意气象条件，风大、气温过高不宜杀菌消毒。
2. 压力杆压缩空气时，用力均匀，上下垂直用力。
3. 操作时注意力集中，喷施药物做到均匀、正确、安全。
4. 了解农药的毒性及使用方法，喷灌农药时，应穿紧袖工作服，穿戴鞋、帽、手套，喷洒完毕后应用肥皂、清水洗净与药液接触的身体各部位。

● 任务四：温湿度计的使用

【温湿度计的使用标准】

1. 温湿度计（图25）应挂置于通风良好处，避免挂在阳光直射的墙面。
2. 温湿度计不要受到雨淋，不得装置会对铜体产生腐蚀的气体环境中。
3. 人体感到舒服的温湿度为：18 ℃～23 ℃，45%RH～65%RH。
4. 植物生长的适宜温湿度为：22 ℃～32 ℃，60%RH～80%RH。扦插繁殖时期适温（30 ℃以下）20 ℃～25 ℃，湿度：高湿（95%RH以上）。
5. 悬挂高度1.5米，便于观察。

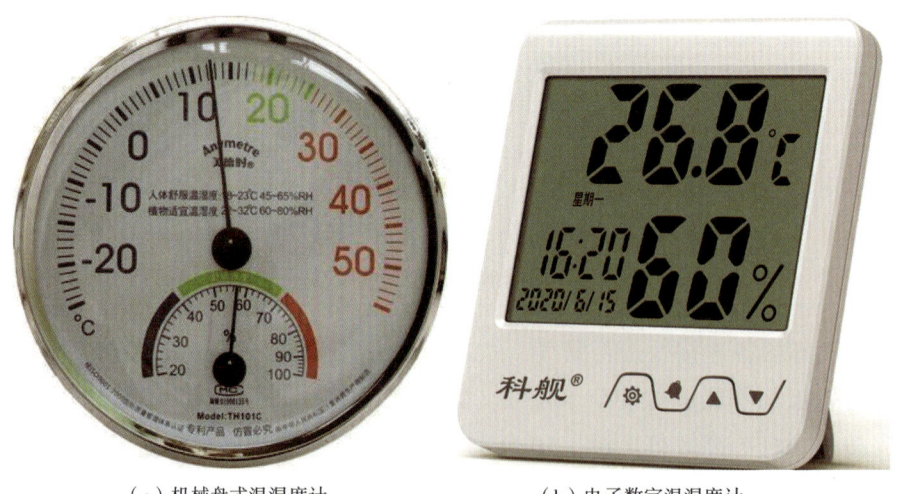

（a）机械盘式温湿度计　　　　（b）电子数字温湿度计

图25　温湿度计

【温湿度计的使用技巧】

1. 用机械盘式温湿度计观测数据时，目光平视。

2. 电子数字温湿度计直接读取数字。

● 任务五：扦插的后期管理

【扦插后期管理方法】

1. 水分管理：掌控好浇水时机，不能旱也不能涝。
2. 温度：保持适宜温度（30 ℃以下）20 ℃～ 25 ℃。
3. 湿度：高湿（95%RH 以上）。叶面喷雾，中午需喷水降温，一旦根系形成，则需减少喷雾。但必须保持盆土表面湿润，并保持棚内相对湿度在 95% 以上。
4. 遮阴：避免太阳直射或斜射到扦插苗。
5. 病害防治：每周停止喷雾后，喷一次 800 倍多菌灵，清洁卫生，及时清除落叶或死去的插穗。
6. 做好每天的观察记录，重点记录温度、湿度及植物微妙的变化。

【扦插后期管理标准】

1. 定期观察，保持土壤湿润，干旱及时浇水，不能积水。
2. 扦插苗生长整齐一致。
3. 生根后及时移植，加强水肥管理。
4. 成活后逐步增强光照，通风降温。

【扦插后期管理技巧】

1. 注意温度、湿度以及光照。
2. 正确使用温湿度计。
3. 按时书写观察日记，发现问题及时解决。

评价指标

本主题评价主体为学生本人、伙伴、教师和家长，可依据下面的评价指标进行评价（达到标准的为"优秀"，基本达到的为"良好"，不能达到的为"加油"）（表42）。

表42　植物奇妙超能力评价指标

一级指标	二级指标	主要描述	表现标准	评价等级 优秀	良好	加油
劳动观念	认识劳动	对劳动社会价值的认识	认识劳动创造历史、劳动创造美好生活的道理，感受我国古代劳动人民的伟大			
		对劳动个人价值的认识	感受到服务班级、服务学校的价值与幸福，明白生产劳动可以创造财富			
	尊重劳动	对劳动者的尊重	职业没有高低贵贱之分，只是社会分工不同，形成尊重和热爱劳动者的情怀			
		对劳动成果的尊重	爱惜学校花草树木，珍爱生命，不损坏草坪、花卉			
	崇尚劳动	劳动情感和态度	感知植物的超能力，感受劳动的快乐与艰辛			

续 表

一级指标	二级指标	主要描述	表现标准	评价等级 优秀	评价等级 良好	评价等级 加油
劳动能力	劳动知识	基础知识	1. 知道植物的繁殖方式。 2. 了解植物扦插繁殖的种类、方法、注意事项以及影响扦插成活的因素。 3. 认识几种室内常见的绿色植物。 4. 认识几种常见的扦插基质。 5. 认识几种常见的喷雾器，了解喷雾器的工作原理及应用			
劳动能力	劳动知识	操作方法	1. 初步尝试使用简单的园艺工具，能够正确规范使用园艺工具。 2. 能够进行简单的扦插，根据不同的植物配制适宜的扦插基质育苗繁殖。 3. 能利用生物的再生能力扦插繁殖几种常见的绿色植物。 4. 正确使用喷雾器进行扦插基质的消毒杀菌。 5. 利用喷雾器雾化水增加湿度，降低温度			
劳动能力	劳动技能	技能要领	知道并掌握如下技能要领： 1. 能选择生长健壮、没有病虫害、饱满的叶片进行扦插。 2. 能把底部叶片摘掉，保留顶部叶子，再用生根水浸泡，进行插穗处理。 3. 准备扦插基质时能使用透气、疏松且排水力好的土壤并消毒。 4. 能把插穗插到土内，固定好，浇水，完成扦插			
劳动能力	劳动技能	任务完成	1. 按照扦插的流程进行植物的无性繁殖。 2. 通过扦插繁殖新植株，装点教室、会议室、礼堂，为班级、学校做贡献			
劳动能力	劳动创造	问题解决	1. 在完成任务的过程中，能灵活解决发现的问题。 2. 加强后期管理，算出扦插成活率。 3. 知道收集信息的渠道，并用合适的方法收集信息，如网页浏览、查阅书籍、向专业园艺师咨询			
劳动能力	劳动创造	不断优化	用文字或图片记录扦插后植物的变化，及时反思，发现问题，及时解决			
劳动习惯和品质	劳动习惯	自觉主动坚持不懈	1. 积极向上，主动参与。 2. 持久专注投入到劳动中，避免前紧后松，虎头蛇尾。 3. 劳动中耐心细致，肯于奉献，自觉自愿，认真负责，一丝不苟，精益求精			
劳动习惯和品质	劳动习惯	安全规范注重效率	1. 严格遵循操作流程和安全规程。 2. 严格遵守劳动纪律			
劳动习惯和品质	劳动品质	吃苦耐劳艰苦奋斗	1. 自力更生，丰衣足食，用自己的劳动成果装点学校，美化环境，注重学校的生态文明建设。 2. 通过劳动增长智慧，了解生物科技发展的新动态，从小立志，科技创新，重任在身，吾辈担当			
劳动习惯和品质	劳动品质	诚实守信勤俭节约	实事求是，认真负责，坚持每天观察扦插苗的变化，做好记录			

活动主题：萌宠关爱养成记（五年级下学期）

主题说明

本主题是五年级下学期的活动内容，属于生产劳动范畴，通过"关爱饲养萌宠"活动，引导学生在了解萌宠生活习性、成长特性的基础上，饲养家中萌宠。通过亲自饲养活动的体验，完成萌宠日常饮食、卫生清理、健康养护等主要任务，协助家长解决萌宠饲养中遇到的各种问题。在长期养护管理体验中，了解身边动物的生活习性并自觉加以保护，应用知识技能灵活解决不同动物饲养过程中出现的状况，体会养护动物的辛苦与快乐，增强家庭的责任感和关爱小动物、珍惜生命的意识。

活动目标

● 认知目标

1. 通过各种渠道了解它们的生活习性，从日常饮食、卫生清理、身体健康、安全等方面学会饲养几种常见小动物的方法。
2. 在长期养护管理体验中，了解身边动物的生活习性并自觉加以保护，应用知识技能灵活解决不同动物饲养过程中出现的状况。

● 行为目标

1. 对科学饲养感兴趣，通过了解动物生活的环境以及各个阶段的特点，主动学习养护动物的技能，精心呵护、用心关爱，见证它健康、快乐地长大，具有克服困难、认真负责、坚持不懈的劳动品质。
2. 多方位、多角度对自身进行反思，体会与同伴交流、讨论的乐趣。
3. 通过亲手制作宠物窝的过程，练习布艺和手针缝制的技巧。

● 情意目标

1. 能够深切体会养护小动物的重要性，体验亲力亲为带来的乐趣和小小饲养员创造价值的幸福感。
2. 以保护动物、改善和提高小动物的生存环境、提高饲养水平为宗旨，体现修德行善的传统美德，深刻认识到动物和我们一样，都是生命，生命是平等的，它们是大自然的一部分，也是我们的朋友，进而实现从珍爱小动物到珍爱大自然，再到珍爱自己和他人的生命的目的。
3. 在交流汇报中，体会饲养员的辛苦与快乐，增强饲养小动物的责任感和关爱小动物的意识。
4. 通过亲自动手制作宠物窝，向萌宠传递主人对它的真切关爱。

活动规划

表 43 是萌宠关爱养成记的活动规划。

表 43　萌宠关爱养成记活动规划

活动流程	活动内容	活动方式	课时及场地	活动目标
明需要	1. 创设情境。 2. 揭示主题。 3. 梳理任务：确定要养护的小动物，明确养护过程中需要做什么。 4. 如何成为合格的饲养员	观察 挑选	1 课时 教室	认知目标 1 情意目标 2

续 表

活动流程	活动内容	活动方式	课时及场地	活动目标
学本领	1. 了解小动物生活习性，学会管理方法和技巧。 2. 交流收集饲养小动物的正确方法	查找资料 访谈	2课时 微机教室 宠物店	认知目标2 行为目标1
巧实践	1 开展主题活动。 2. 制定"观察记录表"并记录。 3. 给猫咪、狗狗做个小窝	策划 喂养	一周 家中	行为目标1 情意目标1、4
乐反思	1. 观察日记。 2. 成完观察记录表。 3. 交流收获感悟。 4. 拍摄照片、视频。 5. 总结评价	交流 反思 展示	2课时 教室	情意目标2、3 行为目标2

任务规程

● 任务一：狗狗的管理

【给狗狗沐浴的程序】

1. 洗前用专用梳子梳遍全身，用电动剃毛刀剃掉腹部、肛门周围及脚掌的杂毛。
2. 根据说明书将浴液进行稀释。
3. 水温要接近狗狗的体温。
4. 彻底湿透就可以用浴液清洗了，之后用护毛素，最后彻底冲洗干净。
5. 用毛巾擦身至半干，用尺梳梳顺，吹干。
6. 隔一段时间应该给狗狗清理肛门腺。
7. 用耳朵清洁液和棉棒清理耳内污物，定期拔耳毛，将耳粉涂抹于耳内；清理眼角的毛发和眼部分泌物。
8. 剪趾甲：沿着趾尖的方向斜着剪掉几毫米就可以了。

【狗狗管理评价标准】

1. 能每天给狗狗准备营养充足的食物，并耐心喂养。
2. 能每天坚持打扫狗舍，做到每半个月对狗舍进行消毒。
3. 能用正确的方法清洗食盆和给玩具消毒。
4. 能勤洗澡，专业清理耳鼻喉，剪趾甲，每天梳毛，能做到不厌其烦。
5. 能经常带狗狗遛弯儿、晒太阳，做到保护狗狗安全。
6. 能定期带狗狗体检，打疫苗，做到对狗狗的健康负责。

【狗狗的管理技巧】

1. 饮食。

（1）饮食需要定时定量。

（2）食物以低盐低油的天然狗粮为主。

（3）一星期可以喂食三至四次狗罐头。

（4）将高蛋白低脂肪类的肉煮熟后给狗狗吃，如鸡胸肉、牛肉、鱼肉等。

（5）买一些狗狗的零食、磨牙棒等改善狗狗的适口性。

（6）平时尽量给狗狗多喝水，适当喂些蔬果和肉类。

2. 卫生。

（1）定期洗澡，一个月三四次即可，一定要用狗狗专用的清洁产品。

（2）食具和玩具定期消毒，要用宠物专用消毒液，无毒，无刺激。

（3）狗舍必须每天清扫，及时清除粪便，每月坚持对狗舍进行消毒。

（4）狗狗要在固定的地点大小便。

（5）耳朵、眼睛、口腔要定期清理，趾甲要定期修剪。

3. 健康。

（1）狗窝放置在阴凉通风处，避免阳光直射。冬季应注重保温，铺垫物要加厚。

（2）每天梳理毛发，保持毛发干燥。

（3）晒太阳，能补钙并抑制皮肤病。

（4）观察便便，健康的便便都是硬度适中，呈金黄色或褐色，如出现异常，建议选择低盐、含粗纤维的狗食。

4. 培养感情。

（1）训练教育狗狗了解自己的名字，进行基本动作训练，做错事及时教育引导。

（2）每天和它互动抚摸，还可以给狗狗买一些它喜欢的玩具。

（3）早晚散步是快速和狗狗增进感情的方法，出门一定要带牵引绳，带上嘴套。

（4）亲自喂食是培养感情的最快方法，也可以拿一些它喜欢的零食喂它。

● **任务二：喂养金鱼**

【换水程序】

1. 晾水：刚接出来的自来水含有很多伤害观赏鱼的氯气，不能直接使用。

2. 吸水取物：先用胶皮管将水吸出来放在一个干净的容器内待用，然后取出水草、石块等饰品，用清水漂洗干净待用。

3. 捞鱼：使用捞鱼网兜捞鱼。

4. 清洗鱼缸：把变色发臭的细沙取出，用清水冲洗、搓净直到没有味道为止。

5. 恢复水族箱：把鱼缸清洁完毕之后，再按顺序铺沙、放石、加水、放水草、放鱼，再把已经晾好的新水注入到原来的水位，就可以了。

【养金鱼的方法】

1. 选：挑选金鱼是最重要的，尽量选择颜色鲜艳明的、活泼游动的金鱼。

2. 放：买到金鱼后，要装进较大的塑料袋子，里面要加水。

3. 喂：饵料以活鱼虫为最佳，鱼虫干也不错，每日可以少量喂食。

4. 换：养鱼最重要的环节就是换水，换水不能过勤，金鱼受新水的刺激很容易得病。

5. 养：不能换生水，放几天才能用，最好在水底放置一个小型的气泵；时刻关注金鱼，留意它的排便是否正常，鱼身有没有受伤，游动是否活跃、灵活。

【喂养金鱼的评价标准】

1. 会选择健康的鱼苗。

2. 能选择大小合适的鱼缸。

3. 能够合理地给小鱼喂食。

4. 能够按要求定期给小鱼换水。

5. 关注每条小鱼的健康情况并做记录。

【喂养金鱼技巧及注意事项】

1. 生活环境。

（1）鱼缸：大小适当，便于观赏（小型玻璃缸或水族箱）；透光性要好。

（2）优良水质：这很重要，水必须清洁；可以选择河水、井水或自来水；使用时，要先在太阳下晒一段时间；春秋两季每周换水1次，夏季2～3天换1次，冬季10～15天换1次，保持水的清洁。

2. 健康喂养。

（1）保质保量：饵料保证新鲜，营养平衡，腐败变质的不能喂。

（2）固定时间：每天喂食1～2次，一定要固定时间，不要随意更改，春季可在中午暖和时投喂，夏季在早晚凉爽时投喂。

（3）固定位置：每次投喂时应选在固定的位置。

（4）固定分量：金鱼比较贪食，每次投喂八成饱即可，如果室外养鱼，阴天时少投喂或不喂。

3. 注意事项。

（1）养鱼最好成对养，尽量不要单只养。

（2）放饵料的时候一次不要放太多，避免鱼吃撑和剩余饵料污染水质。

（3）适当见阳光，不要长期放在阴凉处。

（4）发现病鱼要立即分养。

● **任务三：DIY 宠物窝**

【程序】

1. 材料准备：旧的长袖纯棉T恤或无帽套头卫衣、旧靠枕的内胆、棉花、针、线、剪刀、花布。

2. 将衣服的里外翻过来，把领口缝上。

3. 从衣服一侧的腋下部位开始缝，把衣服前后连在一起，一直到另外一侧腋下。

4. 将两只袖子垂直缝到衣服的侧面。

5. 从袖口处尽可能往里面多塞一些棉花，感觉更饱满、更柔软、更舒适。

6. 把靠垫的内胆从衣服下摆口塞进去，然后缝合。

7. 把衣服的两个袖口相对着连在一起。

8. 用花布盖住袖子，两条长边相对缝合到袖子上，一款简单又漂亮的宠物窝就制作完成了。

宠物窝的制作程序如图26所示。

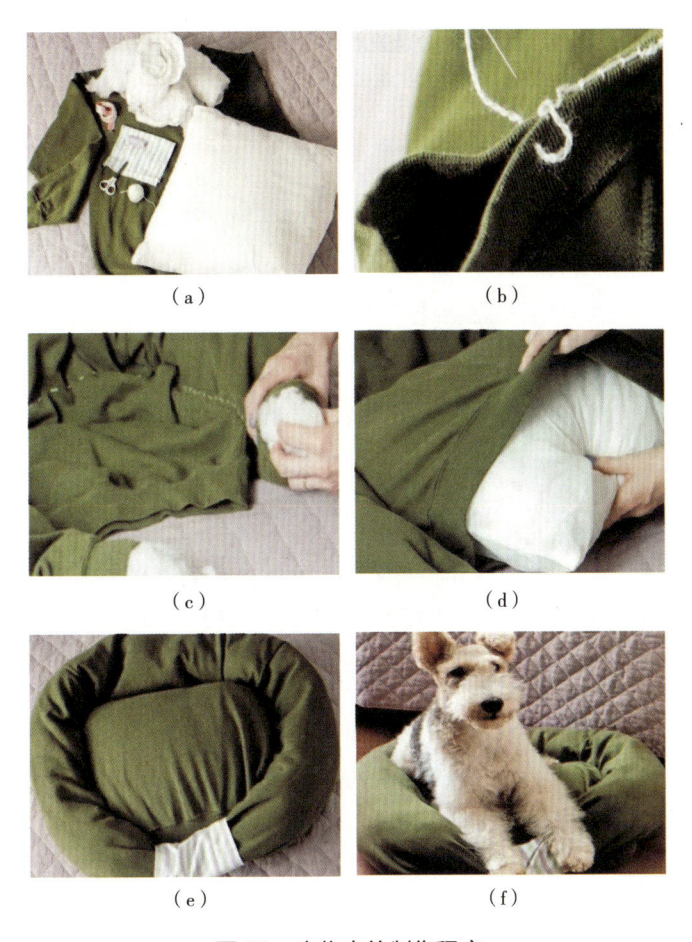

图 26　宠物窝的制作程序

【评价标准】

1. 能利用家中的废旧物品制作。
2. 缝纫美观，针脚不外露。
3. 缝纫细致，棉花不外露。
4. 实用性强，脏了方便拆洗。

【制作技巧】

1. 利用衣服本身的特点缝制。
2. 选择面料柔软舒适的旧衣服。
3. 选择无拉链、无纽扣的套头长袖卫衣或长袖 T 恤。
4. 窝的大小根据宠物的需要来定。
5. 为了结实可以用双股线。

评价指标

本主题评价主体为学生本人、伙伴、教师和家长，可依据下面的评价指标进行评价（达到标准的为"优秀"，基本达到的为"良好"，不能达到的为"加油"）（表44）。

表44　萌宠关爱养成记评价指标

一级指标	二级指标	主要描述	表现标准	评价等级 优秀	良好	加油
劳动观念	认识劳动	对劳动社会价值的认识	能认识到动物养护是我们生活中不可或缺的，能体验生命的成长			
		对劳动个人价值的认识	能通过亲自动手养护小动物，观察小动物的成长过程，感受到养护动物带来的价值与幸福			
	尊重劳动	对劳动者的尊重	能尊重他人和自己的劳动，具有劳动最光荣的思想观念			
		对劳动成果的尊重	能坚持长久地关爱养护动物，体现本善之心			
	崇尚劳动	劳动情感和态度	能体验亲力亲为带来的乐趣和小小饲养员创造价值的幸福感，体会饲养员的辛苦与快乐，能增强饲养小动物的责任感和关爱小动物的意识			
劳动能力	劳动知识	基础知识	掌握宠物生活习性和养护等方面的基础知识			
		操作方法	能掌握常见动物养护过程。 1. 猫：换水、洗澡、剪趾甲、梳毛、擦眼睛、清理耳朵、接种疫苗、驱虫、添加猫粮、清理粪便等。 2. 狗：洗澡、晒太阳、消毒、梳毛、清理耳鼻喉、剪趾甲、喂食、散步等			
	劳动技能	技能要领	1. 掌握常见动物日常养护基本技能，如饮食、卫生、健康、感情培养。 2. 会根据动物的实际情况选择合适的养护方法			
		任务完成	能够根据需要完成任务，并且熟练掌握技能。 1. 能制定健康标准：身体强壮、活泼、行动自如、动作协调、感官敏感、身体各部位干净整洁。 2. 能根据每种动物不同的生活习性，选择合适的方法进行养护，保证动物健康成长。 3. 能在动物养护过程中根据实际情况选择适当的救治方法			
	劳动创造	问题解决	1. 能够正确掌握相关器具的正确使用方法并进行技能操作。 2. 能根据具体情况定期给小动物洗澡、体检、打疫苗，观察成长过程。 3. 能根据动物的不同生活习性选择合适的养护方法，力求达到最佳效果			
		不断优化	能通过养护实践发现动物养护的要领和技巧，找到更合适的实践方法			
劳动习惯和品质	劳动习惯	自觉主动坚持不懈	1. 能积极主动地参与动物护养的劳动，愿意为他人和自己服务。 2. 能安全长久地参与一两项动物养护方面的劳动			
		安全规范注重效率	能始终把安全放在首要地位，动物养护过程中能注意相关器具的安全使用，戴一次性手套、口罩等，能规范、安全、有效地进行动物养护方面的劳动			
	劳动品质	吃苦耐劳艰苦奋斗	1. 能在动物养护过程中不怕苦、不怕累，亲力亲为，有奉献精神。 2. 能够细致认真地进行动物养护的劳动，具有钻研探究、善于发现和思考的精神			
		诚实守信勤俭节约	1. 在动物养护过程中能够认真负责、有始有终，有自觉维护劳动成果的好习惯。 2. 能利用业余时间学习动物日常养护知识，能使用废旧物品制作宠物窝			

活动主题：校园绿植培育师（六年级上学期）

🖉 主题说明

本主题是六年级上学期的活动内容，属于生产劳动范畴。引导学生在了解校园绿植的现状、名称和生长特点的基础上，完成种植小工具的使用、自制花盆和自制有机花肥等核心任务；在初步掌握相应的植物繁育、养护和工具使用的方法等知识之后，完成校园绿植培育师的体验。引导学生应用知识技能，灵活解决不同植物生长过程中出现的问题，树立正确的劳动价值观，增强责任意识；养成主动服务他人、服务校园的劳动习惯，知道绿植花卉的养护需要持之以恒、不怕艰辛的劳动精神。

🖉 活动目标

- 认知目标

1. 通过调查和搜集文献资料，了解校园绿植的现状、名称和生长特点，懂得繁育和养护的方法。
2. 初步掌握种植工具，如小铲子、小耙子、水壶、园艺剪的使用方法；利用废旧材料制作创意花盆。
3. 学会养护校园绿植的基本方法，并能通过观察，结合经验分析花卉、绿植所存在的营养问题，学习自制氮、磷、钾等有机肥料。

- 行为目标

1. 能够细致地根据问题搜集植物养护的资料，有逻辑性地筛选。
2. 能利用繁育和养护的方法完成校园绿植培育师的工作。
3. 在校园绿植养护的项目服务活动中，能够有规划地参与。

- 情意目标

1. 在职业体验过程中认识到绿植培育在人们生活中的重要作用，体会到劳动能够创造美好生活、美化周围环境。
2. 能较为长期地培育绿植花卉，精心照料，充满劳动的热情。劳动中爱惜绿植，并经常护理培育，坚持不懈。
3. 能增强责任意识，主动服务他人、服务学校。

活动规划

表45是校园绿植培育师的活动规划。

表45　校园绿植培育师活动规划

活动流程	活动内容	活动方式	课时及场地	活动目标
明需要	1. 学生进行校园花卉绿植现状调查，如拍照、制作统计图表、进行采访记录等。 2. 确定开展"校园绿植培育师"服务项目。 3. 小组分工进行方案设计，确定活动的目标和内容。 4. 搜集校园花卉绿植养护方法的资料，并进行筛选整理，制作成电子资料卡后开展课堂交流	考察探究 资料搜集	2课时 学校	认知目标1 行为目标1 情意目标1
学本领	任务一：种植小工具的使用 1. 认识种植小工具的种类：铲土类、浇水类、修剪类、劳动保护类等。 2. 利用实物进行演示，学生分组操作学习使用方法。 3. 汇报操作后的制作事项。 任务二：制作创意花盆 1. 观察花盆种类和特点，通过分析了解塑料花盆在校园栽种中的优势。 2. 利用网络学习自制塑料花盆的方法和要领。 3. 搜集准备材料：废旧塑料瓶、裁纸刀、剪刀、锥子、装饰物等。 4. 制作花盆。 任务三：自制营养土 1. 了解花土的种类和特点：园土、腐叶土、河沙、木屑、松针、草木灰、蛭石等。 2. 研究不同配比适宜种植的花卉有哪些。 3. 根据小组选择的绿植花卉的特性，搜集各种花土材料。 4. 小组配制花土。 任务四：自制有机花肥 1. 通过调查采访花卉售卖者或者身边的养花高手，了解花肥的种类。 2. 搜集资料，了解有机花肥的优点和制作方法。 3. 根据所种植的花卉生长情况分析缺少哪种营养元素，根据情况准备制肥原料。 4. 运用泡水、研磨、焚烧等方式制作氮、磷、钾有机花肥，分享要领。 5. 分享养花榜样故事：老舍养花的故事、"君子兰书记"范文超的故事	设计制作	4课时 学校 家中	认知目标 2、3 情意目标1
巧实践	"校园绿植培育师"职业体验： 1. 种植"潘多拉"（校园绿植花卉观察记录）。 2. 根据观察结果，先分析缺少的元素，再对花卉进行施肥。 3. 各小组多角度展示服务成果	社会服务 职业体验	2课时 学校	行为目标 1、2 情意目标1
乐反思	1. 讲培育校园绿植中的劳动小故事。 2. 议养护花卉绿植的技能小窍门。 3. 寻身边的绿植培育劳动明星（学生可以搜集资料，也可以通过观察来推荐）	职业体验	2课时 学校 家中	情意目标 1、2

任务规程

● 任务一：种植小工具的使用

【种植小工具使用的程序】

1. 了解种类

（1）容器类（花盆：瓦盆、瓷盆、塑料盆）。

（2）铲土类（小铲子、小耙子、小铁锹、筒铲）。

（3）浇水施肥类（洒水壶、喷水壶）。

（4）修剪类（园艺剪）。

（5）保护类（手套、靴子）。

（6）装饰类（盆宠）。

2. 种植中使用。

（1）选盆：主要考虑花卉特点、购买力、种植地点、和谐美观等因素。

（2）栽种：筒铲覆土→小铁锹施基肥→戴手套扶苗→筒铲覆土。

（3）养护：小铲子松土→小耙子松土→小铁锹移栽换盆；洒水壶洒水→喷壶增加湿度→弯嘴水壶定期施肥；喷壶喷药→戴手套擦拭。

（4）修剪：园艺剪修枝去叶。

（5）装饰：盆宠造景。

【种植小工具使用的评价标准】

1. 能注意劳动保护，并能安全操作。

2. 能根据花卉特点适当选择花盆。

3. 正确手持铲土工具，角度有利于操作。

4. 种植苗木时能戴手套扶苗，位置准确美观。

5. 使用水壶浇水时能控制水量，适当调节喷雾密度。

6. 能放入适量花肥喷洒绿植花卉。

7. 用园艺剪剪枝时，明确修剪的核心要领，剪枝干脆、美观。

8. 放置盆宠时，能达到装饰美化效果，愉悦心情。

【种植小工具使用的技巧】

1. 请教劳动榜样了解功能。

2. 花铲松土：花铲插入土中 3 厘米松土，花耙来回滑动，勿伤主根。

3. 水壶浇水：根据水量控制倾斜角度；根据植物特点、季节调节每次的浇水量——草本多水，木本少水，多肉水最少；花萌发多水，花分芽控水，冬眠期少水；春夏渐增水，秋少水肥，冬季正常。

4. 剪刀剪枝：剪迟不剪早、剪粗不剪细、剪肥不剪瘦。

5. 盆宠装饰：色彩和谐、大小适中、富有情趣。

● **任务二：制作创意花盆**

【制作创意花盆的程序】

1. 准备材料。
（1）搜集生活中大号塑料瓶子、洗衣液瓶、铁桶等。
（2）准备装饰用的颜料、绳子、贴纸等。
2. 正确使用工具。
（1）用笔在塑料瓶外面画出轮廓，如猫、天鹅、青蛙等。
（2）沿着轮廓线用裁纸刀或者较为尖锐的剪子剪下多余部分。
（3）涂色并装饰，可以贴上动物的眼睛，或者贴上喜欢的贴纸。
（4）用螺丝钉给花盆底部打漏水孔，并用锥子在侧面扎上若干透气孔。

【自制创意花盆的评价标准】

1. 制作中能够注意工具的安全使用。
2. 具有实用性。
3. 美观，充满趣味，并能美化生活。
4. 制作后能够整理收纳工具和剩余材料。

【自制创意花盆的技巧】

1. 参照范例，有创意。
2. 花盆的外形最好与所要栽种的花卉绿植和谐统一。
3. 巧妙利用瓶子的外形特点。例如，洗衣液瓶子的扶手可以作为动物身体的一部分。

● **任务三：配制营养花土**

【配制营养花土的程序】

1. 了解花土种类。
2. 根据所要培育的绿植花卉的特点，搜集不同的花土。
3. 利用种植小工具配制花土：根据花卉生长习性和培养土的性质以及当地的条件灵活掌握配制比例。

【配制营养花土的评价标准】

1. 能记住不同种类花土的优缺点。
2. 能先了解所要养护的花卉的特点，再根据特点搜集合适土壤。
3. 利用小工具操作，并注意劳动保护。
4. 利用容器测量以确定配制比例。
5. 小组合作，活动结束后能够主动做好清洁和收纳。

【配制营养花土的技巧】

1. 熟记不同土壤的特点。
（1）沙土：多取自河滩，可改善土壤结构，增强土壤排水通气性。
（2）园土：取自菜园、果园等地表层的土壤。

（3）腐叶土：由落叶、枯草等堆制而成。
（4）草木灰：稻草或其他杂草烧后的灰，含丰富的钾。
（5）木屑：疏松而通气，保水、透水性能好，保温性强，重量轻又干净卫生。
（6）松叶：细小、质轻、柔软、易粉碎，可配制酸性、微酸性及提高疏松性、通透性的培养土材料。

2. 了解不同种类花卉花土的配制比例。
（1）一般花草：腐叶土 30%，园土 50%，河沙 20%。
（2）木本花卉：腐叶土 40%，园土 50%，河沙 10%。
（3）播种用：腐叶土 50%，园土 30%，河沙 20%。
（4）温室花卉：腐叶土 40%，园土 40%，河沙 20%。

● **任务四**：自制有机花肥

【自制有机花肥的程序】

1. 准备工具和搜集原料。
（1）工具：带盖塑料瓶、漏斗、研磨器。
（2）原料：
①氮肥：废菜叶、瓜果皮、鸡鱼下水等。
②磷肥：肉骨头、羊角、鱼鳞、蟹壳、虾壳等。
③钾肥：茶水、淘米水、干杂草、花生的麸皮或茎秆等。

2. 动手制作。
（1）氮、钾肥：可使用漏斗将切碎的原料装入瓶中，加水适量，勿将盖子拧太紧；草木灰采用焚烧方法制作。
（2）磷肥：先清洗、晒干，再捣碎研磨成粉。

3. 期待腐熟。
（1）氮、钾肥：静置并间隔一段时间拧开盖子放气，再拧紧。
（2）磷肥：装瓶后适时取用。

【自制花肥的评价标准】

1. 原料准备恰当，且知道不同原材料制作的花肥类别。
2. 制作时能够分工合作，注意劳动安全与卫生。
3. 能够掌握切碎原料、加水不洒、研磨成粉的方法。
4. 腐熟时能定期观察，拧盖放气。
5. 制作磷肥时有耐心，原料晒得干，磨得细。

【自制花肥的技巧】

1. 液肥必须充分腐熟，根据季节关注腐熟时间：一般冬季约需 2 个月，夏季 20 天左右。
2. 发酵异味较重的可以加入一些橘子皮或者柚子皮，有效减少异味。
3. 经浸泡和发酵腐熟后的原液，必须按一定比例加水稀释降低浓度后，方可在花木上浇施，且应以多次少量的方法为宜。
4. 不要将残茶、蛋壳、西瓜皮直接要放入花盆，这些东西可以和园土混合堆腐后再使用。

评价指标

本主题评价主体为学生本人、伙伴、教师和家长，可依据下面的评价指标进行评价（表46）。

表46 校园绿植培育师评价指标

核心素养	一级指标	二级指标	表现标准	评价等级
劳动观念	价值认识	对劳动社会价值的认识	认识到绿植培育在人们生活中的重要作用	★★★★★
		对劳动个人价值的认识	对于劳动能够创造美好生活、美化周围环境有深刻的感受	★★★★★
	尊重劳动	对劳动者的尊重	尊重自己和同学的劳动过程	★★★★★
		对劳动成果的尊重	能爱护周围的绿植，保护自然生态环境	★★★★★
劳动能力	淬炼操作	操作思路	1.通过考察了解校园绿植栽种情况，查阅文献资料与观看视频了解种植的方法。 2.掌握自制花盆、种植小工具使用、自制有机花肥、制作并施用有机肥的方法	★★★★★
		技能要领	1.分析讨论，制定考察探究方案。 2.不断练习，掌握制作技巧。 3.种植中考虑多种因素。 4.总结分享，体会劳动快乐	★★★★★
	技能运用	练习时长	能够根据植物生长过程每周进行4～5次操作	★★★★★
		问题解决	1.搜集资料，参考范例，进行初步了解。 2.在反复操作中体会制作的细微差别。 3.推选评价师，及时进行改进与调整	★★★★★
	操作精度	任务完成	1.通过多次重复操作，找到失败与成功的原因。 2.绿植栽种成功，生长繁茂	★★★★★
		不断优化	从绿植成活率、施肥的方法和绿植的美观程度上都有提高	★★★★★
劳动精神	劳动者至上	劳模精神	能在制作时讲方法，制作完主动收拾工具，进行清洁	★★★★★
		工匠精神	能够细致、认真地完成制作	★★★★★
	劳动过程伟大	勤俭奉献	能够爱惜绿植，并经常护理培育，病害绿植能主动救治不丢弃	★★★★★
		开拓创新	能够根据具体情况，创造性地解决问题，搭配绿植使其外形美观	★★★★★
劳动习惯和品质	劳动习惯	自觉自愿	能够主动参加劳动，愿意为自己和家人服务	★★★★★
		坚持不懈	能较为长期地培育绿植花卉，精心照料	★★★★★
	劳动品质	安全规范	正确使用种植小工具，懂得劳动保护	★★★★★
		认真负责	能够专注于自己的任务，有责任心	★★★★★

活动主题：种植培育小花匠（六年级下学期）

🖉 主题说明

本主题是六年级下学期的活动内容，属于生产劳动范畴。引导学生在解决一系列生活问题的过程中，通过主动交流劳动经验、上网查资料、实地考察花卉市场、咨询园艺师等方法，初步了解什么是盆景、盆景的起源、盆景的分类以及盆景的流派、养护等一系列知识，初步了解几种本地常见的制作盆景的植物，并能根据所学知识和积累的资料、经验，用常见的蔬菜制作蔬菜盆景，从而体会动手实践带来的快乐，同时结合学校具体环境，开展装点校园、花卉栽培、植物配置等实践活动，增强学生的责任感和积极创新的使命感；通过亲身实践，感受劳动创造幸福、劳动创造价值、劳动最光荣、劳动最快乐、劳动创造美好生活，体会平凡劳动中的伟大，感悟工匠精神。

🖉 活动目标

- 认知目标

1. 通过主题活动知道什么是盆景，盆栽和盆景有何区别，认识本地几种常见的制作盆景的植物；通过盆景作品的欣赏，了解中国盆景艺术的分类、形式、艺术特点。
2. 了解盆景的制作流程、制作盆景常用工具及正确的制作方法，向学生宣传工匠精神，工匠精神的六个维度包括专注、标准、精准、创新、完美、人本。
3. 简单了解盆景几大流派的艺术特点。
4. 认识常见的可以用来制作盆景的蔬菜。
5. 简单了解一下什么是无土栽培。
6. 了解盆景的发展历史，知道盆景起源于中国，并有着悠久的历史。

- 行为目标

1. 从初步尝试使用简单的园艺工具，到能够正确规范使用园艺工具。
2. 能够进行简单的蔬菜盆景制作，根据不同的植物配置适宜的摆件。
3. 在制作盆景的过程中掌握材料特性和造型手法的运用。
4. 弘扬和践行"深耕细作、精雕细琢、精益求精"的工匠精神。

- 情意目标

1. 通过对中国盆景发展历史的学习，感悟我国古代劳动人民的勤劳、智慧、善于观察、重视实践、勇于创新、利用自然、改造自然的创造精神。
2. 通过欣赏作品，激发学生对中国传统艺术的喜爱、对大自然的热爱；在观察感悟中培养学生热爱自然的情怀。
3. 增强同学们的技术素养、合作精神和创新意识，锻炼学生的综合实践能力，学会自主合作，交流与分享活动成果，树立良好的生活情趣和态度。
4. 通过本主题活动，培养学生对园艺课程、盆景制作，尤其是蔬菜盆景的浓厚兴趣，并愿意用自己的双手创造美，从而感受美。

5.通过蔬菜盆景制作，感受创造性劳动带给我们的无限快乐。

6.通过对盆景历史的溯源，体会中国古代劳动人民的伟大，从而坚定文化自信。

7.通过蔬菜盆景制作的实践活动，感受认真严谨、不畏艰难、勇于尝试的创新精神。

8.通过蔬菜盆景制作，倡导"专注、标准、精准、创新、完美、人本"的工匠精神。

活动规划

表47是种植培育小花匠的活动规划。

表47 种植培育小花匠活动规划

活动流程	活动内容	活动方式	课室及场地	活动目标
明需要	1.激发兴趣：讨论讲解说明。 2.揭示主题。 3.了解盆景基本知识。 4.明确任务： （1）了解盆景的相关知识。 （2）知道制作盆景所需的材料和工具。 （3）懂得利用几种常见的蔬菜制作盆景。 （4）懂得蔬菜盆景的后期管理	交流讲解	3课时教室	认知目标1、2、3、4、6 情意目标1、5、6
学本领	任务一：盆景的相关知识 师生共同拟定探究的问题，按照问题导向分成若干学习小组，组内探究，全班交流。 1.盆景的概念。 2.盆景的特殊含义。 3.盆景的艺术特征。 4.盆景的发展史。 5.中国盆景的派系及艺术特点。 6.盆景设计造型的主要模式、分类及命名。 任务二：制作盆景所需的材料和工具 1.认识几种常用来制作盆景的植物，知道盆景植物的"四大家""七贤""十八学士"和花草"四雅"指的是什么。 2.基质的认识：栽培植物的土壤。 3.栽植盆的选择：大、中、小，深、浅。 4.工具的认识：铲子、筛子、竹签、养护工具（水壶、喷雾器、施肥用具）。 教师通过出示实物、图片、使用说明等方式引导学生进行探究学习。 任务三：利用几种常见的蔬菜制作盆景。 任务四：蔬菜盆景的后期管理	观察识别讲解示范操作 操作设计 设计 动手操作	8课时教室	认知目标1、2、3、4、5、6 行为目标1、2、3、4 情意目标1、2
巧实践	1.根据学校和家庭资源选择制作蔬菜盆景的原材料。 2.制作过程：先养护，再设计、加工、制作，设计出完整合理的操作流程，明确注意事项，并亲自实践。 3.结合教师制定的操作方法及质量标准随时进行自我评价和反思。 4.对各组制作的蔬菜盆景进行展示、互评	实践操作讨论分享成果展示	课间或家中2课时	认知目标3 行为目标1、2、3、6 情意目标4、5

活动流程	活动内容	活动方式	课室及场地	活动目标
乐反思	1. 充分利用学科知识，并应用到具体的劳动实践中，如将语文的古诗词用于盆景的命名。 2. 活动中注意分工与合作，充分发挥个人的长处，及时发现自己的不足，并能通过学习改进，不断提升自己的知识技能。 3. 增强质量意识和服务意识，在实践活动中发现问题，及时纠正整改。 4. 盆景制作完成，后期管理更为重要，要耐心细致、一丝不苟。	总结交流评价	2课时教室	认知目标1、2、6 行为目标4 情意目标5、6、7

任务规程

- **任务一：蔬菜盆景制作**

【蔬菜盆景制作的程序】

1. 确定蔬菜的种类（备选蔬菜）。
（1）马铃薯。
（2）红萝卜、白萝卜、青萝卜、胡萝卜。
（3）芋头。
（4）甘薯。
（5）白菜。
（6）姜、大蒜。
2. 按照个人喜好和资源选择合适的蔬菜进行制作。
3. 确定栽植方式（有土栽培、水培）。
4. 栽培容器（器皿）的选择。
5. 栽植蔬菜（此时还不能称为盆景，只能叫作盆栽蔬菜）。

【蔬菜盆景制作的标准】

1. 所选蔬菜无病虫害。
2. 栽培容器（器皿）美观，有一定的观赏性和艺术性。
3. 准确选用工具。
4. 正确使用工具。

【蔬菜盆景制作的技巧】

1. 画图设计造型，根据造型确定蔬菜品种、栽植方式。
2. 根据蔬菜的长势、形态确定造型，因材而笃。

- **任务二：制作胡萝卜盆景**

【制作胡萝卜盆景程序】

1. 使用的工具：刀、菜板、容器、胡萝卜。
2. 确定栽培方式：无土水培。

3. 确定栽培容器（器皿）。

4. 把选择好的胡萝卜顶端切下来（高度 3 厘米），放到器皿里，加水养护。

【制作胡萝卜盆景的标准】

1. 胡萝卜新鲜且有芽点。

2. 容器美观，深浅适合。

【制作胡萝卜盆景的技巧】

1. 将胡萝卜放到容器里后，倒入大约高度为 0.5～1 厘米的水。

2. 放置在散光处，切记不要放在太阳底下。

3. 每天定期更换水。

4. 养护过程中胡萝卜叶子很发散，没有型，不好看，如果要胡萝卜叶子直挺，可以在前期水培的时候使用深一点的容器，等叶子长得差不多了，再更换浅一点的容器（图 27）。

5. 可以配置石头，适当修剪。

（a）第三天　　　　　（b）第七天　　　　　（c）第十天　　　　　（d）第十五天

图 27　胡萝卜盆景制作过程

● 任务三：制作马铃薯盆景（大蒜、姜、甘薯、芋头盆景制作可以参照此种方法）

【制作马铃薯盆景的程序】

1. 准备马铃薯及栽培容器。

2. 确定栽培方式，可选择水培和土壤栽培。

3. 将发芽的马铃薯（图 28）放置在容器中，加入容器一半的清水。

4. 将其放置在阴凉的环境中，避免光照。

5. 等一周左右的时间再将其移入散光的环境中，此时的马铃薯已经适应了周围的环境（图 29）。

图28 发芽的马铃薯　　　　　　　　　图29 马铃薯盆景（一）

【制作马铃薯盆景的标准】

1. 一般以球体饱满、颜色鲜艳、体表健康无损伤的马铃薯为主，而且不能够有腐烂的迹象。
2. 一般球体上有芽苗生出的品种是非常适合制成盆景的。
3. 选用疏松透气的普通花土、园土或者沙壤土即可。
4. 选好马铃薯后，应当对其进行消毒处理。

图30 马铃薯盆景（二）　　　　　　　图31 马铃薯盆景（三）

【制作马铃薯盆景的技巧】

1. 水培注意定期换水，土壤栽培注意掌握好浇水时机。
2. 早春时节万物复苏，可以直接利用生芽的马铃薯制作盆景。
3. 选择马铃薯要芽眼多的，可用塑料袋捂着催芽。
4. 使用自来水需要晾晒消毒。
5. 每次换水的时候加入一些营养液，可以促进马铃薯芽眼的生长。

大蒜、姜、甘薯、芋头盆景如图32至图35所示。

图32 大蒜盆景

图33 姜盆景

图34 甘薯盆景

图35 芋头盆景

- **任务四：制作白菜盆景（萝卜盆景可参照此种方法）**

【制作白菜盆景的程序】

1. 使用的工具：白菜、刀、栽培容器。
2. 确定栽培方式：无土栽培。
3. 容器：碗、碟，透明容器最合适。
4. 切取大白菜的一段（贴近根部3～5厘米高）（图36），根部削平，直接平放在容器中，加适量水就可以了（图37）。

图 36　切取的大白菜　　　　　　　图 37　白菜盆景（一）

【制作白菜盆景的标准】

1. 选择生长良好的大白菜，带根。
2. 安全操作刀具，截取大白菜的高度适中。
3. 时间选择：春节前后（1月下旬至3月上旬）。

【制作白菜盆景的技巧】

1. 放到充满阳光的窗台或者阳台。
2. 注意温度的管理。
3. 大白菜如发现已经出花薹的（图38）可提前制作。

图 38　白菜盆景

任务五：后期管理

【后期管理的程序】

1. 定期观察盆景长势，及时发现病虫害。
2. 注意肥水管理：掌控好浇水时机。
3. 及时修剪整形。
4. 做好每天的观察记录，重点记录温度、湿度，以及植物微妙的变化。
5. 水培的要定期换水。

【后期管理的标准】

1. 严格按照操作流程管理。
2. 正确使用工具。

【后期管理的技巧】

1. 遵循美学规律，符合审美情趣。
（1）自然修剪。
（2）技巧修剪。
（3）艺术修剪。
（4）整体修剪。
2. 根据个人喜好，可以用土壤栽培，也可以水培（无土栽培）。
3. 拓展：甘薯、马铃薯后期长大可以定植到大一点儿的花盆中，成为盆栽植物，生长到一定周期还会有意外收获。
4. 摆件的选择与配置、大小比例和情境要适合。

评价指标

本主题评价主体为学生本人、伙伴、教师和家长，可依据下面的评价指标进行评价（达到标准的为"优秀"，基本达到的为"良好"，不能达到的为"加油"）（表48）。

表48 种植培育小花匠评价指标

一级指标	二级指标	主要描述	表现标准	评价等级 优秀	良好	加油
劳动观念	认识劳动	对劳动社会价值的认识	知道人与自然的和谐共生，认识到劳动创造美好生活的道理			
		对劳动个人价值的认识	明白生产劳动可以创造财富、创造幸福、创造美、创造快乐			
	尊重劳动	对劳动者的尊重	尊重和热爱劳动者			
		对劳动成果的尊重	爱惜学校花草树木，珍爱生命，不损坏草坪、花卉			
	崇尚劳动	劳动情感和态度	体验劳动创造幸福、创造财富、创造价值、创造美，同时感受工匠精神			

续 表

一级指标	二级指标	主要描述	表现标准	评价等级 优秀	良好	加油
劳动能力	劳动知识	基础知识	1. 知道什么是盆景，知道盆栽和盆景的区别，认识本地几种常见的制作盆景的植物。 2. 通过盆景作品的欣赏，了解中国盆景艺术的分类、形式、艺术特点。 3. 了解盆景的制作流程、制作盆景的常用工具及正确的制作方法			
		操作方法	1. 掌握1~2种蔬菜盆景的制作方法：马铃薯、红萝卜、白萝卜、青萝卜、芋头、甘薯、白菜、姜、大蒜、胡萝卜等。 2. 能够正确、规范地使用园艺工具			
	劳动技能	技能要领	知道制作盆景主要注意的方面，并能初步体现主与次、虚与实、疏与密、开与合			
		任务完成	通过制作蔬菜盆景，装点教室、会议室、礼堂，为班级、学校做贡献			
	劳动创造	问题解决	1. 在完成任务的过程中能灵活解决发现的问题。 2. 加强后期管理			
		不断优化	用文字和图片记录盆景制作后植物的变化，做好后期管理，及时反思，发现问题及时解决			
劳动习惯和品质	劳动习惯	自觉主动坚持不懈	持久专注地投入到劳动中，团队密切合作，不虎头蛇尾			
		安全规范注重效率	严格遵守操作流程、安全规程、劳动纪律			
	劳动品质	吃苦耐劳艰苦奋斗	劳动中耐心、细致，肯于奉献。 认真负责，一丝不苟，深耕细作、精雕细琢、精益求精			
		诚实守信勤俭节约	实事求是，勇于探索；严格遵守操作规范和劳动纪律			

服务劳动

服务劳动教育让学生利用知识、技能等为他人和社会提供服务，在服务性岗位上见习、实习，树立服务意识，提高服务技能，在公益劳动、志愿服务中强化社会责任感。

低年级：以班级生活为主要内容，开展劳动教育，注重培养劳动意识和劳动安全意识，使学生懂得人人都要劳动，感知劳动乐趣，爱惜劳动成果。指导学生参与适当的班级集体劳动，主动维护教室内外环境卫生等，培养集体荣誉感；照顾身边的动植物，关爱生命，热爱自然。

中高年级：以校园劳动和社区劳动为主要内容开展劳动教育，体会劳动光荣，尊重普通劳动者，初步养成热爱劳动、热爱生活的态度。指导学生参加校园卫生保洁、垃圾分类处理、绿化美化等，适当参加社区环保、公共卫生等力所能及的公益劳动，增强公共服务意识。

服务劳动对应的板块：低年级为班级管理，中年级为校园服务，高年级为岗位体验。

- 一年级班级管理

上：教室清洁换新颜——清洁工具的认识、擦黑板、擦桌子、扫地、擦地

下：班级环境我布置——教室桌椅摆放、书桌洞改造、窗台文化、班级卫生角的建设

- 二年级班级管理

上：班级文化巧设计——班徽、班训、班规的设计，文化墙的设计，标题制作，相框制作，班会的组织

下：班级事务小管家——班级生活委员、班级小班长、班级卫生委员、班级学习委员、班级文娱委员、班级体育委员

- 三年级校园服务

上：图书阅读我服务——图书馆新书登记、班级图书登记、修补图书、图书管理员、图书归位整理摆放、家庭书柜整理

下：校园文明志愿者——志愿者服务流程、帮扶志愿者、文明导行岗、失物招领岗、午餐监督岗、午休管理岗等纪律和卫生监督、校园日常活动管理

- 四年级校园服务

上：我的校园我做主——美工刀的使用、校园标牌的制作、校园导游词撰写、校园小导游

下：我为校园添光彩——校园垃圾分类、擦玻璃、螺丝刀的使用、锤子的使用、校园设施维护

- 五年级岗位体验

上：家用电器维护员——安全用电常识、电视机的维护与保养、冰箱的维护与保养、空调的维护与保养、吸尘器的维护与保养

下：小小健康护理员——我会使用常用药、创意制作小药箱、家人生病我守护、不良习惯我纠正、家人情绪我调整

- 六年级岗位体验

上：理财记账我当家——常用物品的购买、理财（记账、储蓄）、当家体验

下：社区清洁环卫员——清除工具的使用、清除小招贴、撰写建议书、给小招贴安家

活动主题：教室清洁换新颜（一年级上学期）

主题说明

本主题是一年级上学期的活动内容，属于服务劳动范畴。通过教室清洁问题引发学生的思考：教室是我们共同学习的地方，好的环境能让我们心情舒畅，更好地学习。确立了目标，学生通过上网、向他人请教的方式进行学习，掌握了扫地、擦地、擦黑板等基本的劳动技能，知道了多种清洁方法。通过共同清洁教室的活动，培养爱劳动的意识，树立了集体劳动的观念，体验到了团结合作带来的快乐。

活动目标

- 认知目标

1. 认识常见的清洁工具，并会正确选择。
2. 能够根据清洁任务的多少进行合理的规划和分工。
3. 通过学习、实践、反思和交流等方式，掌握扫地、擦地、擦黑板、擦桌椅、拖地等基本劳动技能。
4. 通过主题活动制定清洁教室的标准，探究清洁教室的方法。
5. 探讨合理的教室清洁规划方法和分工。

- 行为目标

1. 通过上网、看视频、请教家长等多种途径进行学习。
2. 学习正确地使用、收放清洁工具。
3. 通过本次实践活动，掌握扫地、擦地、擦桌子等基本劳动技能。
4. 通过实践活动中的交流合作，理解分工合作的方法，懂得服从分配、团结合作对整个任务的重要性。
5. 在实践活动中明确自己的任务，并能够认真完成，体验个人任务和整体任务的关系。
6. 在实践活动中总结劳动技巧和劳动经验。

- 情意目标

1. 通过与同学共同完成清洁教室的任务，感受劳动带来的成就感和快乐感。
2. 通过共同完成集体任务，树立责任意识、集体意识，激发对集体的热爱之情。
3. 通过参加集体劳动体验到劳动的辛苦，懂得珍惜他人的劳动，培养爱劳动的情感。

活动规划

表49是教室清洁换新颜的活动规划。

表49　教室清洁换新颜的活动规划

活动流程	活动内容	活动方式	课时及场地	活动目标
明需要	1.讨论：怎样清扫教室才能得到卫生班级的称号呢？引出本次活动的目的——清洁教室。 2.根据评比的要求，制定如下清洁标准。 （1）窗台：无物品、无灰尘。 （2）桌椅：整齐、无灰尘。 （3）讲桌：物品摆放整齐、无灰尘。 （4）黑板：无字迹、无灰尘、粉笔槽无灰尘。 （5）地面：无灰尘	讨论	1课时 教室	认知目标 1
学本领	1.认识各种清洁工具，选择适合自己的工具，学习正确的使用方法。 2.通过观看视频或向家长、同学学习等方式掌握扫地、擦桌椅、擦黑板、擦地的基本技能。 3.通过同学间的练一练、比一比，交流学习各种劳动技能，总结经验。 4.学习几种常见污渍的清洁方法。 5.学习清洁用品的收放方法	视频、向家长、同学学习	3课时 教室 家中	认知目标 3、4、5 行为目标 1、2、3、4、5、6
巧实践	学做值日生： 1.小组内策划一次班级的清洁活动。针对不同的清洁任务来规划人数的分配，根据个人意愿和能力进行活动方案的制定。 2.清楚自己的任务，用学到的清洁方法进行清洁工作。 3.请卫生清洁员负责最后的检查。 4.召开班会"我是清洁小能手"，分享清洁的经验和故事，评选清洁能手	实际操作	1课时 教室 家中	认知目标 2、3、4、5 行为目标 1、2、3、4、5 情意目标 1、2、3
乐反思	1.完成劳动记录单。 2.请负责卫生评比的老师检查班级清洁是否达到标准，明确不足之处，讨论改进的方法	讨论	1课时 学校	情意目标 1、2、3

任务规程

● 任务一：清洁工具的认识

【认识清洁工具】

1.扫帚：高粱扫帚、塑料扫帚用于室内清扫，竹枝扫帚用于室外清扫。

2.撮子：用于撮起垃圾的保洁工具，有塑料和铁质两种。

3.垃圾袋、垃圾桶：用来盛放垃圾，有大小、薄厚、颜色的区别。

4.拖把。

（1）棉布拖把：用布条或棉纱安装在手柄上制成，是用于室内地面清洗工作的保洁工具。缺点是拖地太湿，不易干。

（2）海绵拖把：干净不留水渍，地板用海绵拖把最好。

（3）平板拖把：可以用来夹抹布，干湿可控，用手清洗，适合光滑地面。

5.挤水器、清洗桶：与拖把配套使用，用于清洗室内地面。

6.水盆：用于盛放水，清洗抹布。

7.清洁剂：洗衣粉（液）、去污粉、洗洁精、小苏打。

8.抹布：纯棉的吸水性很好，另外还有超细纤维的、百洁布的。

9.钢丝球：清理一些油污、涂料、胶等顽固污渍。

10.手套：防止手划伤和被污染。

【清洁用品使用标准】

1. 扫帚：根据清扫任务选择合适的扫帚，将地面较大碎片和杂物清扫到指定位置。

2. 撮子：能和扫帚配合使用撮起集中的垃圾，然后倒入垃圾容器内。

3. 垃圾袋、垃圾桶：根据垃圾种类的不同，采用合适的垃圾桶或垃圾袋，装上垃圾后包好，不能洒漏。

4. 拖把：一年级的学生建议使用海绵拖把和平板拖把，使用前后要在清洗桶内清洗干净。

5. 清洗桶：清洗桶内清洗拖布要及时换水。使用后清洗桶要保持干燥。

6. 水盆：建议盛一半量的水，过多容易洒到地上、衣服上。

7. 清洁剂：能够根据物品脏的程度选择正确的清洁剂以及用量。

8. 抹布：

（1）能够选择合适的抹布，使用抹布时要平铺在物体表面，用单层或双层擦洗。

（2）抹布在使用后要清洗干净，如果很脏应放一些洗衣粉，用力搓洗，然后再用清水反复冲洗直到水干净无泡沫为止。

（3）从水中拿出抹布后，拧干晾在挂钩上备用。

9. 钢丝球和手套：知道什么时候使用，注意安全。

【清洁用品使用技巧】

1. 扫帚、撮子、垃圾袋、垃圾桶都是用来清扫垃圾的，可以摆放在一起，方便拿取。建议垃圾桶或垃圾袋分类装垃圾。

2. 大的垃圾直接放进垃圾袋，小的垃圾可以多次扫进撮子，装满一起倒。

3. 建议低年级使用平板拖把，可以多准备几块替换的抹布，用后一起清洗。

4. 遇到难洗的污渍可以将清洁剂直接倒在地面上，再用抹布擦。

5. 抹布建议使用超细纤维的抹布，因为它不掉毛，好清洗，好晾晒。

6. 如果清洁表面坚硬物品上的脏东西，可以选择钢丝球加清洁剂，要戴手套。

● 任务二：擦黑板

【擦黑板的程序】

1. 擦黑板前，如果黑板上有粘贴物要先去掉。胶印可以用醋或者橡皮擦去掉。

2. 先用黑板擦或抹布（干湿都可以）将黑板上的字擦去。

3. 用清水将抹布清洗拧干后，上下或左右擦干净。

4. 如果中途抹布上的水干了，再重复将抹布洗净拧干直到擦完。

5. 黑板擦一遍后会有白色的印记，通常要擦 2~3 遍，直到没有白色印记为止。

6. 黑板槽和边框也要擦洗干净。

7. 将抹布清洗干净叠放在指定位置，盆里换清水备用。

【擦黑板的标准】

1. 黑板及边框擦后没有白色的粉笔印记。

2. 黑板槽内没有粉笔和灰尘。

3. 抹布清洗干净后放回原位。

【擦黑板的技巧】

1. 擦黑板的抹布每一次都要洗干净再擦。

2. 擦第一遍的抹布可以偏湿一些，擦第2或第3遍抹布偏干一些。

3. 最后可以用干抹布再擦一遍。

● 任务三：扫地

【扫地程序】

1. 准备：扫帚、撮子。

2. 将地上大的垃圾捡起直接扔到垃圾桶。

3. 用扫帚将灰尘沿着一个方向扫成一堆（从前往后，或从后往前，或从四周向中间），再扫进撮子倒入垃圾桶。

4. 把扫帚撮子冲洗干净，垃圾桶或垃圾袋倒干净，摆放回原位。

【扫地标准】

1. 程序正确。

2. 地面没有土和杂物。

3. 清扫工具摆放整齐。

【扫地技巧】

1. 如果面积大，可以分块清扫。将每一块地方的垃圾堆在一起，最后清理。

2. 地面灰尘过多可以洒点水，或用湿抹布包上扫帚。

3. 用尼龙袜缠在扫帚上可以吸附头发。

4. 扫地的力气不要过大，避免灰尘乱飞。

● 任务四：擦地

【擦地程序】

1. 先观察地面的情况，如果个别地方脏，先用洗衣粉（清洁剂）擦干净；如果整体脏就用洗衣粉（清洁剂）擦一遍。

2. 将拖布用清水洗干净，拧干。

3. 从一个方向开始，一下一下挨着擦，直到整个地面擦完。

4. 最后将四周的墙角擦干净。

5. 通常要擦2～3遍。最后一遍可以选择干的拖布，这样地面不会留水渍。

6. 擦后教室保持通风，地面干后可以使用。

7. 拖布清洗干净，晾干。水桶清洗干净，放回原位。

【擦地标准】

1. 擦地程序正确。

2. 地面、墙角、边缝没有杂物、灰尘、印记。

3. 清洁物品摆放整齐。

【擦地技巧】

1. 根据地面选择合适的拖布。
2. 第一遍擦地面的拖布偏湿一些。
3. 清洁剂的用量不宜过多，以免后面的清洗麻烦。
4. 擦第 2～3 遍时，拖布偏干些。
5. 拖布每次使用后都要用清水洗干净。

评价指标

本主题评价主体为学生本人、伙伴、教师和家长，可依据下面的评价指标进行评价（表50）。

表50　教师清新换新颜评价指标

核心素养	一级指标	二级指标	表现标准	评价等级
劳动观念	价值认识	对劳动社会价值的认识	参加集体劳动，感受集体劳动的快乐和意义	★★★★★
		对劳动个人价值的认识	通过劳动认识到自己的价值	★★★★★
	尊重劳动	对劳动者的尊重	通过他人和自己的劳动，懂得尊重他人、帮助他人	★★★★★
		对劳动成果的尊重	注意保持卫生，珍惜他人的劳动成果	★★★★★
劳动能力	淬炼操作	操作思路	1. 明确清洁的标准。 2. 认识清洁用具，知道使用的方法。 3. 主动学习清洁技能。 4. 根据清洁任务制定清洁方案。 5. 根据活动方案完成教室清洁活动。 6. 总结清洁教室的技能和经验	★★★★★
		技能要领	掌握常见基本技能要领。 1. 掌握清洁工具的使用方法。 2. 清洁卫生有顺序。 3. 掌握去除污渍的方法	★★★★★
		问题解决	1. 通过观看视频或向他人学习等多种方式学习清洁的方法和技能。 2. 能够明确清洁的标准，用学到的清洁方法达到目的。 3. 能够根据清洁的任务和范围进行合理的规划，并合理分配人数	★★★★★
	操作精度	任务完成	能够根据清洁标准完成清洁教室的任务。 1. 能够运用学到的清洁方法将窗台、讲桌、座椅、黑板、地面等擦干净。 2. 能够正确使用清洁用品，用后归放原位	★★★★★
		不断优化	能不断探究好方法，做到更快、更干净、更亮	★★★★★
劳动精神	劳动者至上	劳模精神	能在劳动中认真完成任务，不怕苦和累；主动帮助他人，有集体荣誉感	★★★★★
		工匠精神	能够认真做好清洁工作，达到规定的清洁标准，甚至超出清洁标准	★★★★★
	劳动过程伟大	勤俭奉献	在班级的劳动中能够主动带头，主动选择难的任务，积极帮助他人完成任务	★★★★★
		开拓创新	能够根据所学的方法完成同类的劳动任务	★★★★★

续 表

核心素养	一级指标	二级指标	表现标准	评价等级
劳动习惯和品质	劳动习惯	自觉自愿	能积极主动地参与班级的劳动，愿意为他人和自己服务	★★★★★
		坚持不懈	对自己的任务有责任心，坚持完成自己的任务，不怕苦，不怕累	★★★★★
	劳动品质	安全规范	能够在劳动中正确、安全地使用用具，注意保护自己和他人不受伤	★★★★★
		认真负责	能够按照所学的清洁方法完成任务，达到清洁标准	★★★★★

活动主题：班级环境我布置（一年级下学期）

主题说明

本主题是一年级下学期的活动内容，属于服务劳动范畴，通过教室环境我布置的主题设计，引导学生在合理地规划布置教室环境的过程中，充分发挥学生的主体积极性，让学生观察了解班级，掌握自己动手布置教室的技巧和方法，通过书桌摆放和改造、窗台布置、班级卫生角设计等，提升创造美和审美的能力，养成互助合作的精神。

活动目标

● 认知目标

1. 认识到教室环境是靠大家共同营造的，能自觉爱护。
2. 学会一些班级布置的技巧和方法。
3. 通过学习优秀成果，知道装扮教室要做到特色鲜明、布局合理、色彩和谐。
4. 精设计，巧构思，教室规划尽显文化气息。
5. 充分发挥学生的主体性、主动性、积极性，全力打造"最美教室"。

● 行为目标

1. 掌握一些参与班级环境创设的技能，具有善于观察的品质。
2. 能够根据班级的实际需要掌握布置教室的基本方法和要领。
3. 通过小组合作设计班级文化环境，增强团队意识，提高动手能力。
4. 能围绕班级角落设计活动大胆设想，广泛交流。
5. 通过班级布置建立主人翁意识，养成爱劳动的好习惯。
6. 积极参与美化教室环境的活动，热爱班级，增强团结合作的能力和集体荣誉感。
7. 在完成集体任务的过程中，学会尝试用不同的方式、方法为班集体服务，提高实践能力和责任意识。

● 情意目标

1. 学会团结合作，共同协商完成任务。

2. 提升个人审美能力、创新能力。

3. 感受到教室是自己生活和成长的重要空间，是自己又一个温暖的家。

4. 通过班级布置活动，共同完成活动任务中的实际问题，积累经验，增强主人翁意识，喜欢集体生活。

5. 利用有限的教室空间，充分发挥想象力，精心设计，整体布局，用心制作，营造最美的学习场所。

6. 通过规划教室的布置，体现全班同学的良好素质与优秀的组织能力。

7. 班级的文化建设与班内的每一个同学息息相关，要积极维护好班级荣誉，形成主人翁意识与良好的卫生习惯。

活动规划

表 51 是班级环境我布置的活动规划。

表 51 班级环境我布置活动规划

活动流程	活动内容	活动方式	课时及场地	活动目标
明需要	1. 开展"班级是我家"活动，班级都有啥（观察了解班级都有什么）。 2. 我能做点啥（发现哪些地方需要改进）。 3. "金点子"卡片（对班级布置方案提出合理化建议）	小组讨论 探究交流	1课时 教室	认知目标 1 行为目标 1 情意目标 1、2
学本领	1. 对不同形式的桌椅摆放方案的优缺点进行研究，如秧苗式布局、U 型布局等。 2. 书桌洞规划：如何解决同学们从书桌洞拿取物品时容易散落一地的问题？ 3. 窗台布置：如何布置？要注意什么？ 4. 改造班级卫生角：计划去哪些班级考察。观察哪些方面？如何做记录？	资料收集 小组探究 实地调查	3课时 教室	认知目标 2、3、4 行为目标 2、3 情意目标 5、6
巧实践	整体设计，提出设计方案，进行讨论、评比，选定最佳方案，予以实施。 1. 布置各项具体任务，注意发挥同学的特长。 2. 书桌洞改造。 3. 布置窗台。 4. 班级卫生角建设	动手实践	3课时 教室	行为目标 5、6、7 情意目标 7
乐反思	1. 整理劳动记录单。 2. 展示成果，交流收获。 3. 总结评价	展示 交流	1课时 教室	行为目标 3、4 情意目标 3、4

任务规程

- 任务一：教室桌椅摆放

【桌椅摆放程序】

1. 摆放桌椅要以不遮挡视线为宜。

2. 教室最前方的桌椅距离黑板和电子投影至少 2 米远，第一排靠墙的同学的视线和黑板的夹角不小于 30°，距离墙壁 5 厘米以上。

3. 可以将教室地砖边线等作为参照物，调整桌椅位置。

4. 同学短时间离开座位时，要保证桌面整洁，椅子统一放置到书桌底下。

5. 同学长时间离开座位时，要清空桌面，将椅子统一反扣到桌子上。
6. 根据班级活动的具体需要，灵活、及时地更换班级桌椅摆放方式。

【桌椅摆放技巧】
1. 传统的秧苗式桌椅摆放方式：免于同学之间互相干扰，还能为大家提供独立学习和思考的空间。
2. U型桌椅摆放方式：这种摆放方式更有利于教师和同学面对面交流。
3. 小组围圈式摆放方式：这种方式有利于小组间的交流，同时给予每一个人安全、舒适的空间进行自我表达，使每个同学的声音都可以被听到。

【桌椅摆放评价标准】
1. 能将桌椅摆放得"齐、洁、美"，即整齐划一、干净整洁、美观和谐。
2. 桌椅摆放符合教室基本情况，有利于学习。
3. 能主动保持桌椅的整齐。

● 任务二：书桌洞改造

【书桌收纳盒制作程序】
1. 准备：透明胶、两面胶、美工刀、剪刀、铅笔、直尺。
2. 设计框架：根据需求设定框架，如是做一个书桌文具杂物收纳盒还是做一个书本收纳盒等。物品尺寸参考：铅笔15厘米，书本长26厘米、宽19厘米。
3. 设计尺寸：一般是根据所要收纳的物品大小定尺寸，选择合适的改造物品，或根据框架做出设计图。
4. 选择材料：根据经济性、实用性、持久性、美观、易加工等因素选择制作材料，如筷子、鞋盒、木板、废弃瓶子等。
5. 加工制作：选择合适的工具，根据设计图纸将材料裁出来；常见的工具有美工刀、剪刀等；最后用透明胶、双面胶等进行组装、黏合。
6. 美化成品：可以在收纳盒上画一些可爱的图案。

【书桌收纳盒制作评价标准】
1. 收纳盒大小要根据书桌实际大小来设计。
2. 收纳盒平整、美观。
3. 收纳盒结实耐用。

【书桌收纳盒制作技巧】
1. 根据制作的具体情况选择合适的黏合工具：透明胶、胶棒、双面胶。
2. 制作时胶棒涂抹的量要合适。
3. 操作中黏合的手法要稳和快。

● 任务三：窗台文化

【教室窗台布置程序】
1. 在窗台上摆放盆栽和装饰物时，要以不影响室内采光和开窗通风为原则。
2. 可利用窗台的空间进行小规模的种植，也可以摆放一些来自大自然的各种标本，以及用各种植物的种子和果实制作而成的手工品。

3. 根据不同的季节和不同的节日布置窗台。

【教室窗台布置标准】

1. 植物盆栽和学生作品等摆放不杂乱、美观、有序。
2. 窗台物品的摆放不影响采光和通风。
3. 窗台布置不仅能美化环境还能供同学们观察学习。
4. 张贴、陈列物应摆在教室的后方，窗台和窗台四周切勿张贴、陈列一些太显眼的东西，以免分散同学们的注意力。
5. 窗台两侧墙壁上张贴或悬挂各种条幅、标语等，不仅要求端正，注意高度适中，还必须牢固结实，稳妥安全。
6. 教室内的常备用具，如雨具、小黑板、清扫工具等，应分类集中，放之有序，避免放在窗台上或暖气缝儿里，显得杂乱无章。

【教室窗台布置技巧】

1. 根据教室的采光情况选择合适的绿植。适合在教室里面养的盆栽有绿萝、文竹、芦荟、虎皮兰、吊兰、生石花、铜钱草或者长寿花等。
2. 尽量避免种植带刺的小盆栽，以免将人扎伤。
3. 每学期布置一次，也可以在重大节日、教育活动时进行更换。

- **任务四：班级卫生角的建设**

【卫生角布置程序】

1. 在教室的角落里，用彩纸贴上颜色鲜艳的"卫生角"字样。
2. 角落里，放上一个储物架、大大小小的盆子、撮子、水桶之类，位置摆放适当。
3. 储物架旁边整整齐齐地摆放好水桶。
4. 在墙上固定一排结实点的钩子。
5. 大的垃圾桶落地摆放，垃圾袋随时更换。
6. 抹布、铲子等工具摆放整齐，注意安全。

【卫生角布置评价标准】

1. 卫生角是否随时保持整齐美观。
2. 是否合理地利用了空间。
3. 为完善卫生角提出宝贵意见。
4. 能体现自己班级的布置特色。

【卫生角布置技巧】

1. 可以张贴呼吁同学们爱护卫生的宣传标语。
2. 可以制定班级卫生管理制度。
3. 储物架最上层可以摆放一盆花卉。

评价指标

本主题评价主体为学生本人、伙伴、教师和家长，可依据下面的评价指标进行评价（达到标准的为"优秀",基本达到的为"良好",不能达到的为"加油")(表52)。

表52 班级环境我布置评价指标

一级指标	二级指标	主要描述	表现标准	评价等级		
				优秀	良好	加油
劳动观念	认识劳动	对劳动社会价值的认识	认识到班级是大家共同营造的生活学习环境,能积极热情地投入到美化布置活动中			
		对劳动个人价值的认识	感受到布置美化班级给自己和他人带来的价值与幸福			
	尊重劳动	对劳动者的尊重	尊重他人和自己的劳动			
		对劳动成果的尊重	能自觉更换班级布置,并长久地维护教室环境			
	崇尚劳动	劳动情感和态度	感受到积极投身于班级环境美化布置活动的乐趣			
劳动能力	劳动知识	基础知识	1. 掌握教室桌椅布置技巧。 2. 掌握书桌洞收纳改造的相关知识和技能。 3. 布置美化教室环境,掌握窗台布置的方法和技巧。 4. 班级卫生角的设计合理			
		操作方法	掌握书桌收纳盒制作、窗台布置、卫生角布置的程序			
	劳动技能	技能要领	掌握教室布置的基本技能要领。 1. 桌椅摆放整齐划一、干净整洁、美观和谐。 2. 窗台文化符合小学生的特点,充满绿色,生机勃勃。 3. 收纳盒的空间划分、杂物摆放、资料规整都要精心设计。 4. 卫生角要分区合理,美观整洁			
		任务完成	能够根据需要完成任务,并且熟练掌握技能。 1. 根据活动所需,进行课桌椅的摆放布置。 2. 自己动手养护、培育绿色植物,装扮温馨生态教室。 3. 能够设计合理、美观的书桌收纳盒			
	劳动创造	问题解决	1. 能够根据班级实际需要,掌握布置教室的基本方法和要领。 2. 根据书桌的大小设计收纳盒,并完成制作。 3. 根据班级教室的朝向和窗台的宽窄,选择摆放合适的花卉			
		不断优化	能通过实践操作找到更优化的方法,掌握更多技巧,使班级真正成为学习的乐园			
劳动习惯和品质	劳动习惯	自觉主动坚持不懈	1. 能积极主动地参与劳动,愿意为他人和自己服务。 2. 能安全长久地参与一两项空间布置美化方面的劳动			
		安全规范注重效率	始终把安全放在第一位,布置和改造物品时能注意剪刀等的安全使用,戴一次性手套等,能规范、安全、有效地进行相关的劳动			
	劳动品质	吃苦耐劳艰苦奋斗	1. 能在布置教室时不怕苦、不怕累、亲力亲为,有奉献精神。 2. 班级布置劳动能够有始有终,劳动结束后能时刻整理保持等,养成自觉维护劳动成果的好习惯			
		诚实守信勤俭节约	会将塑料瓶制作成花盆,纸壳箱改造成收纳盒,旧物利用,节约资源			

163

活动主题：班级文化巧设计（二年级上学期）

✎ 主题说明

本主题是二年级上学期的活动内容，属于服务劳动范畴。通过体验创设班级环境项目的实践活动，引导学生在班级环境布置的过程中，掌握设计班级环境（包括物质环境和精神环境）的技能。能够根据班级班风选择合适的项目（班训、班规、展板）布置班级，并且会用绘画、剪贴等多种方法进行布置。通过参与班级环境的布置，使学生懂得珍惜班级荣誉，懂得好的班级环境要靠大家一起动手动脑，共同努力才能创建出来。

✎ 活动目标

- 认知目标

1. 通过本次活动，主动探究营造班级环境的意义。
2. 知道班级环境包含的内容，与同学、老师交流学习多种创设班级环境的方法。
3. 知道班级环境是要靠大家共同来打造和维护。
4. 在参加集体活动中，要学会规划、分工、合作。
5. 知道开班会的要领以及步骤。

- 行为目标

1. 能够与同学商量找到班级的不足之处，制定合适的班徽、班训、班规。
2. 在制作展板的过程中，能够掌握基本的相框、标题的制作方法。
3. 能够在上网收集资料的过程中总结设计的方法，大胆学习和制作班级的展板。
4. 能够合理地使用废旧材料，进行展板的创作。

- 情意目标

1. 在榜样激励、评价与反思中体会班级环境的重要性，体会到共同营造班级环境的这种劳动精神。
2. 感受到劳动带来的收获，体验到共同劳动的快乐。
3. 在与同学们共同劳动的过程中，体验到分享、帮助、担当，获得自豪感和成就感。

活动规划

表53是班级文化巧设计的活动规划。

表53 班级文化巧设计活动规划

活动流程	活动内容	活动方式	课时及场地	活动目标
明需要	1.带领学生参观优秀的班级。学生讨论：优秀班级哪些地方优秀呢？如班训、文化墙、评比台、荣誉墙、卫生等，分析和讨论后总结如下： （1）班级的环境优美整洁。 （2）班级的班风积极向上。 2.考察班级环境：班级、卫生、布置。 3.采访优秀班级同学、老师，谈谈形成良好班风的办法。 4.总结考察和采访的结果，确定班级需要改建的方面，如班训班规、评比台、展板、教室摆放、班级卫生。 5.组建活动小组，确定学习的目的，共同完成班级变身行动	资料搜集 探究设计	2课时 教室 家中 学校 教室	认知目标1 情意目标1
学本领	班徽：是一个班级的标志，象征着一个班级团结一心。 班训：是同学对未来发展的一种希望。 班规：是班级的制度，对学生有约束力。 与同学和老师一起商定班训和班规。 展板：用来展现班级同学的风采，引领同学们向榜样学习等。 班会：通常围绕一个教育主题，结合班级、学校的要求开展	技能学习 实践探究	2课时 劳动教室 家中	认知目标2、3 行为目标1、2
巧实践	班级布置。 1.组建活动小组，根据小组同学的意愿选择需要布置的内容（班训、班规、评比台、班级文化展板等）。 2.小组制订活动方案，确定每个人的任务和分工。 3.通过上网查询、阅读书籍等方式进行资料的收集。 4.将所需的物品在班级内提出，班级同学自愿捐献物品。 5.完成本小组的活动。 6.参观各个小组的劳动成果，分享经验，互相学习。 开班会。 1.班长与老师商定召开班会的时间和内容。 2.班委会的成员策划班会召开的活动方案。 3.分活动小组完成活动方案中不同的任务。 4.每个活动小组制定小组活动方案，完成本组任务。 5.约定时间进行班会的彩排，请老师或家长进行指导。 6.修改彩排活动中不完善的地方。 7.确定正式的时间完成班会	社会服务	4课时 学校操场 家中	行为目标2、3 情意目标2、3
乐反思	1.请老师和家长来参观班级和班会，听取他们的意见。 2.评选班级监督员维护班级环境，提醒同学们注意平时的行为。 3.评选学习标兵、卫生小达人等，确定学习的榜样。 4.班级故事分享，让同学们了解遇到困难时解决的方法	展示交流 活动总结	2课时 学校	情意目标1

任务过程

● 任务一：文化墙的设计

【文化墙制作程序】

1.准备工作：准备好材料和工具，包括彩纸、彩笔、剪刀、墙贴、双面胶、废旧材料等。请家长帮助在网上收集文化墙素材或者参观其他班级的文化墙，学习制作的方法。

2.构思内容，制定方案。

（1）不同年级，不同主题：班级文化墙的布置要注意班级学生的年龄和知识水平，根据不同的年级，文化墙的主题和内容应有所不同。低年级的班级，侧重行为习惯内容；中年纪的班级，侧重树立良好的品德修养；高年级的班级，侧重创造能力的培养。

（2）不同时间，不同方向：文化墙的内容是与社会时事、学校要求、班级的生活密切相关的，如开学时可以是假期见闻的分享，雷锋日学习雷锋，端午节侧重民族文化等

（3）学生原创，展示自我：大胆展示自己的才华，体验设计的乐趣，增加归属感。

3.形式多样。照片墙、吐槽墙、涂鸦墙、作品展示墙、随笔墙、评比台等。

4.创意设计。

（1）风格多样：卡通型、故事型、板报型、传统文化型等。

（2）制作方法：绘画、纸艺、墙贴等。

（3）具有美感：色彩美、整体美。

5.开始制作：小组合作，用学到的方法制作文化墙。

【文化墙评价标准】

1.能够根据学校的要求和班级的需要选择合适的内容来设计文化墙。

2.能够通过文化墙展现班级同学的风采，激励学生努力学习。

3.根据文化墙的内容选择合适的装饰风格。

4.能够用自己擅长的制作方法进行文化墙的制作。

5.具有美感，色彩搭配合适。

【文化墙制作技巧】

1.文化墙设计可以根据教室的具体情况提出一个或者多个方案。如果只能选一个又要体现多个内容，可以进行板块分割，设计不同的内容。

2.要先根据主题选择合适的内容，可以让家长帮助找资料。

3.可以买些墙贴进行装饰，或者将旧书上的图画剪下来进行装饰。

4.色彩的选择以一种主色为主，其他颜色用它的同色系。

5.装饰图案一般放在墙的四角或者周围，除非不同板块间需要区分，需要进行装饰。

6.可以用铅笔在文化墙上简单画出设计草图。

7.如果有文字可以先在纸上写好或者打印出来再贴到墙上。

● 任务二：班会的组织

【班会组织的程序】

1. 确定主题：根据学习、班级中出现的问题，确定主题。
2. 活动目的：根据主题确定，围绕主题提出。
3. 活动准备。
（1）收集与主题班会相关的资料，如网上资料、视频、调查采访资料等。
（2）确定类型：指导学习类、思想教育类、生活指导类、审美娱乐类。
（3）确定形式：座谈、讲故事、参观学习、报告会。
（4）确定主持人，编写发言稿、节目单。
（5）编排班会过程，制作PPT，布置会场。
（6）邀请嘉宾。
4. 活动步骤。
（1）主持人开场，活动开始。
（2）观看节目、视频等进行学习。
（3）分组讨论后发言。
（4）低年级由班主任总结，高年级可以由同学总结。
（5）宣布活动结束。

【班会组织的评价标准】

1. 主题名称符合要求，新颖明确。
2. 主题目的具体，符合要求，每次只提出一个目的。
3. 活动准备全面，有条理，从实际出发，精心构思，全员参与。
4. 活动过程步骤清楚，环节连贯。
5. 以学生为主，老师为辅，能够达到体现主题目的的效果。

【班会组织的技巧】

1. 根据主题目标在书中或网上找一些故事、快板等小节目分给不同的同学负责。
2. 可以请家长帮助编排一些小节目。
3. 召开班会前要进行1～3次彩排，根据实际情况做适当调整。
4. 班会的讨论环节，可以小组内讨论，推送代表发言。
5. 班会的小结可以请同学提前写好稿子，做最后的总结。

评价指标

本主题评价主体为学生本人、伙伴、教师、家长，可依据下面的评价指标进行评价（表54）。

表54 班级文化巧设计评价指标

核心素养	一级指标	二级指标	表现标准	评价等级
劳动观念	价值认识	对劳动社会价值的认识	认识到班级环境在学生生活中的重要作用	★★★★★
		对劳动个人价值的认识	对于参与班级环境的布置有自豪感，有存在感，体现自身价值	★★★★★
	尊重劳动	对劳动者的尊重	自己和同学在劳动过程中互相学习，对他人产生敬佩和尊重之情	★★★★★
		对劳动成果的尊重	在互相欣赏劳动成果中，产生珍惜、尊重他人的劳动成果	★★★★★
劳动能力	淬炼操作	操作思路	1. 通过观察优秀班级总结打造优秀环境的方法。 2. 初步掌握制定班徽、文化墙和组织班会的方法	★★★★★
		技能要领	同学交流学习方法和技能	★★★★★
	技能运用	练习时长	根据要求或者每2～3周进行一次操作	★★★★★
		问题解决	1. 搜集资料，向范例学习。 2. 在实践操作中看效果，找不足，不怕失败，大胆尝试	★★★★★
	操作精度	任务完成	1. 通过多次重复操作，找到失败与成功的原因。 2. 展板、班会活动得到老师和同学的认可	★★★★★
		不断优化	展板的内容和设计更加有指导性，更加美观	★★★★★
劳动精神	劳动者至上	劳模精神	能在制作时想办法、讲方法，能够不怕失败，大胆尝试新的做法，懂得与他人进行交流合作，共同完成任务	★★★★★
		工匠精神	能够细致、认真地完成制作，不怕失败	★★★★★
	劳动过程伟大	勤俭奉献	能够主动带材料、工具，创设展板，营造好的环境	★★★★★
		开拓创新	能够根据具体问题创造性地解决问题，创设良好的班级环境	★★★★★
劳动习惯和品质	劳动习惯	自觉自愿	能够积极主动地参与到布置班级环境活动中	★★★★★
		坚持不懈	能够认真地完成自己的工作，想办法，有不达目的不罢休的精神	★★★★★
	劳动品质	安全规范	正确使用制作工具，注意安全，用后能够收放原位，保持卫生	★★★★★
		认真负责	能够专注于自己的任务，有责任心	★★★★★

活动主题：班级事务小管家（二年级下学期）

主题说明

本主题是二年级下学期的活动内容，属于服务劳动范畴，通过班级事务小管家的主题设计，推进班级精细化管理，引导学生在负责承担班级事务的过程中充分发挥自己的主体性，提高自主管理和解决问题的能力，积极承担自己的责任，为班级做一些力所能及的事情，树立主人翁意识，具有责任感，增强团队意识和协作精神。

活动目标

认知目标

1. 通过自己的亲身实践感受服务班级的辛苦和快乐。
2. 在实践活动中体会老师的辛苦。
3. 了解班级事务的类型。
4. 明白班级事务小管家的活动对象是班级、老师、同学。
5. 能在实践过程中肯定自己的能力和价值。
6. 认识到班级是每个人在学校的家,能热心班级事务,共同管理班级。

行为目标

1. 设立班级服务岗位,通过老师的指导,能承担至少一项班级事务。
2. 掌握一些处理班级事务的技能。
3. 能明晰自己的责任,自觉履行自己的职责。
4. 能够协商合作,公平选举,完成责任分配。
5. 在完成集体任务的过程中,学会尝试用不同的方式、方法为班集体服务,提高实践能力和责任意识。
6. 能用多种方式展示成果,向他人汇报自己的服务心得和经验。

情意目标

1. 感受身在班集体的幸福,感受老师的爱,爱班级、爱同学,学着更好地体谅和尊重老师,增强为班级服务的责任感和使命感。
2. 通过承担班级事务树立主人翁意识。
3. 形成积极、正确的观念,增强自信心。
4. 能坚持原则,遇事不慌,热心服务班集体。

活动规划

表55是班级事务小管家的活动规划。

表55 班级事务小管家活动规划。

活动流程	活动内容	活动方式	课时及场地	活动目标
明需要	1. 开展"班级事务小管家"活动,观察班级事务都有啥。 2. 了解班级事务管理的组成、分类。 3. 我能做点啥:梳理班级事务有哪些并分类,通过自愿申请和组长协调分配,落实到每个组员。 4. 填写"小管家"事务卡	小组讨论探究交流	1课时 教室	认知目标1、2 行为目标1 情意目标2
学本领	1. 整理班级事务,明确职责分工和细则。 2. 明确各项班级事务的具体任务和标准。 3. 研究确立班级干部岗位	小组探究交流	3课时 教室	认知目标3、4 行为目标2 情意目标1

续 表

活动流程	活动内容	活动方式	课时及场地	活动目标
巧实践	1. 分组合作，根据特长选择自己擅长的班级事务，小组商榷完成活动计划书。 2. 小组成员按照任务分配进行活动，服务班级和同学，按时到岗，认真负责。 3. 竞选班级干部	小组合作动手实践	3课时 教室	认知目标5、6 行为目标3、4 情意目标3
乐反思	1. 在尝试管理班级后，小组成员间充分讨论在事务管理中有哪些发现和感悟，整理劳动记录单。 2. 交流收获，分享心得和经验（可采用情景模拟、小短剧等形式）	展示交流	1课时 教室	行为目标5、6 情意目标4

任务规程

● 任务一：班级生活委员

【饮水机管理员的工作职责】

1. 能每天按时取水，满足班级师生正常饮水需求。
2. 监督其他同学不准随意乱动饮水设备。
3. 定期检查饮水机内是否有异物和异味。
4. 监督同学们自备饮水杯，自己负责消毒，不要使用玻璃杯。
5. 每天早自习前将饮水机通电，晚自习后关电。
6. 饮水机应放在离黑板较远的地方。
7. 保持饮水机外壳干净。
8. 饮水机有故障要立即停止使用，并及时向老师汇报。
9. 监督同学们饮水排队，有次序取水。

【清洗饮水机的程序】

1. 将饮水机的插头拔下后，取下饮水机顶部的盖儿。
2. 将饮水机底部的白色胶头取下，让内部的水完全排尽。
3. 将白色胶头插回原位，将清洁剂倒入饮水机内部并加入约4瓶矿泉水。
4. 将插头插上进行加热，到60 ℃左右关掉电源，拔下插头。
5. 插头拔下后，等待20分钟（让清洁剂充分浸泡饮水机内部），拔下白色胶头，将水排出。
6. 水排尽后插上胶头，倒入适量的水，插上电源烧热后将水排出，反复进行大约5次即可。
7. 再用牙刷对饮水机外部的污渍进行清洁后，饮水机的基本清洁步骤就完成了。

【评价标准】

1. 饮水机必须放在指定位置，严禁其他同学随意挪动。
2. 水桶的搬运和放置一定要小心，每次更换水桶时必须轻拿轻放，避免水桶和饮水机受损。
3. 做好饮水机的常规清洁工作，严禁往饮水机里放任何物质或挪作他用，保证饮水安全。
4. 在使用期间管理员时刻监管，以免发生丢失或人为损坏问题。
5. 饮水机上水桶无水时，要关闭电源，以免造成浪费或用电安全事故。
6. 严禁将饮用水当作普通生活用水使用，节约用水。

● **任务二：班级小班长**

【工作职责】

1. 负责上课、下课叫起立，管理"两操"。
2. 协助班主任管理班级，做班主任的得力助手。
3. 关注学校开展的各项活动，并协助班主任做好协调工作。
4. 处理同学之间的纠纷等，如遇不能解决的问题可向班主任请教。
5. 注意学校发布的各项通知、要求，做好记录，安排好这些工作的落实，并及时向班主任汇报。
6. 负责召开班委会，做好情况汇报。
7. 负责学校相关材料的领取与保管。
8. 放学前总结同学们一天的表现情况，及时公布班里发生的好人好事。

【评价标准】

1. 在负责班级事务过程中能认真负责、热心服务、坚持到底，不半途而废。
2. 坚持原则，遇到特殊情况能保持冷静，遇事不慌乱。
3. 能在活动过程中认真进行工作记录和交接。
4. 能以身作则、严于律己、办事公正。
5. 负责班级事务时，事无巨细，效率高。
6. 能支持、督促和检查其他班干部的工作开展情况，起到模范带头作用。

【注意事项】

1. 在服务班级之前可以预先计划好自己要负责的事项有哪些，要如何管理。
2. 服务班级时要摆正自己的位置，是班级的服务者而不是命令者。
3. 在服务班级时要注意细节，考虑问题要周到。
4. 履行职责期间，既要以表扬为主，也要敢于指出错误。
5. 随时记录班级管理中出现的问题，做好汇总和统计，遇到问题时找老师帮忙。

● **任务三：班级卫生委员**

【工作职责】

1. 每天督促同学们在座位上吃点心。
2. 负责班级卫生，协助班主任做好值日生安排。
3. 督促班级同学保持教室、走廊的卫生。
4. 在班长的协助下，于学期初安排班级每天的擦黑板、包干区、值日工作。
5. 与组长配合，检查每天各组的劳动情况，保持班级的卫生。
6. 安排人员完成学校交给的临时劳动任务。
7. 组织同学们参与学校组织的卫生检查，抓好教室及走廊卫生，搞好卫生检查评比工作，创建文明教室。

【评价标准】

1. 监督每天的值日生都能按时到岗，认真值日。
2. 时刻监督教室卫生情况，及时处理垃圾。

3. 指导"随时保持卫生"的检查、督促。
4. 随时检查课间的室内外卫生、桌椅摆放，并提醒大家注意保持。
5. 及时处理班上的突发性卫生事件。

● 任务四：班级学习委员

【工作职责】

1. 负责晨读领读，提前一天准备好晨读内容。
2. 利用课间负责收发同学们的作业本。
3. 监督全班同学上好每一堂课，检查同学们完成作业情况。
4. 及时了解学习上出现的好人好事、不良倾向，及时向班主任老师汇报。
5. 在老师和同学间担当信息传递的枢纽，定期向老师反映同学们的意见和要求。
6. 及时向老师汇报同学们学习中存在的疑难问题和班级的学习动态。
7. 成立班级学习小组，带动班级的学习风气，组织学习兴趣小组和开展各种有益于学习的活动，如学习经验交流会等，帮助同学提高学习效率。

【评价标准】

1. 学习成绩名列前茅，主动配合授课老师的教学，及时监督各科小组长收发作业。
2. 在班级中起模范带头作用，能在学习方面以严肃、认真、热情的态度感染和带动全班同学。
3. 树立全心全意为同学服务的思想，严格要求自己，尽职尽责完成本职工作，积极主动和同学们交流学习经验。
4. 负责"一帮一"活动，采取各种方式帮助学习上有困难的同学提高成绩。

● 任务五：班级文娱委员

【工作职责】

1. 协助音乐老师收发课本，安排音乐教室的座位。
2. 留意和了解同学们的音乐艺术特长，既方便安排文娱节目，也能让同学们的特长得到发挥。
3. 负责组织班级同学开展各项健康向上的文娱活动，组织参加学校和班级的各项文体活动，包括文艺晚会、"六一"儿童节文艺汇演等。
4. 以各种形式激发同学们的文艺兴趣，开展丰富的课外活动，组织动员同学们参加各级各类文艺表演。

【评价标准】

1. 能协助老师组织同学们编排文艺节目。
2. 能协助老师筹备举办有特色、有意义的文娱性主题班会、联欢会、节日晚会等。
3. 能积极组织和带领本班学生参加学校有关文艺方面的各种学习、培训、表演及竞赛活动。
4. 积极配合学校大队部安排的各项工作，保证班级文娱活动积极有效地开展。
5. 积极参加班委会议，在同学心目中树立威信。
6. 能注意提高自身文艺方面的素质，做一名合格的文娱委员。
7. 能在文艺比赛的时候有好的创意和想法。

● 任务五：班级体育委员

【工作职责】

1. 督促同学按时参加早操，每天负责全班早操的组织、集队、点名和领操。
2. 认真做好课间操的集合整队工作，督促同学做到快、静、齐。
3. 体育课时组织同学排队，协助体育教师上好体育课。
4. 组织全班同学积极参加各类体育活动，成立班级篮球队、足球队等。
5. 负责全班的体育工作，开展小型体育活动，组织班级体育比赛，丰富同学们的课余生活。
6. 负责升旗仪式、广播操、课外活动等集会集合的人数检查和整队。
7. 组织同学参加校运会等体育竞赛活动，负责抓好运动员的训练工作。
8. 负责保管、收发班级和学校的体育器材，借用的体育器材及时归还。
9. 负责学校运动会、课外体育活动以及各类比赛的宣传、报名、比赛等组织发动工作。
10. 组织领导全班同学参加学校的各项活动，搞好重大节日庆祝活动的集合整队。

【评价标准】

1. 能积极组织参与各项体育活动，协助做好各项后勤服务工作，督促同学们进行体育锻炼。
2. 能与其他班级干部密切配合，形成协调统一的班级管理共同体，促进班级文化的建设。
3. 能起到榜样带头作用，要求同学们做到的，自己首先要做到，而且要做得更好。

评价指标

本主题评价主体为学生本人、伙伴、教师和家长，可依据下面的评价指标进行评价（达到标准的为"优秀"，基本达到的为"良好"，不能达到的为"加油"）（表56）。

表56 班级事务小管家评价指标

一级指标	二级指标	主要描述	表现标准	评价等级			
				优秀	良好	加油
劳动观念	认识劳动	对劳动社会价值的认识	认识到班级是每个人在学校的家，能热心班级事务，见事做事，热爱班级			
		对劳动个人价值的认识	感受积极参与班级事务给自己和他人带来的的价值与幸福			
	尊重劳动	对劳动者的尊重	让尊重他人和自己的劳动成为一种习惯			
		对劳动成果的尊重	能自觉并长久地坚持维护班级秩序			
	崇尚劳动	劳动情感和态度	感受到积极参与班级事务的乐趣			

续 表

一级指标	二级指标	主要描述	表现标准	评价等级		
				优秀	良好	加油
劳动能力	劳动知识	基础知识	明确班级有哪些具体事务，设置相应的班级职务，掌握每一项服务工作的具体流程			
		操作方法	了解不同班级职务的工作职责			
	劳动技能	技能要领	1.时刻牢记自己肩负的责任和使命。 2.有问题及时与班主任沟通。 3.有大局意识，不和同学斤斤计较			
		任务完成	能根据需要完成任务，并且熟练掌握技能。 1.明晰自己的职责。 2.调动同学的积极性，共同参与班级事务。 3.从大多数同学的利益和意愿出发			
	劳动创造	问题解决	1.要做到公平、公正。 2.应该言而有信，令出必行。 3.能做到以身作则，率先垂范。 4.禁止与同学发生直接冲突，学会忍让			
		不断优化	1.根据班级实际情况，不断改进工作方法。 2.以服务同学为宗旨，为大家营造轻松愉快的学习环境，积极组织同学们参加各种文艺活动，丰富同学们的课余文化生活			
劳动习惯和品质	劳动习惯	自觉主动 坚持不懈	1.能积极主动地参与班级管理，愿意为班级和同学们服务。 2.胜不骄，败不馁，坚持不懈地努力，追求更高的目标			
		安全规范 注重效率	1.始终把自己和同学的人身安全放在第一位。 2.尝试进行小组自我管理模式，学生自己约束自己、自己管理自己			
	劳动品质	吃苦耐劳 艰苦奋斗	1.为班级服务，任劳任怨，爱岗敬业，甘于奉献。 2.能够细致认真地负责班级事务，具有钻研探究、善于发现和思考的精神			
		诚实守信 勤俭节约	1.工作中提倡节约，反对浪费。 2.具有非常强烈的责任感，热爱班级，关心同学，能够积极帮助老师和同学们做力所能及的工作，乐于奉献			

活动主题：图书阅读我服务（三年级上学期）

主题说明

本主题是三年级上学期的活动内容，属于服务劳动范畴，学生们成长过程中需要大量地阅读图书，阅读需要各方面广泛的支持，怎样充分发挥学校图书馆及班级图书角的作用？通过"班级书香建设我参与""阅读文创作品我设计""图书管理员岗位我来做""挑战整本书有方法""我做讲书人"等一系列活动，让学生们深刻认识到图书管理岗位虽小但意义重大，在服务体验中成为履职尽责、敢于担当的人，在服务他人的过程中成就自己，养成阅读的好习惯，体会阅读的快乐和幸福。

活动目标

● 认知目标

1. 通过查阅资料了解图书馆的历史,知道图书馆的使命,增强服务的荣誉感,形成服务意识。
2. 通过考察探究了解图书分类的有关知识、图书摆放的一般规律,掌握为同学们服务的本领。
3. 通过调查和体验知道图书管理员的职业特点,明确服务的宗旨和意义,为未来的职业规划打下基础。

● 行为目标

1. 通过策划活动发动同学们打造班级书香图书角,形成班级归属感。
2. 能设计制作个性化的阅读文创用品,为自己和他人阅读助力,提高动手操作能力。
3. 在服务中与同学们加强合作,在阅读中与伟人建立链接,促进个性化成长。
4. 在服务他人的过程中,受他人熏陶,找到阅读的动力,改善阅读品质,养成阅读习惯,在阅读常态生活中体验快乐和幸福。
5. 能为同学们推荐好书,提供高质量的服务,在服务岗位上履职尽责,敢于担当。

● 情意目标

1. 能在修补图书的过程中体验到劳动需要安全规范、认真严谨,养成正确的劳动品质,养成珍惜劳动成果和爱护图书的好习惯。
2. 能在了解古籍修复师职业榜样的过程中形成尊重和热爱劳动者的情怀。
3. 能了解担任过图书管理员的伟人的成长经历,认识到劳动创造历史,劳动创造美好生活。
4. 能在开展主题阅读活动中查找并阅读多本相关的图书来解决疑难问题,体会"理论认识才是实践的基础"、理解"实践过程只有建立在一定的认识基础上,才不会导致盲目的实践和无知的实践"的道理。
5. 受榜样激励,能挑战整本书,磨炼阅读意志,并迁移到生活各方面。
6. 热爱岗位,有高质量服务意识。

活动规划

表 57 是图书阅读我服务的活动规划。

表 57 图书阅读我服务活动规划

活动流程	活动内容	活动方式	课时及场地	活动目标
明需要	1. 创设情境,调查了解图书馆的历史发展及作用,知道历史上担任过图书管理员的人物。 2. 图书阅读调查活动、主题、提出驱动问题:如何为图书阅读助力?开展"图书阅读我服务"活动,研究总动员。 3. 论证岗位服务标准,进行岗位学习研究。 4. 提出问题,明确收集信息的渠道。 5. 制订岗位服务研究计划	调查讨论策划	2课时教室	认知目标1、3 情意目标3

续 表

活动流程	活动内容	活动方式	课时及场地	活动目标
学本领	任务一：班级书香文化建设我参与 1. 调查班级图书角存在的问题，提出解决问题的方法。图书角大变身：征集图书角名称和阅读口号、设计LOGO等，在行动中营造班级读书学习文化氛围。 2. 策划"捐两本读百本书""好书换着看"等活动。 任务二：图书管理员岗位我来做 1. 探究图书分类的有关知识，认识图书分类方法，会在"图书在版编目数据"页查找图书分类号，理解分类号的含义。 2. 探究图书摆放的一般规律，认识书次号的含义，即在图书馆中给书排架的时候同一小类中的顺序号，学会在图书馆按照分类号及书次号来寻找书籍。 3. 调查学校图书馆岗位工作制度，了解图书管理员职责，结合图书分类摆放知识，组织现场演讲活动，竞聘图书管理员。 4. 小组讨论确定图书登记表格设计，开展班级图书登记活动。 5. 探究学习修补图书技法，比赛哪个小组修补的质量高。 6. 榜样视频学习：了解修补古书职业（古籍修复师），感受职业精神。 任务三：阅读文创作品我设计 1. 设计制作个性化的"阅读存折"。 （1）在讨论基础上确定封皮设计。 （2）调查确定"阅读存折"里面的内容。 2. 制作班级代书卡。 3. 设计制作各种个性化书签。 4. 学习用报纸包简易书皮，开展"包书皮再阅读"活动。 任务四：挑战整本书有方法 1. 设计各种阅读单。 2. 学会看一本书的内容提要、前言、目录等，帮助理解整本书的主线和框架，选择合适的阅读单。 任务五：我做讲书人 1. 调查了解职业讲书人："樊登读书""微信读书"等。 2. 调查了解讲书的素质要求。 （1）能找到一本书的使命。 （2）能把握一本书的脉络。 （3）能画龙点睛，升华书的价值。 （4）能用通俗易懂的语言表达出来	设计 制作 策划 调查 设计 制作 服务 调查 设计 设计 体验 调查 讨论	2课时 教室 图书馆 2课时 教室 图书馆 2节课 图书馆 教室 2课时 图书馆 教室 1课时 家中 教室	认知目标2 行为目标 1、2、 3、4 情意目标 1、2、 5、6
巧实践	1. 联系校图书管理员到图书馆进行岗位服务。 2. 协助教师组织开展图书馆"好书推荐"活动。 3. 开展教室图书角借阅活动。 4. 整理摆放班级图书角。 5. 班级开展"挑战整本书"活动：按计划阅读多本图书，阅读完毕还书，再借阅，推动图书角图书更新。 6. 家庭阅读活动。 （1）家庭书柜日常整理和卫生清洁。 （2）亲子阅读：试着给家人讲书。 7. "主题阅读解疑惑"。 （1）根据研究主题，分解问题，到图书馆查找相关图书。 （2）全班阅读，找到问题的答案，开展学科阅读活动，有创意地解决课题研究问题。 8. 开展"我做讲书人"读书节活动。	服务 学校 服务 班级 服务 自我 讨论 交流 服务 自我	课间 课间 业余时间 2课时 教室 课间时间 灵活机动	行为目标 3、4、5、 情意目标 4、5、6

续表

活动流程	活动内容	活动方式	课时及场地	活动目标
乐反思	1. 分享岗位服务劳动经验方法。 2. 分享遇到的困难及解决方法。 3. 根据服务评价标准进行评价。 4. 总结岗位服务的意义。 5. 发现自己的兴趣，分析未来职业取向。 6. 活动拓展：调查了解"一本书诞生记"，可以走进出版社、印刷厂、库房、图书城等场所，了解一本书背后的故事。	汇报交流评价	2课时教室	认知目标3 情意目标6

任务规程

- **任务一：图书馆新书编目（以华夏图书馆管理系统为例说明）**

【程序】

1. 按照新书的册数准备好图书的条形码（一般学校是接着原有的图书流水号打印条形码）。

2. 新书拆包装，在每本书的书名页上部贴条形码，书依次摆好，准备做录入登记（也可以粘贴一本登记一本）。

3. 打开电脑中的图书采编系统软件，按照路径进入：新书编目\编目，进入录书界面。

4. 点击"增加"按键开始录入新书。

5. 在字段"ISBN"处扫描新书的ISBN号，书的一些信息自动录入，不全的信息手工录入。

6. 按照正题名、副题名、第一责任者、出版地、出版社、出版时间、版次、定价、类别等信息依次录入计算机。

7. 在字段"分类号"处回车，自动输入种次号，再回车到字段"外借"或"工具书"处，如果是可以外借的新书在"外借"处录入条形码、复本数，再回车保存，数据一般就自动导入数据库中。

8. 所有的新书按照如上步骤依次录入完毕。

9. 在路径：馆藏打印\打印书标处输入新书的批次号，生成书标，打印出来，制成新书的书标。

10. 依次对应粘贴在每本新书的底页右上角，新书才算录入完毕。

【评价标准】

1. 图书录入信息要全面、准确。

2. 图书的书名要全，同系列的书要有区别。

3. 图书的类别要核实准确录入。

4. 书标粘贴准确，和书名对应上。

5. 录入速度快。

- **任务二：班级图书登记**

【程序】

1. 设计登记表格，项目可以有序号（流水号）、书名、类别、定价、书主、借阅者、借阅时间、归还时间、备注等。

2. 把书的信息依次书写登记。

3. 备注可以填写"有无涂写损坏"等情况。

4. 按照书的类别在书架上依次摆放，同类书按书次号排序摆放。

5. 进行借阅登记。

6. 平时借阅中及时做好归还登记。

【评价标准】

1. 图书登记信息准确。

2. 借阅登记信息全面准确。

3. 归还时检查损坏情况，及时做好登记。

4. 热情周到地为同学们服务。

- **任务三：修补图书**

【程序】

1. 准备：透明胶、两面胶、胶棒（胶水）、剪刀、需修补的图书。

2. 诊断：检查破损情况，做出使用哪种胶的判断。

3. 书页撕坏：透明胶修补。

4. 有书洞：选同样的纸张，画上相同的颜色，用透明胶固定。

5. 封皮磨损：透明胶包上。

6. 书脊开胶：胶棒和两面胶黏合。

7. 修补完成：用重物压1～2小时固定，修补完成。

【修补标准】

1. 平整不起皱。

2. 不影响翻页。

3. 干净整洁。

4. 在尽量保持原貌的基础上美观。

5. 结实耐用。

【修补小技巧】

1. 根据破损情况选择合适的修补工具：撕破的用透明胶；开胶的用胶棒。

2. 透明胶的大小合适。

3. 胶棒涂抹的量合适。

4. 粘贴的手法要稳和快。

5. 修补的顺序：书脊开胶最后修补。

- **任务四：图书管理员**

【程序】

1. 每天准时到达岗位。

2. 做好准备工作：登记表、笔、代书卡等。

3. 提醒同学们做阅读登记，提示不允许带食物、饮料、玩具等。

4. 协助查找图书。

5. 小声执行纪律，不影响阅读。
6. 阅读结束，能归位摆放图书。

【评价标准】
1. 能准时到达岗位。
2. 能主动帮助同学们查找图书、推荐好书。
3. 登记管理摆放图书规范。
4. 服务态度温和、有耐心，服务工作尽责。

【注意事项】
1. 尽量不打扰同学们看书，小声劝导不遵守纪律的同学。
2. 发现有乱涂乱画现象及时禁止。
3. 管理好图书，不丢失图书。

- **任务五**：图书归位整理摆放

【程序】
1. 根据书底页右上角的书标判断图书的类别，找到书架相应的类别处（如果书标模糊不清，可在"图书在版编目数据"页查找到图书的分类号）。
2. 在该类别处根据排序法找到该书相同或相近的书分类号位置。
3. 根据书标中的书次号按照大小排列的顺序插入该书，该书就正确归位了。

【评价标准】
1. 归位准确。
2. 动作麻利。
3. 整理过程中保护好图书不受损。

- **任务六**：家庭书柜整理

【程序】
1. 把书架上的书籍和物品部分或全部取出。
2. 用干净的抹布把整个书架擦干净、把全部书籍擦干净。
3. 用便利贴写上书籍的种类，贴在书柜上，便于查找。
4. 按照书的种类摆放书籍，同类书按照书的颜色、大小等方法摆放好图书。
5. 借助收纳用具将书柜里的小物品进行整理。
6. 可以在书柜上摆放一些绿植。

【整理书柜的技巧】
1. 把正在看或经常看的书放在书柜取放最方便的位置。
2. 定期整理书籍，把不再阅读的书籍撤走。

【评价标准】
1. 擦净书柜及书籍，没有灰尘。
2. 书籍摆放有规律，查找方便。

3. 保持书柜整洁。
4. 养成定期整理书柜的好习惯。

评价指标

本主题评价主体为学生本人、伙伴、教师和家长，可依据下面的评价指标进行评价（达到标准的为"优秀"，基本达到的为"良好"，不能达到的为"加油"）（表58）。

表58 图书阅读我服务评价指标

一级指标	二级指标	主要描述	表现标准	评价等级 优秀	良好	加油
劳动观念	认识劳动	对劳动社会价值的认识	了解毛泽东少年求学经历，认识到劳动创造历史、劳动创造美好生活			
		对劳动个人价值的认识	亲身参与图书角建设，感受到服务班级的价值与幸福，明白服务他人也是服务自己			
	尊重劳动	对劳动者的尊重	体验图书管理员工作，形成尊重和热爱劳动者的情怀			
		对劳动成果的尊重	图书摆放整齐，爱惜图书，不乱涂乱画，不损坏图书			
	崇尚劳动	劳动情感和态度	感受服务他人的快乐，享受读书的幸福			
劳动能力	劳动知识	基础知识	能主动收集资料，获取信息。 1. 了解图书分类法。 2. 了解图书摆放规则。 3. 了解图书修补的方法			
		操作方法	1. 新书登记程序：准备条形码→进入图书采编软件→点击"增加"按键开始依次录入信息→粘贴书标。 2. 图书归位整理程序：查书标判类别→找到书架位置→找相同的书分类号位置→按书次号插入图书。 3. 修补图书程序：准备工具→诊断→工具修补→固定			
	劳动技能	技能要领	1. 掌握图书录入要领：录入书名要全，同系列的书有区别。 2. 掌握图书归位要领：会看书标的含义。 3. 掌握图书修补要领：粘贴的手法稳和快			
		任务完成	能按照计划通力合作完成岗位服务。 1. 图书录入信息全面、准确。 2. 图书归位准确，不损坏图书。 3. 图书修补得结实耐用			
	劳动创造	问题解决	能根据实践需要，灵活解决问题，必要时求助于同伴和老师。 1. 能灵活根据图书软件要求完成录入任务。 2. 图书归位时如果书标不清晰会在书页中查找信息。 3. 修补图书能灵活根据损坏情况选择恰当工具和粘贴手法			
		不断优化	树立服务至上意识。 1. 及时进行图书归位，摆放正确。 2. 图书修补尽量在保持原貌的基础上美观。 3. 能满足读者的需求，服务质量不断提高			

续表

一级指标	二级指标	主要描述	表现标准	评价等级		
				优秀	良好	加油
劳动习惯和品质	劳动习惯	自觉主动 坚持不懈	能够按照岗位要求主动按时参加服务，能常态化地坚持服务			
		安全规范 注重效率	服务中能安全规范操作，认真严谨，注重服务质量			
	劳动品质	吃苦耐劳 艰苦奋斗	在服务中能耐心、细致，不半途而废			
		诚实守信 勤俭节约	在服务中不弄虚作假，实事求是			

活动主题：校园文明志愿者（三年级下学期）

✏ 主题说明

本主题是三年级下学期的活动内容，属于服务劳动范畴。通过观察、问卷调查等方式了解服务对象的需要，通过图片展示、课堂渗透探究志愿者服务都需要掌握哪些必备的知识。同时，通过技能掌握、岗位体验的项目设计，引导学生了解志愿者服务的积极意义和精神。在掌握一定的服务技能的基础之上，学生愿意加入志愿者的服务行列中来，并且愿意参加校园内的志愿者服务活动，从而引导学生树立服务意识和正确的劳动观念以及社会责任感，懂得"服务他人，快乐自己"的服务精神。

✏ 活动目标

● 认知目标

1. 了解志愿者服务的积极意义，利用问卷调查法、观察法、访谈法、实地考察法等收集资料的方法，学习并运用志愿服务的相关知识和技巧，感悟志愿者的服务精神，真正做到服务他人。
2. 使学生意识到自己是校园、社会的一分子，有责任去进行有针对性的、真实的服务。
3. 根据自己的实际情况选择服务对象和服务岗位。

● 行为目标

1. 掌握一定的服务校园的方法、技巧和技能。
2. 能够在服务过程中分享体验。
3. 能够主动关注校园生活，多角度了解被服务者的需求，根据实际情况将服务技能运用到校园的实际需求中并且有效解决问题。

● 情意目标

1. 主动且能有始有终地参与服务劳动，具有坚持不懈的精神品质。
2. 感受服务劳动带来的成就与喜悦，尊重并且感恩自己和一切志愿者的服务劳动成果，增强主体意识和社会责任感。

3. 在校园志愿者服务过程中，体会奉献、团结、互助的品质，讲求实效，持之以恒。

活动规划

表 59 是校园文明志愿者的活动规划。

表 59　校园文明志愿者活动规划

活动流程	活动内容	活动方式	课时及场地	活动目标
明需要	1. 发现问题：在校园生活当中，你是否发现了我们的校园环境、校园生活有需要改进的地方？ 2. 揭示主题：提出志愿者的重要性。 3. 梳理任务： （1）了解校园志愿者服务的内容和意义所在。 （2）了解志愿者服务在服务前期、服务中期、服务后期需要做的事情有哪些。 （3）根据学生观察、调查，汇总资料，总结出校园服务种类。 4. 交流解决方法：通过询问老师和课堂交流，以及通过网络、书籍等方式查找资料，制定活动方案，认真探究、反复实践。	资料收集考察探究	2课时 学校 家中	认知目标1 行为目标 1、2、
学本领	1. 学习志愿者服务的相关内容。 2. 探究帮扶服务——诵读导读员的职责、标准。 3. 探究文明规范岗位的职责和标准。 4. 探究午餐监督岗位的职责和标准。 5. 探究失物招领岗位的职责和标准。 6. 探究午休管理岗位的职责和标准。 7. 根据校园实际情况调整服务计划	探究观察策划	2课时 学校 班级	行为目标 1、2
巧实践	1. 掌握基本校园服务原则：自愿原则，发自内心想要为老师、同学们服务。 2. 根据校园实际情况设计"诵读导读员""文明规范岗""午餐监督岗""失物招领岗""午休管理岗"五个校园服务体验岗位。 3. 大胆实践，积极优化。 4. 完成服务，定期分享收获	设计体验	2课时 学校 家庭	认知目标 2、3 行为目标2 情意目标 1、2、3
乐反思	1. 展示交流并分享志愿者服务过程中的小技巧。 2. 进行"爱心志愿者"评选，讲自己服务的心得和收获。 3. 依据评价标准进行劳动评价，发现自身的不足	交流反思评价	2课时 学校	认知目标 1、2 行为目标2 情意目标 2、3

任务规程

- 任务一：志愿者服务

【志愿者服务的程序】

1. 做好准备工作。

（1）明确服务对象和需求。

（2）考察环境和了解任务。

（3）准备必备的物品。

（4）设计合理的服务计划书。

2.及时调整方法：在提供服务的过程中，要根据实际情况及时合理地调整方法，确保服务效果。

3.认真总结反思：对自己在服务任务完成情况、服务态度、实践能力和创新精神等方面进行总结和评价。

【志愿者服务的评价标准】

1.能提前做好相关的准备工作，充分了解服务对象的需求和任务及环境等。

2.能够根据需求设计一份合理的服务计划书。

3.服务过程中能够不断创新，及时调整方法，提高服务效果。

4.服务中不怕累，具有吃苦耐劳的意志品质。

5.服务中要注重个人的文明礼仪，尤其是礼貌用语，要学会用敬称，耐心、热情服务，懂得尊重他人。

6.服务后，能及时进行总结和反思，不断提高服务品质。

- **任务二：文明规范岗**

【文明规范导行的要求和职责】

1.规范站姿。

（1）精神状态饱满，两眼平视，两肩平齐，两臂夹紧贴于两侧裤线，两脚跟并拢，两脚尖张开大约45°，身体重心落于两腿正中。

（2）双肩放松，稍向下沉，身体有向上的感觉，呼吸自然。

（3）躯干挺直，收腹，挺胸，立腰。

（4）双臂放松，自然下垂于体侧，手指自然弯曲。

2.使用礼貌用语。

（1）监督导行管理时要使用"请不要"这样的文明劝诫用语，如"请不要在走廊内大声喧哗""请靠右侧通行"等。

（2）用正确、规范的导行语言进行引导，如"右侧行、脚步轻、嘴无声"。

（3）音量要适度，不宜过大。

3.监督管理。

（1）统一标准，课可以《中小学生日常行为规范》为依据，制定统一的监督管理标准。

（2）制作统一的监督管理评价表。

（3）每周进行反馈，总结表彰。

【文明规范导行的注意事项】

1.监督导行过程中要规范站姿和使用文明导行语。

2.监督管理时要公平公正，执行一个标准。

3.做好监督导行的评价和记录。

【文明规范导行的评价标准】

1.站姿规范，礼貌导行。

2.能够尽职尽责做好服务工作。

3.坚持不懈到岗监督，并且成果显著。

● 任务三：失物招领岗

【失物招领岗的职责】
1. 确立失物招领地点，向全校同学发出通知，号召同学们将捡到的物品送到指定位置。
2. 志愿者将失物按类别分类并且摆放整齐。
3. 志愿者轮流值班，按时到岗。
4. 利用广播等方式，告知丢失物品的同学到失物招领处自行认领丢失的物品。

【失物招领岗的注意事项】
1. 要利用广播等让全校同学知道失物收集或认领的位置。
2. 失物要定期安排志愿者整理，分类摆放。
3. 做好失物领取的登记记录（不会写的字可用拼音代替）。

【失物招领岗的评价标准】
1. 能及时收集同学丢失的物品。
2. 能及时整理丢失的物品并且分类摆放。
3. 在为同学服务过程中态度良好。
4. 能持之以恒地为同学服务。
5. 在规定时间到岗，无空岗现象。

● 任务四：午餐监督岗

【午餐监督岗的职责】
1. 协助值周老师、班主任老师组织好学生进入食堂进行取餐，并记录表现好的班级。
2. 监督学生在取餐过程中要有序排队、安静无声。
3. 监督学生不能浪费粮食并且文明就餐。
4. 就餐后，引导学生收拾好自己的餐具并且将桌面、地面整理干净。
5. 总结出表现优秀的班级和学生，以及需要改进的问题。

【午餐监督岗的注意事项】
1. 午餐监督员要求别人做到的事，自己首先要做到。
2. 使用文明、规范的语言，耐心引领、规劝同学们文明用餐。
3. 监督负责分餐的同学佩戴手套、帽子、口罩等，服装干净整洁，否则不能上岗。

【午餐监督岗的评价标准】
1. 在监督管理过程中，同学们能做到安静、有序地享用午餐。
2. 在监督管理过程中，同学们能做到不浪费粮食。
3. 同学们用餐后，能及时清理桌面，教室干净整洁，无饭味。
4. 在为同学服务的过程中，举止文明，无吵闹事情发生。
5. 在为同学服务时，遇到困难要想办法解决。
6. 掌握沟通的技巧，能有始有终、坚持不懈地为同学服务。

● 任务五：午休管理岗

【午休管理员的职责】

1. 午休前和值日生搞好教室内卫生，拉好窗帘。
2. 情况允许下，引领同学摆好桌椅。
3. 同学午休时，做好参与午休人数的记录。
4. 午休过后，迅速将桌椅归位，拉开窗帘等准备上课。
5. 提醒同学不要在教室内嬉戏、打闹、交话。
6. 提醒同学午休前不要进行剧烈运动。
7. 提醒同学午休前去厕所，避免打扰别人休息。
8. 提醒同学午休时尽量不出入教室。
9. 提醒不午休的同学不可在走廊大声喧哗。
10. 每天对同学午休时的表现进行评价。

【午休管理员的评价标准】

1. 午休管理员在进行管理时要轻声慢语。
2. 午休管理员能在同学午休前做好准备。
3. 午休管理员能坚持为同学服务。
4. 教室内无乱走动、说话、吃零食的现象。

【午休管理员的管理技巧】

1. 午休管理员进行管理时注意语言文明。
2. 午休管理员管理时要公平、一视同仁。
3. 午休管理员要细心，及时发现同学在午休时出现的问题，提供适当帮助。

评价指标

本主题评价主题为学生本人、伙伴、教师和家长，可依据下面的评价指标进行评价（达到标准的为"优秀"，基本达到的为"良好"，不能达到的为"加油"）（表60）。

表60　校园文明志愿者评价指标

一级指标	二级指标	主要描述	表现标准	评价等级 优秀	良好	加油
劳动观念	认识劳动	对劳动社会价值的认识	认识到志愿者服务是我们生活中不可或缺的一部分，并且有价值、有意义			
		对劳动个人价值的认识	能够感受志愿者服务带来的的价值与幸福感			
	尊重劳动	对劳动者的尊重	尊重他人和自己的志愿者服务的劳动成果，产生敬佩之情			
		对劳动成果的尊重	自觉履行服务职责，体现"服务别人，快乐自己"的服务思想			
	崇尚劳动	劳动情感和态度	感受志愿者服务带来的自我价值感和成就感			
劳动能力	劳动知识	基础知识	1.了解志愿者服务的相关知识，调查校园志愿者服务需求。 2.掌握校园志愿者服务的要领			
		操作方法	掌握校园志愿者服务过程和方法：文明规范导行、失物招领导行、午餐监督员导行、午休管理岗等			
	劳动技能	技能要领	掌握校园志愿者服务技巧			
		任务完成	1.能够根据校园实际需要进行服务，并且熟练掌握校园志愿者服务的步骤、技能和方法。 2.志愿者服务受到老师和同学们的认可和好评			
	劳动创造	问题解决	1.根据学校实际需要，合理设计服务方式。 2.根据服务过程中出现的问题不断进行优化调整			
		不断优化	能通过实践操作不断提高志愿者服务的能力，找到比较合理的实践方法，并展示丰硕的劳动成果			
劳动习惯和品质	劳动习惯	自觉主动坚持不懈	自觉主动参与校园志愿者服务，能在服务过程中克服困难			
		安全规范注重效率	始终把安全放在第一位，能规范、安全、有效地进行服务			
	劳动品质	吃苦耐劳艰苦奋斗	1.能在服务过程中不怕苦、不怕累，事必躬亲，有奉献精神。 2.能够细致认真地进行服务			
		诚实守信勤俭节约	1.能够在服务过程中养成诚实、讲信用、实事求是的品质。 2.在服务中懂得节约物品，不浪费			

活动主题：我的校园我做主（四年级上学期）

主题说明

本主题是四年级上学期的活动内容，属于服务劳动范畴，引导学生在解决校园环境问题的过程中，掌握劳动知识，学习劳动技能，知道劳动成果的宝贵，通过装饰校园的劳动，树立维护校园环境、保护校园设施的意识，养成尊重他人劳动成果、保护公共设施的良好习惯；了解自己的校园，清楚每个区域的功能分类，知道每个区域建成之后的变迁；了解学校的历史；学会撰写导游词，能够用简单明了的语言向他人介绍一处地点。

活动目标

- 认知目标

1. 通过实地调查采访和搜集文献资料，了解自己所在校园的历史变迁，熟知校园内每个区域的功能结构，能够向人清楚明了地介绍校园的每一处。
2. 初步掌握简单劳动工具的使用方法和注意事项。
3. 学会养护校园公共设施，能够在适当的地点布置合适的标牌。
4. 认识校园，爱护校园设施，了解学校历史，爱校如家。

- 行为目标

1. 能够利用学到的校园装饰知识和使用工具的技能完成校园装饰的工作。
2. 在装饰校园的劳动中，能够积极、热心地参与。
3. 学会撰写导游词，能够以简洁明了的语言介绍自己熟知的校园。

- 情意目标

1. 学生具有劳动价值观念，能够尊重劳动成果，体会工作人员的艰苦付出。
2. 增强责任意识，具有服务他人、服务班级和服务学校的意识和能力。

活动规划

表61是我的校园我做主的活动规划。

表61　我的校园我做主活动规划

活动流程	活动内容	活动方式	课时及场地	活动目标
明需要	1.进行校园服务需求调查，确定"我的校园我做主"服务主题。 2.确定班级内各个小组的成员，以小组为单位对校园环境进行走访。 3.小组各成员进行分工，收集资料，了解制作标牌所需要的工具和技巧，掌握校园导游知识以及简单工具的使用技能。 4.展示资料搜集的成果，小组内部将材料进行汇总，并在班级内部进行交流	考察探究资料收集	2课时 学校	认知目标1 情意目标1
学本领	1.校园标牌的制作。 （1）简单劳动工具的使用，以使用美工刀为例，学习美工刀的使用技巧和注意事项。 （2）校园标牌的制作：将学生按照意愿和能力进行分组，指导每个小组进行实地考察，小组开会讨论交流。 2.校园小导游。 （1）校园导游词的撰写，学习导游词的格式，自己练习撰写。 （2）进行校园导游的练习，熟背自己写的导游词，通顺流利	设计制作	2课时 学校 家中	认知目标1、2 行为目标1、2
巧实践	"我的校园我做主"校园工作人员职业体验 1.校园标牌的制作。 （1）分组分工：每班按学生意愿分为5个小组，每组人数控制在6到8个人不等，老师稍微调控各组成员分布。 （2）进行走访：访问学校的老师、校工，考察学校的自然环境、规划布局、设施设备、文化景观、文化活动、安全保障，记录发现的问题，请教装饰的经验。 （3）活动过程： ①各成员将自己发现的问题以及对装饰的构想进行汇总，小组合作交流，分析存在的问题，小组敲定自己想要制作的标牌的内容，确定分工。 ②确定好活动主题、子课题，分好组，分好工；引导学生制订好活动计划。 ③开展相关的专题讲座，带领学生按照计划开展活动。 ④班内交流，汇报各组完成情况及遇到的问题，探讨出解决方案。 ⑤整理汇总，准备成果汇报。 ⑥进行班内成果展示，评选出最优秀的方案，上报学校。 ⑦制作指示牌，并且组织该设计小组的成员进行解说。 2.校园小导游。 （1）进行校园导游词的撰写： ①学习导游词的撰写方法。 ②走访校园，撰写校园导游词。 （2）校园小导游活动： 撰写校园小导游活动策划方案，策划一次导游活动，分工明确，设想问题并解决	职业体验社会服务	4课时 学校	认知目标1、2、3 行为目标1、2
乐反思	1.反思在活动中遇到的问题。 2.注意校园标牌制作张贴之后的日常维护。 3.交流劳动技能窍门。 4.评选班级最佳效果组。 5.评选班级最佳校园小导游	职业体验	2课时 学校	情意目标1、2

任务规程

● 任务一：美工刀的使用

【美工刀的使用程序】

1. 拇指按住开关，向上轻推，推出刀片进行裁剪。
2. 裁剪活动结束之后，拇指按住开关向下轻推收回刀片，将美工刀收回，放置于安全区域。

【美工刀的使用技巧】

1. 美工刀用久了就很容易刀尖钝化，可以把用钝的刀尖拆下来。
2. 美工刀正常使用时通常只使用刀尖部分，切割、雕饰是比较主要的功能。
3. 刀柄的选用应该根据手型来挑选，握刀手势通常会在包装背后有说明。

【使用美工刀的注意事项】

1. 很多美工刀为了方便折断，都会在折线工艺上做处理，但是这些处理对于惯用左手的人来说可能会比较危险，使用时应多加小心。
2. 不要认为美工刀脆弱，如果使用不正确的话，美工刀造成的伤口同样可以致命，所以，使用过程中务必要小心。
3. 使用时不能推出过长的刀身。

【正确使用美工刀的评价标准】

1. 能够安全使用美工刀。
2. 能够熟练使用美工刀进行切割和剪裁。

● 任务二：校园标牌的制作

【校园标牌制作的程序】

1. 创意设计。
2. 选择制作材料和工具。
3. 动手制作、改进。

【校园标牌制作的评价标准】

1. 标牌制作美观，整体图案和文字醒目，制作细节处理得当。
2. 标牌上的内容表达清晰。
3. 标牌放置区域与标牌上的内容能够很好对应。

【校园标牌的制作技巧】

1. 设计标牌外部轮廓形状，有创意且足够引人注目。
2. 根据标牌设立的地点，设计相应的图案以及文字内容，应注意内容简洁明了，图案醒目。
3. 将自己小组设计的标牌绘制在纸板上，小组合作进行，绘制完毕之后沿着自己设计的轮廓形状裁剪下来。

● 任务三：校园导游词撰写

【校园导游词的内容结构】

一篇完整的导游词，其结构一般包括习惯用语、概括介绍、重点讲解三个部分。

1. 习惯用语。习惯用语又分为两个部分——见面时的开头语和离别时的告别语。

开头语包括问候语、欢迎语、介绍语、游览注意事项和对游客的希望五个方面，放在导游词的最前面。开头语一般要介绍自己和学校的基本情况。

告别语一般进行总结感谢，希望提出意见，表示依依惜别。

2. 概括介绍。概括介绍是用概述法介绍学校的位置、范围、地位、意义、历史、现状和发展前景等，目的是帮助参观者对学校先有个总体了解，引起游览兴趣。

3. 重点讲解。重点讲解是全面详细地介绍本校的基本情况，让参观者对本校有一个清楚全面的了解。

【校园导游词撰写的注意事项】

1. 切忌缺乏鲜明主题和观点。

2. 切忌内容太单薄。

3. 切忌结构层次不清楚，逻辑性不强，条理不清晰。

4. 切忌书面语太多。

5. 应该有自我介绍以及导游词习惯用语，同时要注意与游客进行交流，尽量有互动环节。

6. 学习了导游词的撰写知识，在校园内部进行走访记录，如有不清楚的地方，可以采访老师和校园工作人员详细了解。

7. 导游词撰写完毕，小组内部进行交流，进行导游模拟练习，小组结队在校园内部模拟导游工作。

【校园导游词的评价标准】

1. 有鲜明的主题和观点。

2. 层次清晰，逻辑性强。

3. 注意自我介绍和习惯用语。

4. 内容丰富，情感饱满。

评价指标

本主题评价主体为学生本人、伙伴、教师和家长，可依据下面的评价指标进行评价（达到标准的为"优秀"，基本达到的为"良好"，不能达到的为"加油"）（表62）。

表62　我的校园我做主评价指标

一级指标	二级指标	主要描述	表现标准	评价等级 优秀	良好	加油
劳动观念	认识劳动	对劳动社会价值的认识	认识到校园装饰是我们校园生活中不可或缺的，能美化校园环境			
		对劳动个人价值的认识	感受到校园装饰带来的价值与幸福			
	尊重劳动	对劳动者的尊重	尊重他人和自己的劳动			
		对劳动成果的尊重	能长久地坚持关爱校园装饰和公共设施，体现本善之心			
	崇尚劳动	劳动情感和态度	感受劳动带来的成就感，从中体会劳动带来的快乐			
劳动能力	劳动知识	基础知识	1. 了解美工刀的使用特点及危险性。 2. 在实践中逐步加深对校园标牌制作工具使用方法以及注意事项的认识。 3. 初步了解校园小导游的工作内容。 4. 初步学习校园导游词的撰写方法			
		操作方法	掌握美工刀使用、校园标牌制作、校园导游词撰写的方法			
	劳动技能	技能要领	掌握进行校园装饰的技能要领： 1. 掌握美工刀的使用方法和注意事项。 2. 掌握制作校园标牌的程序以及注意事项。 3. 掌握撰写导游词的技巧，能够写出一篇合格的导游词。 4. 掌握担任校园小导游的技能要领：充足的准备以及自信。 5. 总结劳动经验，留下影像资料，体会劳动带来的喜悦			
		任务完成	1. 能够根据要制作的装饰选定需要的劳动工具，反复练习使用劳动工具的技巧。 2. 能够根据实际情况，完成校园标牌的制作与安放，并且明确后续养护任务。 3. 反复背诵自己的导游词，向人介绍时清楚明了			
	劳动创造	问题解决	1. 能够搜集资料，了解制作步骤。 2. 能够在劳动中及时发现问题、解决问题，并对出现的问题进行反思			
		不断优化	1. 装饰完成之后，后续的养护工作及时跟进。 2. 不断完善自己的导游词，在丰富内容的同时语言尽量精练			
劳动习惯和品质	劳动习惯	自觉主动坚持不懈	1. 能积极主动地参与校园装饰以及装饰品制作的劳动，愿意为他人和学校服务。 2. 能安全长久地参与校园装饰的养护活动，在家中能够继续进行劳动			
		安全规范注重效率	始终把安全放在第一位，制作作品时能注意相关刀具、胶水、锤钉等的安全使用，戴一次性手套、口罩等			
	劳动品质	吃苦耐劳艰苦奋斗	校园装饰劳动能够有始有终，劳动结束后能清理干净周围地面的垃圾，养成自觉维护劳动成果的好习惯			
		诚实守信勤俭节约	1. 自觉完成劳动任务，坚持后续养护。 2. 在制作工程中珍惜材料，不浪费			

活动主题：我为校园添光彩（四年级下学期）

📝 主题说明

本主题是四年级下学期的活动内容，属于服务劳动范畴，通过让学生参与维护校园环境，引导学生在解决校园卫生环境问题的过程中，掌握清扫劳动技能、垃圾分类知识以及劳动工具的使用。学习垃圾分类技能，通过垃圾分类了解保护环境的重大意义；通过校园垃圾分类懂得保护校园环境、保护生态环境的重要性，养成不乱扔垃圾、保护环境的良好习惯；通过对教室卫生的清扫，培养建设班级、管理班级、服务班级的意识和能力，树立自己是班级小主人的观念；通过对校园设施的维护，学习常见工具的使用，使学生掌握生活技能，在家和学校都能有用武之地。

📝 活动目标

- 认知目标

1. 通过搜集文献资料和实地调查采访，了解自己所在城市的垃圾分类标准，进一步了解自己校园内实行的垃圾分类标准，思考在校园中采用哪种类型的垃圾分类方法更合适。
2. 初步掌握擦玻璃的技巧、辨别垃圾类型的方法以及维护校园设施的简单技巧。

- 行为目标

1. 能够利用学到的垃圾分类知识在校园内正确进行垃圾分类。
2. 积极参与垃圾分类，向家人宣传垃圾分类知识。
3. 能够利用在课程中学习到的劳动技能，在生活中参加力所能及的劳动。

- 情意目标

1. 培养学生的劳动价值观念，激发学生的劳动热情，强化学生的环境意识。
2. 培养责任意识，培养服务他人、服务班级、服务社会的意识和能力。

📝 活动规划

表63是我为校园添光彩的活动规划。

表63 我为校园添光彩活动规划

活动流程	活动内容	活动方式	课时及场地	活动目标
明需要	1. 进行校园环境卫生工作的调查，确定开展"我为校园添光彩"服务主题。 2. 确定班级内各个小组的成员，以小组为单位对校园内部卫生环境进行走访，确定小主题：垃圾分类我能行；窗明几净换新颜；校园设施我维护。 3. 明确每个小主题的流程，并做好准备工作	考察探究	2课时 学校 家中	认知目标1 情意目标1

续 表

活动流程	活动内容	活动方式	课时及场地	活动目标
学本领	1. 垃圾分类我能行。 （1）垃圾分类初学习： ①各小组进行分工合作，收集相关城市垃圾分类有关资料。 ②课堂上将小组收集的资料整理汇总，进行汇报展示。 ③结合大家对现在生活环境的认识，在课堂上讨论现行的垃圾分类处理标准是否合理。 ④讨论如何完善现行的垃圾分类标准，使垃圾分类能够更好、更快地完成。 （2）垃圾分类标准学习： ①跟随教师在课堂上一起详细学习垃圾分类细则，融会贯通。 ②学习特殊垃圾物的分类。 ③实地进行观察和采访，了解居民垃圾分类的完成程度，记录居民对垃圾分类规定提出的意见和建议。 ④结合自己实地采访记录的成果，在班级内部进行讨论。 （3）垃圾分类知识竞赛： ①班级内部进行垃圾分类知识竞赛，以试卷的形式开展，最终评选本班"分类知识之星"。 ②制作垃圾分类教具，进行垃圾分类实操比赛，以时间和准确率综合考量，评选出班级"分类小能手"。 2. 窗明几净换新颜。 （1）了解清洁玻璃所需的工具，学习清洁玻璃的技巧（请教家长或学校保洁人员）。 （2）在分工劳动的过程中体会劳动的艰辛以及团队合作的重要性。 3. 校园设施我维护。 （1）学习在维修校园设施过程中需要的工具（螺丝刀、小锤子）的使用方法以及注意事项。 （2）动手维护校园设施，体会劳动的艰辛	资料收集 社会服务	4课时 学校 家中	行为目标 1、2
巧实践	1. 垃圾分类我能行。 垃圾分类实践。（1）在家中进行垃圾分类初体验，体会家庭生活中如何进行垃圾分类。 （2）制作班级分类垃圾桶： ①小组合作，探讨班级内部应实行何种垃圾分类标准。 ②根据制定的班级垃圾分类标准，设计班级垃圾分类垃圾桶。 （3）垃圾分类知识宣传： ①小组合作，策划垃圾分类知识宣传活动，安排活动的时间、地点，活动的宣传内容。 ②设计垃圾分类宣传画，制作垃圾分类宣传海报，海报内容要求有创意，同时能够表达出本次活动的主旨。 ③将垃圾分类的相关知识进行汇总并且设计宣传单。 ④有条件的小组可以排练垃圾分类小剧，在班级内部进行展演。 2. 窗明几净换新颜。 （1）挑选合适的时间，班主任和任课教师共同到场，开展班级玻璃清洁活动。 （2）清洁活动开始之前，班级进行清洁小组的划分，小组内部讨论进行分工，包括工具、所需材料的准备。 （3）清洁活动开展前，小组内检查小组成员所需物品准备情况，组长再次确认每位组员的分工之后，准备开始清洁活动。 （4）教师为每个小组指定所需清洁的玻璃范围，在任课教师和班主任教师的共同监督下完成对本组玻璃的清洁 3. 校园设施我维护。 （1）挑选合适的时间，班主任和任课教师共同到场，以班级为单位开展校园设施维护活动。 （2）活动开始之前，进行必要的活动准备，小组内部讨论进行分工和准备工具。 （3）组长确认成员的分工情况，确认工具准备充分，开始维护活动。 （4）教师对整个维护活动过程进行监督，注意活动过程中的安全问题	职业体验 社会服务	4课时 学校	认知目标 1、2、 行为目标 1、2
乐反思	1. 反思在活动中遇到的问题。 2. 交流垃圾分类技能窍门。 3. 评班级最佳效果组	职业体验	2课时 学校	情意目标 1、2

193

任务规程

● 任务一：擦玻璃

【擦玻璃的程序】

1. 先用湿抹布擦一遍玻璃。
2. 对于灰尘比较厚的地方，可以在抹布上加点洗衣液再去擦，效果要好一些。
3. 玻璃上的灰尘大致清理完成后，再用干抹布进行擦拭。
4. 如果这个时候玻璃还不是很干净，可以再用旧报纸擦一遍。

【擦玻璃的技巧】

1. 擦玻璃的时候左、右手各拿一块湿抹布，一只手横向擦，另一只手纵向擦，这样不会遗漏玻璃上的小污点。
2. 将白醋和水按照1∶2的比例调匀（或将两汤匙白醋与一升热水，或等量的白醋和水混合），装入一个空的喷雾瓶，将混合液喷在玻璃或镜子上，再用抹布或旧报纸团擦拭，玻璃或镜子即可变得非常明亮。
3. 擦玻璃时，先涂上粉笔灰水或石膏粉水，干后再用干抹布擦。
4. 将报纸卷成团，在水中浸湿，外面再包一层干报纸，然后就可以擦玻璃了。报纸半干半湿，专门用来擦玻璃上的水印。
5. 可以借助一些擦玻璃的工具，如带有伸缩杆的擦窗刮板、带有磁力的双面玻璃擦，另外还有一些能够快速处理玻璃脏污的清洁剂，灵活运用这些工具能够快速地完成玻璃的清洁。

【擦玻璃的标准】

1. 小组进行玻璃清洁时方法正确。
2. 清洁工作结束之后玻璃的清洁情况。
3. 工作进行时小组各成员之间的合作情况。
4. 擦完玻璃之后，玻璃附近的环境是否得到清洁和整理。

● 任务二：螺丝刀的使用

【螺丝刀的使用程序】

1. 大螺丝刀的使用：大螺丝刀一般用来紧固或旋松大的螺钉。使用时，用大拇指、食指和中指夹住握柄，手掌顶住握柄的末端，以适当力度旋紧或旋松螺钉。
2. 小螺丝刀的使用：小螺丝刀一般用来紧固或拆卸电气装置接线桩上的小螺钉，使用时可用大拇指和中指夹住握柄，用食指顶住柄的末端捻旋。

【螺丝刀的使用技巧】

1. 螺丝刀手柄要保持干燥清洁，以防带电操作发生漏电。
2. 在使用小头较尖的螺丝刀紧松螺钉时，要特别注意用力均匀，避免因手滑而触及其他带电体或者刺伤另一只手。
3. 使用螺丝刀紧固或拆卸带电的螺钉时，手不得触及它的金属部分，以免触电。

4. 为了避免螺丝刀的金属杆触及皮肤或触及邻近带电体，应在金属杆上穿套绝缘管。

【螺丝刀的使用标准】

1. 熟练使用，能够较快地用螺丝刀完成工作。

2. 握姿正确，安全使用，保护自己保护他人。

- 任务三：锤子的使用

【锤子的使用程序】

1. 锤子手柄的选择。

多数锤子在购买时就已安装了手柄，如自己选择并安装手柄，应注意手柄的粗细要和锤头的大小相适应，锤头中心线要与锤柄中心线垂直。

2. 锤子的握法。

紧握法：右手5个手指紧握锤柄，大拇指压在食指上，虎口对准锤头方向（木柄椭圆的长轴方向），木柄尾端露出15～30毫米。在敲击和挥锤过程中，5个手指始终紧握锤柄。

【锤子的使用技巧】

1. 使用前要保证锤面及手柄上无油污，以防止在使用过程中锤子从手中滑脱，伤人损物。

2. 使用前要检查手柄安装是否牢固，有无开裂现象，以防锤头脱出造成事故。如锤头松动，可用楔子塞牢，如手柄开裂或断裂，应立即更换新手柄，禁止继续使用。

3. 使用锤子时，眼睛要注视工件，锤头面要和工作面平行，以确保锤面平整地打在工件上，不得歪斜，避免破坏工件表面形状，也防止锤子击偏，造成人员受伤和设备受损。

【锤子的使用标准】

1. 熟练使用，能够较快地用锤子完成工作。

2. 握姿正确，安全使用，保护自己，保护他人。

评价指标

本主题评价主体为学生本人、伙伴、教师和家长，可依据下面的评价指标进行评价（达到标准的为"优秀"，基本达到的为"良好"，不能达到的为"加油"）(表64)。

表64 我为校园添光彩评价指标

一级指标	二级指标	主要描述	表现标准	评价等级 优秀	良好	加油
劳动观念	认识劳动	对劳动社会价值的认识	认识到垃圾分类是我们校园生活中不可或缺的,能保护校园环境;认识到教室环境是需要所有人共同去维护的,并且树立以校为家的意识			
		对劳动个人价值的认识	感受到参与校园垃圾分类劳动带来的价值与幸福			
	尊重劳动	对劳动者的尊重	尊重他人和自己的劳动			
		对劳动成果的尊重	能长久地坚持校园垃圾分类,关爱公共设施,体现本善之心			
	崇尚劳动	劳动情感和态度	感受劳动带来的成就感,从中体会劳动带来的快乐			
劳动能力	劳动知识	基础知识	1.了解不同场所、不同地区的垃圾分类政策。2.在劳动实践中形成对擦玻璃的技巧、毛巾的清理与使用、去污剂的使用方法的认识。3.了解螺丝刀、锤子的使用方法以及使用场景。4.了解校园内部设施的使用情况以及维修记录			
		操作方法	掌握垃圾分类、擦玻璃,使用螺丝刀、锤子的基本方法			
	劳动技能	技能要领	掌握垃圾分类、清洁玻璃、维护设施的劳动技巧			
		任务完成	能够结合班级和校园实际,与同学合作,顺利完成任务			
	劳动创造	问题解决	1.搜集资料,了解不同城市的垃圾分类标准。2.在劳动中及时发现问题、解决问题,并对出现的问题进行反思			
		不断优化	1.分类垃圾桶完成之后,后续的养护工作及时跟进。2.玻璃清洁之后,时刻注意玻璃的清洁情况,及时进行后续清理。3.维护校园公共设施,勤巡视,勤维护			
劳动习惯和品质	劳动习惯	自觉主动坚持不懈	积极参与垃圾分类知识竞赛、制作分类垃圾桶、清洁玻璃和维护校园公共设施活动,不怕苦、不怕累,有奉献精神			
		安全规范注重效率	在劳动中能触类旁通地学会更多劳动技能,学会更多劳动工具的使用方法,从而解决更多问题			
	劳动品质	吃苦耐劳艰苦奋斗	能坚持参与校园垃圾分类的宣传活动,在家中能够坚持参与垃圾分类劳动;对于校园公共设施,勤巡视,勤维护			
		诚实守信勤俭节约	爱惜材料,在制作过程中注意材料及成本的控制,不铺张浪费			

活动主题：家用电器维护员（五年级上学期）

主题说明

本主题是五年级上学期的活动内容，属于服务劳动范畴，通过编拟《家电维护小常识》，引导学生对家电功能、用途进行深入探究，了解家用电器存在的安全隐患，懂得必要的安全常识，明确家用电器使用不当会给人们的财产及生命安全带来危害，提高对正确使用家用电器的重要性的认识和对家用电器隐患的警惕性。

活动目标

● 认知目标

1. 了解家用电器在我们生活中的广泛应用，以及安全使用家用电器的基本常识，获取生活中常用的具体知识和经验，学会有效避险的方法，提升保护自己和家人的能力。

2. 通过查阅资料和阅读说明书，了解家用电器用途及工作原理，对科学现象产生兴趣，学习和掌握正确的使用方法以及日常保养和维护的知识。

● 行为目标

1. 通过活动前的调查了解常用家电的种类及家电发展状况，认识到家电维护保养的重要性，感受科技进步给人类生活带来的巨大变化，体验参与家务劳动和家庭服务的乐趣。

2. 通过编拟《家电维护小常识》，感受科技与我们的生活密切相联系，懂得丰富的科技知识来源于生活，为生活服务。

3. 能尝试解决生活中的实际问题，提高动手能力，完善自我。

4. 学会使用常用电器，能进行简易故障的排除和维修，提高运用所学知识解决生活中实际问题的能力。

● 情意目标

1. 提高对家电隐患的警惕性，树立安全用电的意识，增强对个人、家庭及社会安全的责任感。

2. 在父母的协助下，做一个合格的家用电器维护员，具有主人翁意识和责任感。

3. 通过编拟《家电维护小常识》，增强科技意识和创新精神。

活动规划

表 65 是家用电器维护员的活动规划。

表65　家用电器维护员活动规划

活动流程	活动内容	活动方式	课时及场地	活动目标
明需要	1.观看新闻，谈谈感想。 2.揭示课题，明确活动任务	讨论 收集 资料	1课时 教室	认知目标1 情意目标2
学本领	制订小组活动计划。 调查了解：访家庭；走商场	调查 参观 交流	4课时 商场	行为目标1 认知目标 1、2
巧实践	1.调查： （1）家电使用情况。 （2）设计关于家用电器维护的调查问卷或采访提纲。 2.探索：触电怎么办？ 3.总结：分类掌握正确的用电方法。 4.升华：编拟《家电维护小常识》	考察 操作 编拟	4课时 家中	情意目标 1、3 行为目标 1、2、3
乐反思	1.总结收获体会。 2.交流小常识。 3.拓展： （1）和大家分享。 （2）组织竞赛	交流 评价	2课时 教室	行为目标3 情意目标2

任务规程

● 任务一：安全用电常识

【安全用电方法】

1. 严格按说明书要求正确使用电器。
2. 移动家用电器时一定要切断电源。
3. 发热电器必须远离易燃物料。
4. 禁止用湿手接触带电的开关。
5. 禁止用拖导线的方法移动家用电器。
6. 避免旧家用电器超期服役。
7. 家庭尽量避免临时用电，杜绝私扯乱接。

【安全用电评价标准】

1. 每天能检查家用电器的情况。
2. 每天睡前关闭不需要使用的电器，拔掉电源插头。
3. 自觉遵守安全用电规章制度。
4. 家用电器异常时，要断开电源。
5. 会看安全用电标志。
6. 在保证安全的情况下，试着运用学过的知识进行简易电器故障排除。

● 任务二：电视机的维护与保养

【操作程序】

1. 先连接好电源和信号线，确定电源正常后可以开启电源。
2. 电视亮度要与环境相适应，对比度和色度合适。
3. 换台等操作尽量在遥控器上完成。
4. 不要频繁开关电视，音量也不要太大。
5. 看完电视后关闭开关，拔掉插头，彻底切断电源。

【注意事项】

1. 电视机一定要放在比较结实的物体上面，保证摆稳。
2. 不要磕碰屏幕和机身。
3. 发现问题不要自己拆卸。
4. 注意防尘，可以盖上防尘罩。
5. 注意防水防潮，防易燃易爆液体或气体。
6. 在收看电视节目时，绝对不能打开电视机后盖。
7. 收看时间不宜过长，一般连续收看三四个小时应关机一段时间。
8. 雷雨天尽量不要用室外天线收看，避免遭受雷击。
9. 电源线的外皮绝缘层应保持完好，避免短路。电源线不应放置在靠近暖气、火炉以及易引起损坏的地方。
10. 电源插座与电视机的电源插头之间，应接触可靠，不裸露导电部件。
11. 不看电视节目的时候要关闭开关，拔掉插头，彻底切断电源。

【评价标准】

1. 能将电视机摆放在安稳的物体上面，通风、阴凉、干燥、避光之处。
2. 能做到防尘、防潮、防高温。
3. 能经常检查电源线的外皮绝缘层是否保持完好。
4. 能控制电视机观看时间。
5. 遇到问题能首先断电，并请专业人员解决。

● 任务三：冰箱的维护与保养

【清洗程序】

1. 切断冰箱电源。
2. 将食物全部取出，把冰箱腾空。
3. 把所有的抽屉、托盘都拿出来清洗一遍；结冰的地方，用吹风机吹一吹，冰就会自然融化。
4. 用抹布蘸上洗涤剂把冰箱内部有污垢的地方全部擦干净。
5. 清洗冰箱门上的储藏空间。
6. 用海绵或抹布蘸一点洗涤剂擦拭冰箱外部表面。
7. 用干净毛刷或者干布除去散热门板上的积尘。

【维护技巧】

1. 要选择放在通风的地方。
2. 根据说明书的设备清单进行核查。
3. 新冰箱不要马上使用，放置好后打开冰箱，6～8小时后再放进食物冷冻保鲜。
4. 安装专用的插座，同时设置接地线。
5. 定期检查、清理冰箱里储存时间较长的食品。
6. 用保鲜膜把剩菜或者瓜果蔬菜密封起来，存放食品不宜塞得过满。
7. 冰箱长时间不使用，建议对冰箱内外进行彻底清理后放置在相对干燥的地方。
8. 冰箱通常半个月左右清理一次。

【评价标准】

1. 能将冰箱放在合适的位置。
2. 能安装专用的插座。
3. 能定期检查、清理冰箱里储存时间较长的食品。
4. 能正确使用食物保鲜膜、保鲜袋储藏食物。
5. 能对冰箱定时清洁、除冰、除味儿。

● 任务四：空调的维护与保养

【操作程序】

1. 接通电源，检验压缩机是否运转。
2. 根据实际需求和使用说明，选择空调的运行方式。
3. 设定温度。
4. 开启空调。
5. 根据需要通过调节风量来调节空调器的制冷（热）量。
6. 使用后，关闭空调，切断电源。

【注意事项】

1. 空调运转时禁止拔出电源插头。
2. 使用指定的电源线，禁止使用加长线或与其他电器共用插座。
3. 运转过程若出现异常现象，要立即关闭电源。
4. 不要频繁开关空调。
5. 严禁用化学喷雾剂喷射正在运转的空调，在空调的附近禁放化学喷雾剂。
6. 空调上不能堆放杂物，严禁堵塞内外机的风口。
7. 空调内机需要1～3个月清洗一次，但不能用水直接冲洗。
8. 定期检查氟利昂的存量情况：先打开空调一刻钟，再打开室内机的面板，如不缺乏，蒸发器上均匀布满冷凝水，如缺乏，蒸发器上有可能一半没水，或一半出现结冰、结霜的现象。
9. 使用期间禁止自己修理或移动空调。

【评价标准】

1. 能按照要求和说明正确运行空调。

2. 能经常检查空调，发现问题立即解决，防患于未然。
3. 能经常清洗空调内机。
4. 能定期检查电源线、插座等，消除安全隐患。
5. 能做到人走空调停。

评价指标

本主题评价主体为学生本人、伙伴、教师和家长，可依据下面的评价指标进行评价（达到标准的为"优秀"，基本达到的为"良好"，不能达到的为"加油"）（表66）。

表66 家用电器维护员评价指标

一级指标	二级指标	主要描述	表现标准	评价等级 优秀	良好	加油
劳动观念	认识劳动	对劳动社会价值的认识	能认识到我们的工作、学习、生活都离不开家用电器			
		对劳动个人价值的认识	能体会到家用电器维护员创造的价值			
	尊重劳动	对劳动者的尊重	懂得尊重他人和自己的劳动是一种美德，能体会到家用电器维护员责任的重大			
		对劳动成果的尊重	能坚持经常地维护家用电器，时时刻刻保护财产及生命安全			
	崇尚劳动	劳动情感和态度	能做一个合格的家用电器维护员，具有主人翁意识和劳动责任感			
劳动能力	劳动知识	基础知识	能掌握家用电器常用知识： 1. 严格按说明书要求正确使用电器。 2. 移动家用电器时一定要切断电源。 3. 电器必须远离易燃物料。 4. 禁止用湿手接触带电的开关。 5. 禁止拖导线移动家用电器。 6. 避免旧家用电器超期服役。 7. 尽量避免临时用电，杜绝私扯乱接			
		操作方法	1. 能在使用家用电器之前，认真阅读说明书，并严格按照规程操作。 2. 能做到电源独立，插头要插紧，接地线，用后切断电源。 3. 能将家用电器远离高温、易燃易爆物品。 4. 经常检查电器各部件和电源。 5. 能做到家里没人电器断电（冰箱除外）			
	劳动技能	技能要领	掌握常见家电安全使用注意事项： 1. 插、拔电源插头时，不碰及带电金属片；不用铁钉等金属插入插座孔。 2. 不用湿手触摸电器，不用湿布擦拭电器，不在潮湿的环境下使用电器。 3. 能将家用电器远离易燃易爆物品。 4. 不要在一个多口插座上同时使用多个电器。 5. 家用电器使用完毕，能随手切断电源			
		任务完成	能够根据需要完成任务，并且熟练掌握技能： 1. 能够根据不同电器使用原理，选择合适的方法进行维护。 2. 出现不正常状态，能根据实际情况选择安全方法处理			
	劳动创造	问题解决	1. 能根据家庭实际需要，掌握家用电器的正确使用方法并进行熟练的技能维护操作。 2. 能根据家电的具体情况判断是否出现故障。 3. 能根据不同原理选择合适的维护方法，力求做到用电安全			
		不断优化	能通过实践操作掌握家用电器维护的要领和技巧，找到比较优化的实践方法，交流成果			

续　表

一级指标	二级指标	主要描述	表现标准	评价等级		
				优秀	良好	加油
劳动习惯和品质	劳动习惯	自觉主动 坚持不懈	1. 能自告奋勇地争当家用电器维护员，愿意为家人和自己的安全负责。 2. 能参与常用家用电器的日常保养			
		安全规范 注重效率	1. 能始终把安全放在第一位，正确、安全地使用家用电器，能规范、安全、有效地进行维护和保养。 2. 能触类旁通地学会更多家用电器维护的方法，自己拟编《家电维护小常识》，从而解决更多的维护问题			
	劳动品质	吃苦耐劳 艰苦奋斗	1. 能在电器维护过程中，不怕麻烦，不怕辛苦，亲力亲为，有主人翁的奉献精神。 2. 能够细致认真地进行电器维护，具有钻研探究、善于发现问题和解决问题的精神			
		诚实守信 勤俭节约	1. 能做到对维护家用电器的行动认真负责，信守维护员的承诺。 2. 能利用花布、彩绳之类的物品自制家用电器保护罩，旧物利用，节约资源。 3. 能持续学习节约用电的好方法			

活动主题：小小健康护理员（五年级下学期）

主题说明

本主题是五年级下学期的活动内容，属于服务劳动范畴。学生们特别关心家人及自己的健康，从维护身心健康角度出发，学生们组织调查家中常用哪些药，作为活动的切入点，通过"我来了解常用药""创意设计小药箱""家人得病我守护""不良习惯我纠正""家人情绪我调整"等一系列活动，让学生们深刻认识到健康护理岗位的重要性，在服务体验中成为细心、耐心和具有责任心的人，增强家庭责任意识，在服务过程中带动家人一起树立健康的生活理念，在生活中做好保健和预防工作，享受身心健康的高品质生活。

活动目标

● 认知目标

1. 通过调查了解医生、护士等职业特点，知道健康护理服务的重要性，形成健康护理的服务意识。
2. 利用实物调查法了解常用药的常识性知识，学会收集信息、理解信息的方法。
3. 通过调查了解家庭用药安全，知道药箱的作用，掌握制作药箱的方法。
4. 在调查体验中知道一些常见病的预防及护理知识，掌握服务的本领。
5. 在观察体验中能判断不良生活习惯对健康的影响，掌握一些预防和保健的方法，并能在生活中较熟练地运用。
6. 能通过采访和体验认识到情绪对健康的影响，能关照自己和家人的情绪。

● 行为目标

1. 在与家人一起整理药品的过程中，了解家人的身体状况，为护理服务打下基础。
2. 根据家人安全用药的需要，制作实用的创意小药箱，并能科学摆放、整理药物。

3. 家人生病时能科学护理家人，逐步掌握照顾他人的本领。
4. 在护理服务中能应用预防保健知识，指导、帮助家人有效预防疾病。
5. 受榜样激励，学习耐心、细心地照顾家人，养成关爱他人的习惯。

● 情意目标

1. 在照顾家人的过程中体会家人养育自己的辛苦，懂得感恩，能守护家人的健康，有家庭责任感。
2. 在调查钟南山院士的事迹中体会鞠躬尽瘁、敬业奉献的精神。
3. 知道守护好自己和家人的健康也是为社会安定做出自己的一份贡献。
4. 相信只要自己和家人携起手来共同维护健康，生活会越来越美好。

活动规划

表67是小小健康护理员的活动规划。

表67 小小健康护理员的活动规划

活动流程	活动内容	活动方式	课时及场地	活动目标
明需要	1. 调查了解健康、亚健康的含义。 2. 调查学生家庭健康情况，揭示主题。 3. 调查护士节的由来，了解护士职业，研究总动员：家人健康我守护。 4. 讨论岗位服务的切入点，确定从"调查家中药品有哪些"开始实践研究。 5. 组建小组，确定组名，可以收集健康方面的常识性知识作为小组的口号。 6. 制订活动计划，明确研究方法	调查 讨论 策划	1课时 教室	认知目标1
学本领	任务一：我来了解常用药 1. 设计调查表格：药品名称、成分、适用症、用法、有效期等。分析调查结果，发现问题，进行研究。 2. 交流探究阅读说明书的方法。 3. 讨论确定研究项目，制作"创可贴使用指南""眼药水使用指南"等手抄报。 4. 调查抗疫英雄钟南山的故事，了解医生的职业：需要有精湛的医术，治病救人。 5. 结合自己的体会谈感受：有护理本领才能守护自己和家人健康。 任务二：创意设计小药箱 1. 安全用药常识调查活动。内容：老年人用药安全；儿童用药安全；处方药的用药安全；药品保存方法等。 明确家中用药的实际需求：老年人用药困难；家里药品需要分类整理等。提出解决方法：制作小药箱。 2. 创意制作小药箱：设计草图，征求家人意见修改制作方案。选择材料工具，小组合作制作小药箱，修改完善，投入使用。 任务三：家人得病我守护 1. 确定研究小课题：感冒、胃痛、肚子痛、过敏、腰疼、鼻子出血、上火等。 2. 小组讨论确定研究方向：病因、症状、治疗的药品、护理程序、注意事项、护理经验谈等。制作"感冒护理指南""过敏护理指南"等手抄报。 3. 学习熟练使用温度计、电子血压计等测量工具。小组研讨，模拟汇报表演。 4. 榜样示范：调查护士职业。 任务四：不良习惯我纠正 1. 调查家人有哪些不良习惯，如酗酒、抽烟等。 2. 小组讨论确定研究护理方向：表现、危害、食补、药补、心理调整方法等。制作手抄报："纠正不良习惯指南"。 任务五：家人情绪我调整 调查家人的身心状况，理解家人的难处，找到梳理情绪调理身体的方法。制作"关心妈妈指南"等手抄报	设计 调查 讨论 收集 资料 调查 讨论 制作 模拟 演示 汇报 交流 观察 讨论	2课时 教室 家中 图书馆 2课时 教室 社会 考察 2课时 教室 图书馆 2课时 教室 图书馆 教室 2课时 家中	认知目标 2、3、4、 5、6 情意目标 2、3

续 表

活动流程	活动内容	活动方式	课时及场地	活动目标
巧实践	1. 动员家长一起整理家中的药品，发现有过期的药品，与家长探讨如何稳妥地处理，以免误服或造成污染，注意不能转给他人。 2. 会阅读说明书。 3. 利用自制小药箱整理家里的药品，写好药物清单，科学摆放药物。 4. 班级中有人受伤能当场正确使用创可贴。 5. 课堂演练学习技能：对鼻子出血的同学进行科学处理。 6. 对常见病模拟表演式汇报护理步骤、注意事项等。 7. 练习使用温度计、血压计，练习测脉搏，达到较熟练的程度，生活中遇到家人不舒服等情况就能提供必要的帮助。 8. 生活中家人生病时，科学护理家人。遇到问题能临危不慌，采用最科学合理的方法处理。 9. 观察家人有哪些不良习惯，劝导家人纠正不良习惯。 10. 在茶疗、食疗、药疗、体育锻炼等方面和家长一起商量调理，行动起来养护身体，预防疾病。 11. 在家中观察家人的情绪，能采用有效方法开导家人，让家庭充满温馨和快乐，如唱歌、讲讲幽默故事等	服务汇报模拟体验	2课时 家中 教室 1课时 教室 家中	行为目标 1、2、3、4 情意目标1
乐反思	1. 写一写护理日记。 2. 经验方法分享，寻找身边的小榜样。明理：相信只要自己和家人携起手来，共同维护健康，生活会越来越美好。 3. 设计评价标准，进行评价。 4. 活动拓展：调查研究"过期药品的危害及处理"	汇报交流评价	2课时 教室	情意目标 1、4

任务规程

- 任务一：我会使用常用药（以创可贴为例）

【创可贴使用的程序】

1. 仔细检查和清洗消毒伤口。
2. 按正确方法贴创可贴。
3. 注意不要沾水，不捏压伤口。
4. 注意观察伤口变化情况，定期更换创可贴。
5. 能根据伤口恢复情况，适时终止使用创可贴。

【创可贴使用的注意事项】

1. 创可贴不可长久使用，应及时更换。

【妙用创可贴】

当新鞋磨脚的时候，可以贴在易受磨损的部位。

【创可贴使用的评价标准】

1. 使用创可贴前处理好伤口，比如消毒。
2. 粘贴牢固。

- 任务二：创意制作小药箱

【创意小药箱制作的步骤】

1. 准备材料：纸箱一个、纸板若干、壁纸、彩色卡纸、可以做装饰品的珠子、把手、透明胶、剪刀、胶水等。

2. 纸箱里外粘贴壁纸。
3. 里面根据需要设计多个栅格，用胶水粘贴好。
4. 把珠子安装在纸箱盖上，作为装饰。
5. 用红色的卡纸做十字标识，贴在纸箱上。
6. 在纸箱的盖子上粘贴把手，制作完成。

【创意小药箱制作注意事项】
1. 使用工具要注意安全。
2. 要耐心、细心地做，小小药箱承载了对家人的爱。

【创意小药箱制作的评价标准】
1. 药箱美观、卫生。
2. 结实耐用。
3. 药箱储存空间大，能满足家庭需要。

- **任务三：家人得病我守护（以感冒为例）**

【感冒的护理程序】
1. 多喝水，吃清淡易消化的食物。
2. 如果是受凉、风寒感冒可以喝姜糖水，适当地发汗。
3. 用体温计测量体温，能准确读数，判断是否发烧。
4. 测脉搏，了解身体状况。
5. 能根据症状正确选择药物。
6. 明确服药方法及注意事项，帮助家人服药。
7. 坚持护理家人，直到家人病好。

【感冒护理的评价标准】
1. 照顾过程中能细心、耐心。
2. 会阅读说明书。
3. 能自始至终关心照顾，直到病好为止。

- **任务四：不良习惯我纠正（以抽烟为例）**

【纠正的方法】
1. 耐心规劝家人少抽烟。
2. 戒烟期间，多关注家人情绪，帮助其安全度过关键期。

【评价标准】
1. 能耐心规劝家人戒烟。
2. 能想出较有效的方法帮助家人少抽烟。
3. 能从情感方面有效给予家人支持。

● 任务五：家人情绪我调整

【关心妈妈指南】

1. 经常提醒妈妈多喝温水，养成良好的饮食习惯，预防疾病。
2. 规劝妈妈改正不好的生活习惯。
3. 提醒妈妈工作劳逸结合，平时多锻炼身体。
4. 关注妈妈的情绪，给妈妈心理安慰。
5. 关注妈妈身体健康情况，平时能经常给妈妈捶背按摩。
6. 妈妈生病时能科学护理。

【评价标准】

1. 要有耐心。
2. 能经常性地关心妈妈。

评价指标

本主题评价主体为学生本人、伙伴、教师和家长，可依据下面的评价指标进行评价（达到标准的为"优秀"，基本达到的为"良好"，不能达到的为"加油"）（表68）。

表68 小小健康护理员评价指标

一级指标	二级指标	主要描述	表现标准	评价等级 优秀	良好	加油
劳动观念	认识劳动	对劳动社会价值的认识	了解钟南山院士的事迹，知道医学救死扶伤，为人民服务，推动社会的进步			
		对劳动个人价值的认识	知道守护好自己和家人的健康也是为社会安定做出自己的一份贡献			
	尊重劳动	对劳动者的尊重	了解医生护士职业精神，形成尊重劳动者的情怀			
		对劳动成果的尊重	发现过期药品，正确处理，不污染环境，不流入市场			
	崇尚劳动	劳动情感和态度	深刻领悟健康护理岗位的重要性，带动家人做好预防和保健，健康生活			

续 表

一级指标	二级指标	主要描述	表现标准	评价等级 优秀	评价等级 良好	评价等级 加油
劳动能力	劳动知识	基础知识	能主动收集信息，获取知识。 1. 了解常用药使用方法和禁忌。 2. 了解制作小药箱的方法。 3. 知道护理常见病病人的方法。 4. 了解不良习惯对身体的伤害，知道如何纠正。 5. 了解家人的身体健康情况，知道关心家人的方法			
劳动能力	劳动知识	操作方法	掌握创可贴、药箱制作等基本方法			
劳动能力	劳动技能	技能要领	1. 受伤位置不同，采用不同的粘贴方法。 2. 制作药箱时能安全正确地使用工具。 3. 会阅读说明书正确服药。 4. 能采用有效方法帮助家人克服不良习惯。 5. 会关注家人情绪			
劳动能力	劳动技能	任务完成	在征求家人意见的基础上完成岗位服务。 1. 创可贴粘贴方法正确且牢固。 2. 细心制作实用的小药箱。 3. 耐心照顾病人，直到病好为止。 4. 能纠正不良习惯。 5. 能有效预防疾病			
劳动能力	劳动创造	问题解决	能根据实际需要，灵活解决问题。 1. 会根据实际情况选择合适的常用药。 2. 能根据家里药品状况制作实用的药箱。 3. 能根据病人的实际情况，给予帮助。 4. 能寻找有效方法协助家人戒烟。 5. 能结合家人的特点，选择合适的锻炼身体的方法			
劳动能力	劳动创造	不断优化	树立服务至上的意识。 1. 使用创可贴前处理好伤口。 2. 能制作实用又美观的小药箱。 3. 能细心照顾病人。 4. 规劝家人少抽烟，甚至能戒烟。 5. 家人健康快乐地生活在一起			
劳动习惯和品质	劳动习惯	自觉主动坚持不懈	能自觉维护家人健康，重视健康问题，长期关注自己和家人的健康			
劳动习惯和品质	劳动习惯	安全规范注重效率	安全规范使用药品，正确使用体温计，科学有效地护理家人			
劳动习惯和品质	劳动品质	吃苦耐劳艰苦奋斗	不怕苦、不怕累，有始有终地照顾家人			
劳动习惯和品质	劳动品质	诚实守信勤俭节约	能耐心、细致地照顾病人			

活动主题：理财记账我当家（六年级上学期）

主题说明

本主题是六年级上学期的活动内容，属于服务劳动范畴。随着科技的进步，人民的生活水平不断提高，小学生的零花钱、压岁钱也越来越多。现在的学生自主意识强，都更倾向于自己保管财物，因此应让学生学会正确地保管钱财。

活动目标

- 认知目标

1.学会记账的方法与技巧，能通过记账记录自己每天的消费情况，养成良好的消费习惯。树立正确的金钱观、消费观。

2.体验一次自己当家做主，记录家里每天的支出与收入的情况，生活离不开柴米油盐，以此培养学生关心家庭、关爱父母、珍惜来之不易的幸福生活的意识。

- 行为目标

1.在进行记账时，要了解自己的消费情况，减少不必要的消费。

2.通过自己当家做主的体验与感受，在未来生活中，能够积极主动地热心参与家庭事务，体会父母为支撑一个家庭的劳累与辛苦，并学会处理一些生活问题。

- 情意目标

1.激发劳动的热情，养成劳动的习惯。记账不是一朝一夕的事情，而是一个长期的过程。不仅要学会记账，更要在记账的过程中减少不理性的消费，改变自己的消费习惯。

2.在自己当家的过程中增强责任意识，体会到父母对家庭的辛苦付出，理解父母、尊重父母，自己的事情自己做，减少父母的负担。

活动规划

表69是理财记账我当家的活动规划。

表 69　理财记账我当家的活动规划

活动流程	活动内容	活动方式	课时及场地	活动目标
明需要	1. 了解记账的重要性，明确记账的方式。 2. 要从记账的过程中了解金钱的来之不易和父母的辛苦付出，增强责任感	考察探究 资料搜集	1课时 学校 1课时 银行	认知目标1 情意目标1
学本领	1. 什么是账本。向身边的父母咨询，从中挑出一些不同种类的账本，展示其中的基本内容。 2. 记账的方法与技巧：怎么记账，其中涉及哪些内容。 3. 可以结合自己的实际做一个独特的账本。 4. 学会储蓄	考察探究 设计制作	1课时 学校 1课时 家中	认知目标 1、2 情意目标 1
巧实践	当家做主我能行：在家长的积极配合与支持下，完成这次实践活动。在为期一周的当家过程中，体会到父母每天为家的操劳与辛苦，学会感恩	社会服务 职业体验	2课时 家中	行为目标 1、2 情意目标 2
乐反思	1. 播放一个农民记账42年的故事，从中国劳动人民的生活中，感受劳动人民的善良淳朴、勤俭持家的优秀品质。 2. 在总结汇报的时候，可以展示账本，看一看同学们都是怎么对自己的消费进行记录的。 3. 寻找身边的当家小能手。不仅能做到自己的事情自己做，也能积极参与家庭事务	职业体验	1课时 学校 1课时 家中	情意目标 1、2

任务规程

● 任务一：记账

【记账的程序】

1. 能将每天的消费情况记录下来。
2. 在账本上分好类，提前注明日期、分类、金额以及合计等。
3. 每天要选择固定的时间进行账单的填写，一天的消费情况都要记录下来。

【记账的技巧】

1. 细分：在每天的记账过程中，可以将不同种类的消费做一个分类。比如，今天买了两个面包一瓶水，就可以记录在"食物"这一类别中；买了一个本，可以记录在"文具"类别中。
2. 每天记一次：把每天的消费情况都记录下来，最好用纸笔进行记录而不是用手机上的App软件。
3. 账本设计干净简洁，让人一目了然。
4. 简约却不简单：账本的内容要尽可能详细，首先要分好类，记录好时间，每天还要定时清算一天的消费是多少。

【记账的评价标准】

1. 账本记录详细，每一笔消费都要记录下来。
2. 账本干净整洁，记录的账目要定期进行整理。

● **任务二：食材采购**

【食材采购的流程】
1. 首先要想好本次需要采购的食材有哪些。
2. 列好购物清单，到市场进行采购。
3. 找到卖蔬菜的摊位，选择蔬菜。
4. 先问好价钱，选择看起来新鲜的蔬菜进行采购。

【食材采购的注意事项】
1. 在进行食材采购时，要遵循货比三家的原则。
2. 要选择新鲜的食材。

【食材采购的评价标准】
1. 所需的食材都能买到。
2. 买到的食材干净新鲜。
3. 在进行物品采购时能为自己节省开支。

● **任务三：当家**

【当家的准备】
1. 先与父母商量好，在未来的一段时间内要进行角色的互换，学生要担起当家做主管理钱财的责任。家里的收支完全由学生负责，父母只负责配合学生的工作。
2. 在拿到钱后，要计划好这一段时间的基本开支。
3. 不仅仅要在金钱上当家，还要在生活劳动上当家，如收拾屋子打扫房间，体会父母的艰辛。

【当家的评价标准】
1. 除了负责每天收支外，还要进行家务劳动，为父母分忧。
2. 父母对本次学生的当家活动要有评价。

【当家的技巧】
1. 学生要做好充足的准备，防止出现临时抱佛脚的情况。
2. 要做好每天的记账工作，记录每笔钱的用途。
3. 计划购物时，要列好购物清单。

评价指标

本主题评价主体为学生本人、伙伴、教师和家长，可依据下面的评价指标进行评价（达到标准的为"优秀"，基本达到的为"良好"，不能达到的为"加油"）（表70）。

表70 理财记账我当家评价指标

一级指标	二级指标	主要描述	表现标准	评价等级		
				优秀	良好	加油
劳动观念	认识劳动	对劳动社会价值的认识	1. 认识到理财是人们需要掌握的一项基本技能。 2. 良好的消费习惯能为我们创造一个更优质的生活环境			
		对劳动个人价值的认识	感受理财带来的成就感，对于劳动能够创造美好生活、服务生活有深刻的感受			
	尊重劳动	对劳动者的尊重	尊重劳动者的劳动，热爱劳动			
		对劳动成果的尊重	记账的是一种良好的习惯，要坚持下去			
	崇尚劳动	劳动情感和态度	记账并不是一朝一夕的事情，记账无巨细，每一次消费都要进行记录，坚持不懈、细心负责			
劳动能力	劳动知识	基础知识	掌握正确的记账方法			
		操作方法	1. 记录详细，分文有账。 2. 长久坚持，当家做主			
	劳动技能	技能要领	掌握记账的具体操作方法			
		任务完成	能将自己的财物合理地存起来，并进行记录。 当一次家，能够在父母的支持下体会到当家的辛劳			
	劳动创造	问题解决	1. 能通过比较账单认清自己消费上存在的问题，逐渐改变不好的消费习惯。 2. 当家过程中，能面对并处理突然出现的各种情况			
		不断优化	能通过实践操作发现记账的要领与技巧，找到比较优化的实践方法，并能在当家的过程中表现出来			
劳动习惯和品质	劳动习惯	自觉主动坚持不懈	能较为长期地坚持下去，体会到记账的快乐，为我们的生活提供服务			
		安全规范注重效率	正确对待财物，懂得保护，避免受骗			
	劳动品质	吃苦耐劳艰苦奋斗	能够长期地坚持下来，不怕麻烦，不言辛苦			
		诚实守信勤俭节约	能够爱惜财物，拒绝跟风，避免盲从，不攀比，理性消费，珍视自己的财物			

活动主题：社区清洁环卫员（六年级下学期）

主题说明

本主题是六年级下学期的活动内容，属于服务劳动范畴。通过考察、了解社区小招贴情况，引导学生探究清除社区小招贴的方法。引导学生运用清除方法，解决社区存在的乱贴乱画的问题，树立正确的劳动环保价值观，增强服务意识和责任心，养成主动服务社区、保护劳动成果的习惯。

活动目标

- 认知目标

1. 通过考察探究，了解社区中小招贴张贴的地点、内容、种类。
2. 通过查找资料，了解不同种类小招贴的清除方法。向社区清洁工学习清除小招贴的技巧。
3. 认识清除小招贴的工具，并学习不同种类工具的使用方法。明确清洁剂的作用，能够掌握正确的使用方法，做好劳动保护。
4. 学习建议书的写作格式，小组撰写《给社区小招贴安家建议书》。

- 行为目标

1. 通过考察了解社区居民对于小招贴的看法，征求社区居民的建议。
2. 小组合作探究不同地点、不同种类、不同材质的小招贴清除方法。利用模拟的方式在课堂交流清除方法。
3. 小组制订行动计划，设计给小招贴安家的方案，并进行宣传。
4. 组成社区小招贴监督行动小队，定期服务社区。

- 情意目标

1. 在社区服务过程中感受社区清洁员劳动的价值，体会到劳动能够创造美好生活、美化周围环境。
2. 能在研究、使用清除小招贴工具的过程中，创新思维，反复实践，充满劳动的热情，体会劳动的快乐，并获得成就感。
3. 在考察与服务社区，进行卫生清洁时，能增强责任意识，提高服务质量。
4. 通过劳动榜样的激励，能够爱护社区的卫生环境，逐步形成主人翁意识。

表71是社区清洁环卫员的活动规划。

表71　社区清洁环卫员活动规划

活动规划

活动流程	活动内容	活动方式	课时及场地	活动目标
明需要	1. 情境导入。展示生活中小招贴张贴的乱象，引发学生讨论，引导同学们研究清除小招贴的方法。 2. 分组制定活动方案。 3. 分组进行社区考察。 小组一：考察社区小招贴的粘贴位置，以及不同位置的粘贴数量。 小组二：考察小招贴的材质和粘贴地点。 小组三：探寻小招贴内容与粘贴地点的关系。 小组四：调查社区居民对于小招贴治理的建议。 4. 汇报交流结果	考察探究 资料搜集	2课时 社区 学校	认知目标1 行为目标1 情意目标1
学本领	任务一：清除工具的使用 1. 跟清洁工人学习清除的方法，上网收集清除小招贴的小窍门。 2. 汇报讨论调查结果：招贴类型、粘贴地点、材质、粘贴方式、清除工具、清除的方法、清除的难易度。 3. 清除小工具使用方法的交流。 任务二：清除小招贴 1. 准备模拟演示的材料：木板、玻璃瓶、铁质盒子、清洁工具等。 2. 分组演示清除方法，小组同学互相补充。 3. 交流物理清除和化学清除的利弊及注意事项。 任务三：撰写建议书 1. 学习建议书的格式。 2. 确定建议对象和内容。 3. 小组分工撰写建议书 任务四：给小招贴安家 1. 确定小招贴安家办法。 2. 分组设计社区小广告公告栏。 3. 制作样板模型	动手实践 设计制作	4课时 学校 家中	认知目标 2、3、4 行为目标2 情意目标2
巧实践	1. 组成环卫服务小队，到社区清除小招贴。 2. 小组分区域行动。 3. 将写好的建议书送达社区，并提出给小招贴安家的办法。 4. 请求社区环卫员的帮助和指导，提高服务水平	社会服务 职业体验	2课时 社区	行为目标 3、4 情意目标3
乐反思	1. 交流去除小招贴的方法以及成果。 2. 赞美社区的卫生清洁人员，讲一讲自己的劳动收获。 3. 议一议怎样才能让社区居民珍惜清洁员的劳动成果	交流分享	2课时 学校 家中	情意目标4

任务规程

● 任务一：清除工具的使用

【清除工具的使用程序】

1. 掌握不同清除工具的特点。
2. 掌握不同清除工具的使用要领。
（1）铲刀：使用时抓紧，可戴上防护手套，保持45°从粘贴式小招贴的边缘处向一方匀速推动。
（2）抹布：用水浸湿，覆盖于纸质小招贴上方，待纸湿透配合铲刀去除。
（3）清除剂：戴好手套和口罩，将清除剂喷在小招贴表面，待化学反应完成，再利用铲刀清除。
3. 做好小面积清除实验，自己总结使用工具的窍门。

【清除工具使用的评价标准】

1. 戴好手套和口罩，注意劳动保护。
2. 清除时使用方法正确，注意力度和角度。
3. 清除时有耐心，清除效果明显。
4. 尽量不破坏或划伤物体表面。
5. 吃苦耐劳，不怕脏，不怕累。

【清除工具使用的技巧】

1. 废弃卡片代替铲刀：将护手霜均匀涂抹在小招贴上，然后用废弃卡片轻轻一铲就好了。
2. 吹风机软化：吹风机可以软化玻璃上的小招贴，用热风吹小招贴，等小招贴下面的胶软化后，就可以直接撕下来了。

● 任务二：清除小招贴

【清除小招贴的程序】

1. 将小招贴按不同材质分类：纸质、粘贴式、印章式、手写式。
2. 分清小招贴粘贴地点：玻璃窗、单元门、墙面、地面、柱子、电梯间等。
3. 利用清除工具进行清除：
（1）普通纸张涂胶类可在表面喷水，几分钟后用蘸酒精的抹布反复擦拭。
（2）塑胶一体类招贴可用电吹风吹表面，胶水软化后直接撕下来。
（3）针对印章油漆类招贴，根据不同的物体表面选择不同的方法，如大白墙可用小铲子或刀片轻轻刮落；水泥墙可用钢丝球或刷子蘸清洁剂清理；防盗门为防止留下划痕可以用抹布或刷子蘸清洁剂清理。

【清除小招贴的评价标准】

1. 积极参与活动，敢于尝试，乐于发表自己独到的见解。
2. 小组成员团结协作，合理分工，主动承担任务。
3. 能够在自主探索的学习中掌握清除方法，尝试并敢于将知识转化成劳动技能。
4. 能够选择合适的方法清理招贴，尽量不伤害物体表面。

【清除小招贴的技巧】
1.小苏打与食用油混合后涂抹在招贴表面，几分钟后更易清理。
2.将小招贴清洁剂刷于小招贴表面，再清理。
3.去超市购买粘胶去除剂喷洒在小招贴表面浸泡一会，然后用刀片铲子等工具进行清理。
4.把门和玻璃先擦干净，在抹布上倒点洗洁精，在门和玻璃上擦一遍，这样广告就不容粘上去了，防盗门上喷一层地板蜡，这样广告很难粘住。

● 任务三：撰写建议书

【撰写建议书的程序】
1.了解社区小招贴的现状。
2.学习建议书的格式：标题、称谓、正文（建议的原因或出发点；建议的具体事项）、署名及时间。
3.提出切实可行的建议和解决问题的方法。
4.提交至社区负责人，并征求意见。

【建议书的评价标准】
1.结构完整，格式正确。
2.内容细致，提出有效的建议。
3.方法切实可行，有独特的创意。
4.提交后能与负责人有效沟通。

【撰写建议书的技巧】
1.举出考察中的真实事例，增强说服力。
2.用数据说话，使建议书具有科学性。
3.建议内容要从多角度出发，既有管理的方法，又能提出给小招贴安家的可行性策略。

● 任务四：给小招贴安家

【给小招贴安家的程序】
1.分析产生小招贴乱象的原因：社区公告栏数量、面积不够，分布不够广泛，位置没有处于各家各户的必经之路上。
2.小组确定给小招贴安家的方法：社区添置公告栏；在每户单元门前设置宣传栏；社区可以建立公众号，发布搬家、维修、清洁、招聘等广告信息。
3.有条件的可以制作出模型。
4.将设计方案或者模型带到社区，向社区工作人员讲解其使用方法。

【给小招贴安家的评价标准】
1.能够根据考察结果确定设计的方向。
2.设计的安家方法有实效性、针对性。
3.能将方案或者模型的设计清晰地向社区工作人员讲解。

【给小招贴安家的技巧】
1.增加公告栏和布告栏，选择物美价廉的材料进行制作，设计美观，吸引张贴者和社区居民。

劳动教育课程开发

2. 借助高科技制作电子布告栏。屏幕旁边有一个二维码，扫码关注后，可以进入小程序。广告发布者可以付费选择广告的投放时长和频率，但是内容需经过审核。审核通过，即可在电子显示屏上播放广告。

3. 设立社区公众号，在公众号上发布信息。

4. 定期维护公告栏和布告栏，清除陈旧信息，保持公告栏和布告栏的整洁美观。

✎ 评价指标

本主题评价主体为学生本人、伙伴、教师和家长，可依据下面的评价指标进行评价（表72）。

表72　社区清洁环卫员评价指标

核心素养	一级指标	二级指标	表现标准	评价等级
劳动观念	价值认识	对劳动社会价值的认识	认识到参与社区卫生清除工作的重要性	★★★★★
		对劳动个人价值的认识	对于劳动能够创造美好生活、美化周围环境有深刻的感受	★★★★★
	尊重劳动	对劳动者的尊重	尊重社区保洁人员、自己和同学的劳动过程	★★★★★
		对劳动成果的尊重	能爱护社区环境，自觉维护小招贴清除的劳动成果	★★★★★
劳动能力	淬炼操作	操作思路	掌握清除小招贴的基本程序和工具的使用方法	★★★★★
		技能要领	掌握清除小招贴的基本技巧	★★★★★
	技能运用	练习时长	能够每月进行一次清除活动	★★★★★
		问题解决	1.请教社区环卫员，学习清除的方法。 2.在反复操作中掌握清除的技巧，找到合适的清除方法	★★★★★
	操作精度	任务完成	1.通过重复操作，找到失败与成功的原因。 2.不划伤物体表面且清除彻底	★★★★★
		不断优化	能使用不同的工具清除不同种类的小招贴，省时省力	★★★★★
劳动精神	劳动者至上	劳模精神	不怕脏，不怕累，主动整理清除工具	★★★★★
		工匠精神	精益求精，在清除过程中能够精炼方法	★★★★★
	劳动过程伟大	勤俭奉献	在社区服务中，分区分工，乐于奉献，为社区环境美化做出贡献	★★★★★
		开拓创新	能够开拓创新，提出有创意的给小招贴安家的方法	★★★★★
劳动习惯和品质	劳动习惯	自觉自愿	能够主动参加劳动，愿意为社区服务	★★★★★
		坚持不懈	能较为长期地关注社区小招贴状况，发现小招贴及时清除	★★★★★
	劳动品质	安全规范	正确使用清除工具，懂得劳动保护	★★★★★
		认真负责	有责任心，具有主人翁意识	★★★★★